数字时代下整合型跨境网络营销体系研究

傅智园 著

浙江摄影出版社

编　委

主编人员： 傅智园　浙江商业职业技术学院

参编人员： 张枝军　浙江商业职业技术学院

序　言

随着电子商务的不断发展壮大，跨境电子商务的市场规模也同步增长。近年来，中国的进出口贸易总额呈现持续上升趋势，而在电商平台支持下的线上线下跨境外贸是其发展的新动力。四次信息化产业变革不断促进技术的更新，已逐渐成熟应用的人工智能、虚拟现实、大数据分析等相关技术推动着贸易进入数字化时代，需要相匹配的营销推广技术带动跨境电商消费者数量与交易额的增长。数字时代的特征不仅出现在交易、推广技术上，还突出地显现在跨境网络消费者行为与心理变化上，使用传统的营销手段已经无法对数字氛围下的消费群体形成有效刺激。另外，当前的跨境电商市场竞争更加激烈，消费者购物行为也趋于理性，不会轻易被个别短期信息或简单的降价促销所影响。因此，需要系统挖掘和分析数字时代的跨境网络消费者行为，针对性策划适应不同阶段的整合型跨境网络营销体系，不断为跨境电商商品引流并刺激复购，形成消费者品牌忠诚度。

基于此，笔者撰写《数字时代下整合型跨境网络营销体系研究》一书。全书在内容安排上共设置六章。第一章作为本书论述的基础和前提，主要探究跨境电商以及跨境网络营销在数字时代的新趋势，内容涉及跨境网络营销的现状与趋势、数字化跨境网络营销的新思维、国际市场数字化网络营销新趋势等。第二章基于实证研究的基础，构建"数字环境下跨境网络消费者行为研究指标体系"三阶段模型，并通过数据分析的结果将数字时代的跨境网络消费者行为分类为高推广反馈型、自主意识型、偏好感官体验型与人工询单依赖型四类，并分析各类行为的具体表现，形成数字时代消费者的用户画像，以及各种数字化营销技术在跨境B2B（商对商电子商务模式）、B2C（商对客电子商务模式）消费者中的应用。第三章在数字时代跨境网络消费者行为体系实证研究的基础上，进一步研究和构建其接受数字化网络营销系统的行为反应时间图模型，对跨境网络消费者行为过程中的时间信息进行编码，重建基于用户行为的低秩图并采集数据进行结果的检验，从而确认时间路径图、帮助跨境电商商家与平台设计推荐系统。在结合二、三两章分析的基础上，得出针对跨境网络消费的整合型数字化营销体系应该由三个子系统构成，分别为——前端策略：消费数据挖掘与云计算；中端策略：多渠道数字媒介营销整合；后端策略：人工智能客服和大数据信息平台建立。第四至六章则展开分析数字时代的整合型跨境网络营销体系。第四章具体阐述跨境电商平台站内数字化营销体系，内容涵盖数字化选品与定价，通过大数据优化产品的标题、关键词与图片设置，分析店铺数字化营销工具等。第五章阐述跨境电商平台站外数字化营销体系，主要包括境外社交App营销、SEM搜索引擎营销、外贸电子邮件营销、跨境直播与短视频营销。第六章基于管理、体系、经营三方面给出数字化跨境网络营销发展的对策。

通过阅读本书，读者不仅能理解跨境网络营销的相关理论和数字化跨境网络营销技术，还能理解数字时代的跨境网络消费者行为，掌握跨境电商数字化营销的站内推广及站外引流的方法和技巧，满足数字时代对跨境网络营销从业人员的要求。

在撰写本书的过程中，笔者得到许多专家学者的帮助和指导，在此表示诚挚的谢意！由于水平有限，加之时间仓促，书中所涉及的内容难免有疏漏之处，希望各位读者多提宝贵意见，以便笔者进一步修改，使之更加完善。

目 录

第一章 跨境网络营销的现状与数字化趋势研究

第一节 市场营销的现状与趋势 ……………………………………… 3
一、市场营销相关概述 ………………………………………… 3
二、市场营销观念变迁 ………………………………………… 4
三、数字化市场营销趋势 …………………………………… 10

第二节 跨境网络营销的现状与趋势 ……………………………… 12
一、跨境网络营销相关概述 ………………………………… 12
二、跨境网络营销的环境及现状 …………………………… 13
三、跨境网络营销的渠道变迁 ……………………………… 16
四、数字化跨境网络营销新策略 …………………………… 21

第三节 数字化跨境网络营销的新思维 …………………………… 26
一、大数据营销 ……………………………………………… 26
二、社群营销 ………………………………………………… 30
三、精准营销 ………………………………………………… 34

四、粉丝营销……………………………………………36

　　五、跨界营销……………………………………………41

　　六、自媒体营销…………………………………………46

　　七、体验式营销…………………………………………55

第四节　国际市场数字化网络营销新趋势……………………60

　　一、大数据全球化营销趋势……………………………60

　　二、自媒体、自品牌、自平台趋势……………………61

　　三、多数字渠道整合型营销趋势………………………62

第二章　数字技术在跨境网络营销中的应用研究

第一节　数字时代的跨境进出口电商市场分析………………67

　　一、市场结构……………………………………………67

　　二、物流模式……………………………………………68

　　三、经营模式……………………………………………75

　　四、数字时代市场用户分析……………………………81

　　五、规模分析……………………………………………88

　　六、电商运营分析………………………………………90

第二节　数字时代的跨境网络消费者行为研究………………99

　　一、数字环境的跨境网络消费者行为研究现状………99

　　二、数字环境下的跨境网络消费者行为及对推广接收

　　　　的偏好评估指标研究………………………………105

　　三、跨境网络消费者的购买行为聚类分析……………108

　　四、各地跨境网络消费者基本属性画像………………112

目 录

第三节　5G+VR技术助力跨境B2C营销的应用研究 ………… 119
　　一、大数据的挖掘与分析技术 ………………………………… 119
　　二、数据回传技术 ……………………………………………… 119
　　三、用户交互技术 ……………………………………………… 120
　　四、智能匹配和推送技术 ……………………………………… 120
　　五、人工智能技术 ……………………………………………… 120
第四节　AI+SaaS技术助力跨境B2B营销的应用研究 ………… 122
　　一、数字时代跨境B2B市场的营销技术需求 ……………… 122
　　二、AI+SaaS跨境B2B营销应用的研究 …………………… 124

第三章　整合型数字化跨境网络营销体系研究
　第一节　数字时代跨境网络营销的时间图模型研究 ………… 129
　　一、调研方法与描述性统计结果 ……………………………… 129
　　二、时间图模型的构建 ………………………………………… 131
　　三、实验结果的检验与分析 …………………………………… 136
　第二节　基于模型研究的数字化跨境营销体系确立 ………… 139
　　一、基于欧氏距离和沃德连接的归纳研究结果 …………… 139
　　二、综合分析研究结果 ………………………………………… 143
　第三节　整合型数字化跨境网络营销体系研究结论 ………… 145
　　一、前端营销策略：消费数据挖掘与云计算 ……………… 145
　　二、中端营销策略：多渠道数字媒介营销整合 …………… 146
　　三、后端营销策略：人工智能客服和大数据信息平台
　　　　建立 …………………………………………………………149

003

第四章　跨境电商平台站内数字化营销体系研究

第一节　跨境电商平台发展现状 ………………………………155
一、跨境电商平台的特点及现状 …………………………155
二、常见的跨境电商平台 …………………………………156
三、跨境电商平台的发展趋势 ……………………………163

第二节　跨境电商平台的整合型数字营销应用 ………………166
一、后台数据对选品的应用 ………………………………166
二、线上店铺自主营销活动 ………………………………176
三、店铺粉丝管理应用 ……………………………………187
四、直通车和广告位推广应用 ……………………………188
五、利用跨境电商平台做品牌营销 ………………………193

第三节　跨境网店站内整合型数字化营销研究 ………………206
一、数字化选品与定价 ……………………………………206
二、大数据优化标题、详情页与图片设置 ………………207
三、店铺数字化营销工具的分析 …………………………207
四、用户数据驱动精准店铺促销活动 ……………………211

第五章　跨境电商平台站外整合型数字化营销体系研究

第一节　境外社交App营销研究 ………………………………219
一、SNS营销的含义与优势 ………………………………219
二、Facebook营销的方式与步骤 …………………………221
三、Instagram营销的优势与技巧 …………………………234
四、跨境SNS营销的进展和趋势 …………………………236

第二节　SEM搜索引擎营销研究 ·······241
一、搜索引擎营销的概述 ·······241
二、搜索引擎营销工具的特点与比较 ·······251
三、搜索引擎优化的含义、目标、方法 ·······253
四、搜索引擎营销在外贸领域中的应用 ·······262

第三节　跨境电子邮件营销研究 ·······264
一、电子邮件营销的相关概念 ·······264
二、电子邮件营销的必要性 ·······265
三、跨境电子邮件营销的策略 ·······266
四、跨境电子邮件营销的内容和应用 ·······269
五、跨境电子邮件营销策划的新趋势 ·······275

第四节　跨境直播与短视频营销研究 ·······278
一、短视频营销的现状 ·······278
二、直播营销的现状 ·······279
三、境外短视频和直播平台的特点与比较 ·······281
四、跨境短视频与直播营销的策略研究 ·······285

第六章　数字化跨境网络营销发展的对策

第一节　管理方面 ·······293
一、加强跨境电商的监管 ·······293
二、电商平台的自我完善 ·······297
三、合理发挥政府在数字化跨境电商发展中的作用 ·······298
四、从用户数据中"掘金" ·······301

第二节 体系方面 ································· 306
　一、建立健全数字共享与管理相关的法律体系 ············ 306
　二、建立健全支付结算体系 ······················· 307
　三、规范整合物流体系，加大"海外仓"等物流新模
　　　式的探索 ····························· 309
　四、突破国际营销的新模式，打造跨境电商的国际
　　　品牌 ······························· 311
第三节 经营方面 ································· 313
　一、加快跨境电商数字信用体系建设 ················· 313
　二、合理规划数字化物流体系 ····················· 313
　三、加强与金融和保险机构的合作 ··················· 314
　四、完善售后服务体系 ························· 315
　五、以差异化服务满足个性化需求 ··················· 315
　六、视野全球化，渠道多元化 ····················· 316

参考文献 ····································· 317

第一章
跨境网络营销的现状与数字化趋势研究

第一章　跨境网络营销的现状与数字化趋势研究

第一节　市场营销的现状与趋势

一、市场营销相关概述

市场营销，又称市场学、行销学、市场行销，是商品经济范畴内的一个名词。市场营销既是一种职能，又是企业或组织为了创造利益通过创造、生产、传播、沟通、传递等带来一定经济价值的一种活动过程。对企业来讲，市场是一切，是其开展营销活动的基础。

20世纪初期，美国学者如Simon Litman、James E. Hagerty等开始对市场营销进行研究，主要从市场营销概念、应用等方面展开，这些研究为市场营销的发展和应用奠定了基石。威斯康星学派、纽约学派、哈佛学派、中西部学派是早期市场营销学研究中的代表学派，他们在市场营销中有着不同的定位。威斯康星学派主要侧重于市场营销理论的定义研究，承担着先锋者的责任；纽约学派侧重于对市场营销理论的整理分析，为形成市场营销理论奠定了基础；哈佛学派、中西部学派则侧重于市场营销深入理论的研究，开启了市场营销理论研究的另一浪潮，他们提出的理论促进了市场营销的快速发展。但在此之后，市场营销理论发展一度出现了停滞现象，直到20世纪60年代初，Jerry McCarthy提出了4P理论，市场营销理论才又开始发展。4P理论中，产品、定价、分销、促销是基本的框架，该理论对市场营销管理产生了重要作用，并在市场营销界得到广泛应用。随着互联网的发展和广泛应用，4P理论已经无法满足互联网背景下市场营销发展的需求，因此又出现了基于顾客需求的4C理论。4C理论是20世纪90年代初期美国学者Robert Lautborn提出的，它以顾客的需求为核心，围绕消费者、成本、便利、沟通等展开市场营销。在互联网环境下，4C理论抓住了消费者的需求这一核心，满足了当前互联网时代下消费者消费方式变化的需求。随着市场竞争的不断加剧，4C理论的弊端也开始凸显，在此基础上，美国学者Don E. Schuhz又提出了4R理论。4R理论是主要以关系营销为核心，注重和客户的长期沟通，侧重建立客户忠诚度的理论。关联、反应、关系、报酬是4R理论的四个要素，企业以竞争为导向，从这四个要素出发展开市场营销，达到和顾客的双向沟通，在满足顾客需求的同时，提高顾客对企业的忠诚度，形成和顾客长期稳定的关系，达到二者的双赢。

二、市场营销观念变迁

营销，通俗地讲是指市场经营管理，市场营销在企业市场经营管理中发挥重要作用，对企业决策人员、营销人员的思想起指导作用，为企业营销提供思路。市场营销在运用过程中需要解决的问题是如何确定企业生产经营活动的中心思想。市场营销为企业生产经营活动提供了活动准则，也将企业各方面连接在一起，由此可见市场营销在企业中占有重要地位。企业对市场营销的重视程度，从侧面反映了企业对客户、社会的重视，企业制定的市场营销方案，能够反映企业处理企业、社会、顾客之间的需求关系。从国际贸易市场营销发展历程看，随着市场经济的不断发展，市场营销概念也不断变化。市场营销在市场经济发展中起到重要指导作用，通过分析市场营销的概念转变，能够为企业发展制定有效的发展策略。

市场营销概念随着市场经济发展程度不同而有不同定义。按照国际市场营销的发展情况，市场营销发展可以划分为企业生产观念、企业产品观念、企业推销观念、企业市场营销观念、社会营销观念（李媛媛，2011）。市场观念的转变侧面反映了市场经济对生产产品的需求发生改变，也反映了社会经济发展过程中出现了重要变革。

（一）生产观念

19世纪末到20世纪初，工业革命的到来对物质生产产生了影响，人们开始逐渐重视生产问题，并逐渐形成生产观念。生产观念直观表现为不论企业能够生产什么类型产品，市场都会以企业生产的产品进行销售，企业能生产什么，市场便能销售什么。在这样的指导思想下，企业将重心放在提高生产率上，使企业能够降低生产成本、消费者能够买得起产品，这种观念又称为"生产中心论"。生产观念理论在指导企业生产中发挥了重要作用。比如，著名的美国汽车制造企业福特公司为了生产更多的T型汽车，使用了各种先进技术，结果该企业生产了大量的T型汽车。然而该公司对汽车的款式、颜色、消费者喜好并未关注,这样便形成了不关注市场的生产观念。在我国也发生过类似的案例,早在20世纪80年代初,烟草公司生产香烟时强行搭配附加产品,没有考虑到消费者真正的需求。

(二)产品观念

20世纪20年代初,由于生产力的不断提高,企业生产了大量的高质量产品,这个时候产品观念诞生了。产品观念认为,产品在市场销售过程中销量不好的原因是产品不好,消费者青睐的产品具有质量好、产品性能好、产品功能丰富的特点。只要生产企业能够生产好的产品,所生产的产品就有好的销量,可用"酒香不怕巷子深"这一俗语形容。企业花费了大量时间进行产品质量、花样等的改造,然而没有重视市场的变化,这样会形成"营销近视症"。例如,在上海风靡一时的"傻子瓜子",由于企业没有掌握消费者的需求变化,导致"傻子瓜子"成为无人问津的产品。"傻子瓜子"创始人没有把握消费者的需求变化,还说:"我不信,偌大的一个上海,难道还没有傻子瓜子的一席之地?"对瓜子的质量下了很足的功夫,然而消费者认为其产品的品种花样不够丰富,最终导致"傻子瓜子"走向破产的命运。

(三)推销观念

推销观念最早诞生于20世纪30年代。经历二次大战以后,整个世界处于百废待兴的阶段,经过一段时间努力,资本主义工业化得到迅速发展,市场上销售的产品种类、产量日益增加,最终出现了商品过剩的情况。

为解决商品过剩问题，让企业拥有更多的竞争力，企业建立了推销团队，专门进行营销人员培训、营销技术研究、营销广告宣传等，试图让更多的消费者购买产品。这种观念便是"企业努力生产什么，就努力去销售什么"，最终形成了推销观念。推销观念是指消费者在购买产品时存在购买迟钝、拒购的心理。如果按照消费者自身的偏好进行选择，市场上众多的同类商品难以形成销售。所以，商家应当扩大营销范围，开展促销活动，让更多的消费者了解产品、喜爱产品，从而购买产品。在市场经济条件下，推销观念已被广泛应用于其他地方，比如保险、政党竞选。在中国改革开放后，推销观念早已深入企业经营管理中，企业为了推销自己的产品投入了大量的广告进行宣传，例如"当太阳升起的时候，我们的爱天长地久"——太阳神的广告语，脑白金的广告语更是脍炙人口。随着时代的发展，虽然广告语依然能被人记起，但产品不复存在。这说明推销观念只是一时的，并不能促进企业的长远发展。推销、广告在市场营销中，只是冰山一角，如果将推销和广告当作市场营销工作的全部，将全部希望寄托于此，而不考虑顾客的需求，企业的市场营销工作将无法长久正常地开展。

企业产品销售过程经历了生产观念、产品观念、推销观念的转变，给企业的营销思想带来了巨大冲击。这种变化并未改变"以生产为中心""以产品定销售"的格局，仍然是企业强调生产产品，企业注重产品销售。产品观念与推销观念的区别在于，产品观念是企业等待客户上门购买产品，推销观念则是通过销售手段进行产品销售。

(四) 市场营销观念

20世纪中期开始产生市场营销观念。这一时期的市场营销观念以买方市场中的消费者为中心。市场营销观念认为，要实现企业的目标，需要了解消费者的需求和欲望，并围绕着这一需求利用企业的资源进行生产，再通过合适、有效的市场营销策略满足消费者的需求，实现企业经济效益。"顾客是上帝、顾客至上"便是这一市场营销观念的典型。市场营销观念和推销观念有很大不同：推销观念以卖方为中心，通过推销商品的形式达到交易目的；而市场营销观念则以买方中的顾客为主，利用企业资源再结合适当的营销手段满足顾客的需求从而实现交易的目的。市场营销观念和推销观念的区别可以通过图1.1所示来表现。

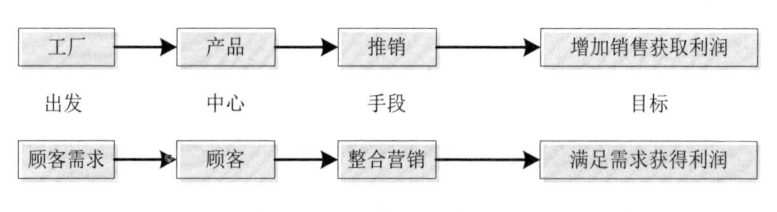

工厂 →	产品 →	推销 →	增加销售获取利润
出发	中心	手段	目标
顾客需求 →	顾客 →	整合营销 →	满足需求获得利润

图1.1 推销观念与市场营销观念区别

根据上图可知，市场营销观念和推销观念的逻辑是相反的。和推销观念最大的不同在于，市场营销观念是基于顾客需求生产商品的，而不是企业生产什么就卖什么。顾客是市场营销的中心。企业利用市场营销观念来了解顾客需求，进而生产出满足顾客需求的商品，这是企业在经营过程中经营理念发生重大变化的一大表现。

（五）社会营销观念

市场营销观念过于关注顾客的需求，没有考虑到社会的长远发展，导致环境污染、资源浪费等问题频频出现，影响到生态环境。同时为了迎合顾客需求，市场上充斥了很多假冒伪劣产品等，带来了较大的负面影响。在这一背景下，20世纪70年代，社会营销观念开始出现，社会营销观念是对市场营销观念的补充，也是一种延伸（方亮，2010）。社会营销观念不同于市场营销观念之处在于：企业在继续满足顾客需求和欲望而获得经济效益的同时，应注重眼前利益和长远利益的结合，将如何满足顾客的需求和缓解社会公众利益矛盾的问题当作重要问题进行思考。即社会营销观念认为，企业除了为满足顾客的需求生产商品，还应考虑长远利益，并将企业利润、消费需求、社会利益协调统一。图1.2为社会营销观念基本思想图。

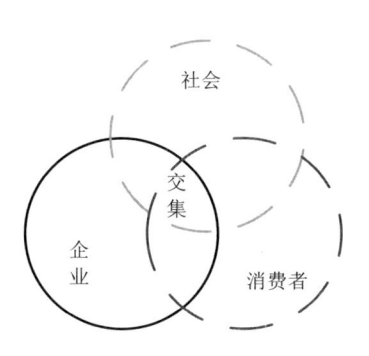

图1.2 社会营销观念

从理论上讲，社会营销观念是正确的，是符合人类长远发展的。但在资本主义条件下，社会营销观念很难得到有效实施。

综上所述，可将营销观念分为两种：第一种是传统营销观念，如关注商品的生产与分销；第二种是新型营销观念，如市场营销观念、社会营销观念便是新型营销观念。每种营销观念的产生都有一定的合理性，都是由当时社会生产力、商品供需情况、企业规模等决定的，是时代发展的产物。当前，根据社会发展以及人们的消费观念和行为偏好作相应调整，以用户、场景、利益相关者为中心的新一代营销推广体系，影响着各类品牌商对商品信息的传播。这些也是随着时代发展而出现的，是对当前市场营销观念的补充和延伸。

三、数字化市场营销趋势

数字化市场营销（Digital Marketing）是指借助数字化技术或渠道加速品牌的宣传和产品的推广，带动流量的增长与销售转化的提升。互联网进入4.0纪元以来，移动网络成了当前消费者获取信息的最主要渠道，因此，借助数字化媒体与手段是提升营销投资回报率的必然趋势。数字化市场营销趋势主要分为以下三个大类。

第一，挖掘与应用消费大数据。数字时代消费者在各类移动端设备及网络平台留下的行为痕迹，包括结合互联网提取的用户线下场景轨迹，能够为商家提供完整的消费时空路径、偏好聚类等海量大数据，优化商家的生产、采购、经营、服务等各项环节。

第二，商家整合多样数字化渠道带动产品销量以及升级线下场景的数字化体验，增强与消费者的互动。当前商家可以应用前端消费大数据、商业大数据、竞争大数据等方式定位到精准的潜在消费者，通过整合搜索引擎广告、社交App轮播图、短视频等多种数字化渠道完成个性化推送，促成交易订单和复购。同时，商家也可借助AR、VR等数字化技术提供交互式体验，或优化线下消费场景，凸显差异化的购物模式，打造线上线下数字化服务品牌。

第三，共享免费的数字服务来为附加产品与服务引流。电商平台以及商家将与供应链各端的伙伴以及用户共享海量数据，尤其为消费者提供免费的数据查询与向导服务。例如，旅游服务、消费品零售等平台与商家会根据用户的历史记录提供同类商品的购买数据、流行搭配、定制化行程等，刺激连带消费以及对附加产品与服务的消费。

数字时代下整合型跨境网络营销体系研究

第二节　跨境网络营销的现状与趋势

一、跨境网络营销相关概述

随着移动互联网的不断成长，跨境电商也得到迅速发展，移动互联网技术突破了国家之间的交易壁垒，增强了国与国之间的贸易联系，解决了传统国际贸易中存在的问题，为全球经济提供了新的技术。文献研究表明，中国贸易总量呈递增趋势，未来的中国对外贸易也将继续保持高速增长趋势。随着跨境电商业务的不断增加，跨境电商发展存在的问题逐渐暴露出来，比如跨境电商产品质量安全问题、支付交易安全问题、物流不及时问题等。而互联网技术的不断发展、大数据技术的日益完善给跨境电商带来了希望，利用大数据技术能够解决跨境电商目前存在的问题。大数据技术的完善给跨境电商带来了网络营销希望，与传统的营销方式相比，该营销方式具有不受空间限制、能及时整合资源、提高企业运转效率、企业能快速进行产业融合、容易形成新的产业、能快速蔓延至其他行业、节约企业运营成本等优势。跨境电商平台的功能主要是进行消费者与企业交互、不同地区差异性连接、全面实现营销活动。企业交互是指跨境电商平台能够与顾客之间进行双向沟通，这样有助于消费者了解平台产品，也能让平台了解消费者需求，制订合理的产品计划；不同地区差异性是指跨境电商打破了时空限制，这样营销活动可在世界上任何有网络的地方不分昼夜地实现；全面性是指跨境电商产品覆盖面更广、时间更长。

二、跨境网络营销的环境及现状

目前，Epstein等学者对跨境电商的交易进行了深入分析，指出跨境电商交易是一种超越不同国家和地区界限的交易，可利用互联网技术实现商品交易。跨境电商从商品咨询到交付都是通过网络平台完成的，甚至连物流信息都从网络平台跟踪，整个过程只需消费者对商家进行咨询，不需要面对面交流。目前跨境电商平台运营模式主要有B2B、B2C、C2C（个人与个人之间的电子商务）等。国外互联网技术应用比国内要早，因而相应的跨境电商理论相对成熟。国外跨境电商理论指出，传统零售行业应该与电商行业保持相同步伐，应当充分利用电商平台的先进技术，比如快速推广、网络营销等，这样会增加传统零售行业的销售渠道。Andre针对跨境电商优势，提出了传统零售行业应利用跨境电商优势，增加电商平台的开放性、渠道多样性，从而解决交易过程中出现的空间、时间限制。Asadi对网络品牌营销进行了研究，指出在网络营销中，生产企业产品可利用跨境平台消费者的评价以及利用网络进行品牌宣传，网络口碑成为学术界的研究重点。

数字时代下整合型跨境网络营销体系研究

  随着互联网技术的不断发展和网民数量的增加，网络交易数量也相应地呈增长趋势，在网络交易中资金安全和交易安全已成为重点关注对象，大多数学者提出了相应的网络交易率和信息检索率的概念。例如，Ghobakhloo对交易平台进行分类，指出交易平台包括双方需求交易平台和供给信息展示平台，这样提高了信息检索效率；Sila根据市场需求、产品销量对跨境电商的产品进行排序，将需求量高的产品放置在首页，还利用邮件管理系统、弹窗技术实现产品推荐。从2010年开始，跨境电商业务出现多元化，在传统的B2B、B2C、C2C基础上，增加了O2O（Online to Offline，线上到线下）、O2O2C（Online to Offline to Configuration，线上线下相结合）等模式，新的跨境电商模式加强了线上与线下之间的密切联系，实现了跨境电商延伸至全球的局面。

  为推动跨境电商产业发展，学者Asosheh指出，跨境电商产品需要与其他地区的产品进行结合，比如P2P。互联网金融可为广大网民提供提前消费模式，这样能刺激网民消费的欲望。Ahmad指出，跨境电商应重视交易信用体系构建，商家信用体系构建内容主要有商家销售、商家好评率、商家投诉率、商家违规信息、商家征信等数据，消费者信用构建内容有消费者消费金额、购买次数、退换货率、违规信息、征信信息等，构建的信用评价体系提高了跨境电商的透明度，降低了跨境电商交易风险。Hamad根据Ahmad的观念，完善了跨境电商平台信用评价体系。该评价体系包括卖家信用评价和买家信用评价，构建的评价体系中增加了部分买家恶意差评、恶意刷单等不正当行为，指出在跨境电商平台上，买卖双方是平等的，交易平台除了关注买卖双方的交易额、信誉度、好评等指标，还需要挖掘服务态度、服务质量。验证结果表明，这样构建的跨境电商平台评价体系提高了电商平台服务质量。

中国的跨境电商还处于发展初期。查阅专业数据库发现，关于中国跨境电商的研究文献较少。归纳起来，中国跨境电商的研究主要有以下方面。张夏恒采用统计方法分析了中国跨境电商的交易额，指出在未来5年中，中国跨境电商仍然有发展的机会，其中小额交易在跨境电商中占有重要部分，中国的跨境电商是以B2B和C2C为主体。赫永军研究了中国跨境电商的优势因素，指出中国的跨境电商应对平台产品多样性、跨境电商人才培养、跨境电商营销策略、跨境电商物流改善、跨境电商产品质量等因素进行提升。许德友研究了深圳跨境电商的运营模式，针对深圳跨境电商运营模式提出了应用加大政策开放力度、降低关税、采用先进技术提高通关效率等方式促进跨境电商产业发展。林晓伟针对当前跨境电商法律法规不完善的问题，提出了政府应加快制定跨境电商法律法规，对跨境电商的行业进行规范，对破坏跨境电商的交易行为进行严厉打击。根据文献可知，推动跨境电商行业的发展，可从以下方面着手：国家政策帮助；跨境电商平台规范运营，建立完善的评价、风险监控、支付管理体系；政府制订人才培养计划，对网络营销策略进行规划，采用创新运营模式进行管理。有学者指出，网络营销策略是重要影响因素，好的策略能帮助企业快速占领市场。

三、跨境网络营销的渠道变迁

跨境电商在电子商务中是最高级贸易形式。不同国家与地区进行跨境交易时，为解决面对面交易存在的问题，须通过互联网平台。跨境网络电商的特点，是利用信息技术替代传统的国际贸易形式。当前全球使用的跨境电商平台模式主要有B2B、B2C、C2C。其中B2B模式和传统的贸易交易方式区别不大，主要在于采用互联网技术进行商品发布，而在线下进行商品交易和通关。B2C模式是企业与消费者之间的关系，企业通过物流将产品发给消费者。例如，阿里巴巴在中国建设了网络营销平台，该平台能让中国的经销商和国外的零售终端利用网络进行连接，这样就能把国内的产品快速销往海外市场，实现利润空间的增长。该平台构建了订单、支付、物流全覆盖服务。尽管平台销售的产品大多数是小商品、小订单，但市场量大。消费者在平台购买产品后，厂家的采购周期短、营销速度快、成本低、利润高、支付安全度高等特点，为整个交易保驾护航，降低了交易风险。

1. 站内营销与销售同步推进——以速卖通为例

直通车是利用充值方式给产品定价，通过该方式能够让产品排名靠前，这种方式属于点击付费方式；速卖通在进行产品销售时，通常有限时限量打折的要求。商家选取适当的时间进行打折销售，这样是为推新品、清库存、造爆品而服务。限时限量打折是指将产品按照分组管理方式进行打折分组，这样能够方便设置打折。限时限量打折需要连续执行，不可中断，一旦中断就会给销售业绩带来损失，比如产品的曝光率、点击率、销量等会降低。营销过程中还需要处理活动时间,活动时间应当设置在工作时间,时间设置不需要过长。如果将时间设置过长,活动开展中无法更改时间,则只能待活动结束后进行更改。打折活动结束时间应设置在最佳搜索、购买时段中。每个折扣结束前会显示出下一个活动,这段时间中流量上升迅速。每个月应当把握好活动的次数,如果一个月有40次活动,则单次活动时间一般安排在3天左右(有重叠)。打折活动和限时限量折扣活动应该同时举行,通过限时限量折扣弥补打折活动的不足之处。活动中的优惠券设置为领取型优惠券、定向发放型优惠券、金币兑换型优惠券。不同优惠券面向的客户群体不同,设置情况也不同。如领取型优惠券设置时,可以根据店铺中商品的价格,在不亏损的情况下设置一定面额的优惠券,供客户领取。定向发放型优惠券一般面向老客户,即对在店铺中购买商品较多的客户可以适当地发放定向优惠券。金币兑换型优惠券是面向所有客户的,只要客户满足金币兑换要求就可以兑换优惠券。一般来讲,每个月优惠券活动可以设置成10个,最好时间长一点,根据活动次数设置优惠券,但应重点强调优惠券的有效天数,如领取成功后3天或7~10天等。优惠券设置也能增加店铺的流量,店铺在设置时应认真对待。满立减的活动每个月可以有10次,同样需要根据商品的价格在不亏损的情况下设置出满多少减多少的活动,活动时间同样可以长些,以增加商铺流量。优惠券和满立减活动可以叠加,但叠加应用时应注意商品的利润。联盟营销也是经常使用的方法。联盟营销即是将店铺中的商品加入联盟营销中,并设置在"我的主推产品"中,能够得到客户的关注。如果店铺有产品上新,同样需要将新产品设置到联盟营销中"我的主推产品"中。联盟营销中只能有60款产品，如果其他店铺的产品数量较多，店铺可以优选出数据较好的产品进行添加，而一些即将下架的产品则可以及时移除，避免占用资源。营销邮件是通过邮件的形式实现客户维护的一种手段。营销邮件一般基于客户的购买历史记录、收藏夹、购物车、购买次数等情况进行分类，针对不同的客户发送不同的邮件。店铺可以定期或不定期地从店铺中选择出具有优势或性价比较高的产品以邮件形式发送给客户。国外如圣诞节、"黑色星期五"等节日，店铺可以向客户发送邮件，适时地提醒客户，提高店铺及其商品的曝光率。但应用时应注意邮件发送频率、发送时间、发送数量，不要太过频繁，否则容易引起客户反感；也不可过于稀少，否则客户会将商铺遗忘。店铺也可以参与电商平台的活动。电商平台的活动是一个集用户营销、活动营销、口碑营销等多种营销方式为一体的导购平台，为数百万的店铺提供了扩大影响力的渠道。店铺应每天关注平台活动，找出平台活动更新的规律，并第一时间报名参加平台活动，如果店铺出单率较高，更能够报上名。但须注意，不管什么样的活动，在开展前都应清查库存，库存不足的商品一般无须参加活动，以避免由于库存不足导致无法发货的情况出现。

2. 站外引流渠道整合推广

营销活动中，店铺本身开展的活动或借助于电商平台开展的活动，都属于站内营销。除此之外，还可以借助社交软件进行营销。跨境网络营销时就可以通过国外社交软件进行营销，如通过Facebook、Twitter（现改名为X，下仍称Twitter）、YouTube、Pinterest等进行营销。

Facebook是全球最大的社交平台，每天的浏览人次超过4000万。除了个人用户，还有大约3000万的企业用户，其中不乏企业用户在网站上以付费的形式进行广告宣传。如B2C的典型代表兰亭集势也都曾经在Facebook上进行广告宣传。其他跨境电商平台也开始关注Facebook这一社交平台，不同程度地利用这一社交平台展开营销。

Twitter是微博型的社交网站，目前该平台注册的用户已经突破5亿。作为微博社交网络，用户发布信息字数会受字符限制，一般不会超过140个字符，但即便是在如此短小精悍的文字中，不少企业也植入了大量的营销宣传。Twitter上有不少名人，很多跨境电商也会通过名人进行营销，发挥名人效应。目前Twitter的购物功能应用十分成熟，进一步扩宽了跨境电商在该平台的营销渠道。

YouTube作为视频网站，是目前发展火热、应用较为广泛的社交平台。YouTube面向全球用户，每天全球范围内的用户都可以在该平台上上传、浏览、分享视频。在该平台上开展市场营销效果良好，因此YouTube一直备受跨境电商平台的青睐。很多跨境电商会在YouTube上发布一些创意十足的广告宣传视频，或和平台上的博主合作进行广告宣传，实践证明这些宣传的营销效果良好。

Pinterest是图片分享平台。跨境电商在营销过程中，会把图片作为一种主要的宣传方式。精美的图片能够吸引消费者的兴趣，如果消费者真正感兴趣，就会从中挑选出适合的商品下单。目前Pinterest除了分享图片，还开拓了专门的广告业务，并通过大数据挖掘技术为广告主提供精准营销服务。Pinterest根据用户图片浏览历史等相关信息构建用户偏好数据库，为广告主的广告宣传进行精准营销，大大提高了营销效率。

除了上述社交网站，国外的社交网站还有许多，每款社交软件应用的国家不同，用户的习惯、喜好也不同。对跨境电商来讲，在国外社交网站上进行营销时应了解社交网站的用户情况、喜好、习惯等，进而开展合适的站外推广活动。

3. 网络营销操作加强用户互动

当前，网络营销也是应用广泛的营销手段。网络营销应用过程中，不同商品的特性不同，采用的网络营销方式也不同。在开展网络营销前，应对产品的目标市场进行调研，了解营销活动的可行性，预测营销效果。如果市场预测结果良好，显示可以投入该产品，则可以开展网络营销，从而实现交互式产品营销，加强消费者对产品的了解。网络营销和跨境电商一样，都是在互联网技术的发展应用下产生的，是时代发展的表现。另外相比传统的营销模式，网络营销的成本相对较低，对企业来讲，能有更多的成本用来开发市场，而不是花费在产品营销中。同时借助于网络营销能够实现和客户的沟通交流，保持客户对产品的忠诚度，维护好与客户的关系。当前时代下，网络营销并不是单纯地建设营销网站或进行宣传，而需要通过制定营销策略，实施营销活动，通过整合资源达到网络营销目的。店铺有新品上市时，应抓住机会进行网络宣传，拓宽网络营销渠道，提高产品知名度，提升产品销量。网络整合营销是店铺或企业根据自身实际情况，整合营销资源，从中选择出最适合的营销模式，在开源节流的基础上开展营销活动，实现营销目的。

4. 新媒体营销操作让产品走近用户

近年来，新媒体行业发展如火如荼，各类新媒体如微博、微信公众号、短视频、直播平台、论坛等发展得风生水起,用户规模庞大。对营销界而言,新媒体的发展开拓了新的营销渠道。特别是贴近生活实际的新媒体,更成为营销的热点。新媒体营销具有贴近生活、操作简单、成本低等特点,但新媒体营销需要紧紧抓住当前热点话题,只有这样才能达到营销目的。因此新媒体营销对营销人员的思维敏捷度要求较高,他们须具备创新意识,紧跟潮流热点,才能抓住稍纵即逝的营销机会。

5. SEO营销操作实现精准投放

SEO是搜索引擎优化,是利用搜索引擎的规则提高排名。哪里有搜索,哪里就有优化。不同的搜索平台上,优化方法也不同。平台都会基于搜索引擎规则进行优化,提高网站的排名和访问流量,从而实现营销的目的。如在百度中,搜索关键词后,百度就会提供跟关键词相关的网站,这些网站排名各不相同。排名越高的网站,被点击的概率就越大,相应地就能获得较多的流量。很多企业为了达到营销的目的,就利用SEO营销提高搜索排名,以获取更多的点击率,提高网站流量。当前不管信息时代如何发展,只要有搜索平台,SEO营销就会一直存在。而SEO营销也是网络营销的雏形。跨境电商在营销时也可以利用SEO营销,国外也有很多搜索引擎如Google等,跨境电商应根据自己的需要选择合适的搜索平台进行SEO营销。

四、数字化跨境网络营销新策略

在实施数字时代的跨境网络营销时,首先应依据潜在用户留下的数字化痕迹明确目标市场和目标客户,准确定位后,对市场进行细分,确定市场营销策略，开展定制化的营销活动。

(一) 数据优化目标市场及用户定位

能够形成精准的目标消费者画像以及定位，这是营销开展的第一步，也是重要的一步。如果这一环节中目标市场、目标客户定位不准确，后续开展的营销活动也会受到影响。当前很多跨境电商在网络营销中的这一环节存在着问题，如国内某跨境电商网站就存在着营销目标不准确的问题，网络营销主要以狂轰滥炸形式进行，没有明确的目标市场和明确的客户。这种网络营销方式不仅加大了营销成本，而且也没有真正发挥出网络营销的作用。针对这种情况，数字时代可以依据潜在用户以及历史用户留下的痕迹和数据进行分析，对目标市场和目标客户进行准确定位，为网络营销奠定良好基础。

1. 目标市场及客户的数字化定位

对目标市场和目标客户进行定位时，可以采用STP营销战略理论，从市场细分、目标市场选择、市场定位三方面入手（罗玉文，2019）。

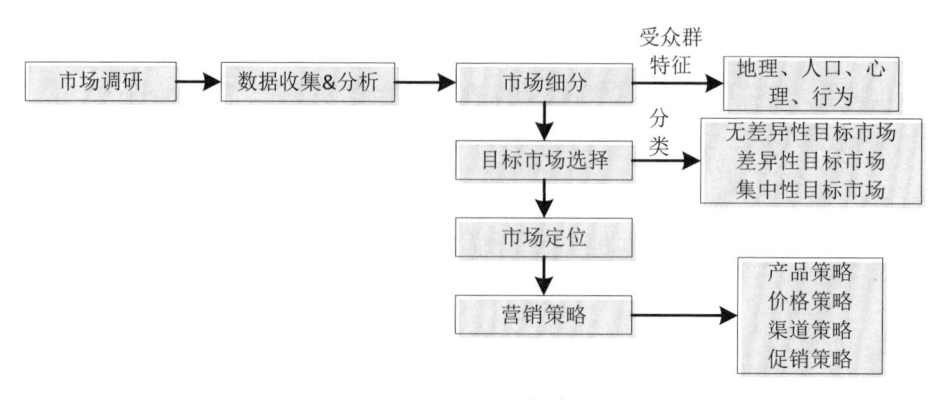

图1.3 STP理论解析图

（1）应用用户数据细分市场。每个消费者都可以看作一个独立的消费市场，数据化营销的第一步则是在数据分析的基础上区分不同消费群体的特点，从而匹配针对性的选品和精准的定价与推广。对企业来讲，在开展营销时，应根据消费者的个性化需求，找准产品的目标市场，对目标市场进行细分，通过独特的营销方式开展营销活动，将产品卖到相应的目标市场和目标客户手中。企业可以依据历史用户和搜索引擎、社交App等渠道的潜在消费者留下的数据，分析用户画像，从而完成较为准确的市场细分。另外，组织了社群的企业，由于具备精准的用户群，可在用户群内进行人群的分析，定位细分指标和具体的细分内容。

（2）目标市场。目标市场是在市场细分的基础上进一步明确产品应销售的市场范围，企业根据目标市场采取合适的营销方式和营销策略。

（3）凭借用户画像明确客户定位。市场定位是美国学者阿尔赖斯（Alris）提出的，指企业根据目标市场已有的产品及其销售情况，针对特定的消费群体，为之提供满足他们需求的产品或服务，以此获得消费者的认同，使之成为企业的客户，并产生依赖关系。通过客户定位让特定消费者感受到他们和其他客户的差异，进而成为企业的忠诚客户。企业通过对用户数据的挖掘与分析形成用户画像，依据用户画像明确产品的营销和销售定位。

2. 数字化场景下的跨境电商市场细分

结合数字时代背景，跨境电商市场细分有很多标准，如用户的地理区域、用户的基本属性数据、用户的上网行为数据、产品的使用场合等。具体如表1.1所示。

表1.1 数字时代的跨境电商市场细分依据

市场细分依据	具体的市场细分类型
用户的地理区域	IP地址所在区域，电商普及化程度，物流、电子支付的匹配程度，所在区域的产品偏好类型
用户的静态、动态属性画像	年龄、性别、职业、接受的定价区间、偏好的内容和推送形式、上网时间、民族、宗教信仰等
用户的上网行为数据	用户的浏览、搜索、收藏、加购、下单、支付、复购行为数据，参与讨论的内容，对价格和促销的敏感度，偏好的促销节活动类型等
使用场合	宗教、休闲、差旅、官方、商务、聚会、游泳、健身、户外、旅行、婚庆、赠礼、家居、个人护理
产品的受益需求	技术、原材料、便携、充电快、续航时间长、防静电等

以绿联科技的数码周边在速卖通平台的销售为例，在其用户的地理区域——欧洲、美洲、东南亚地区，电商基础配套设施完善，用户基本为中年、收入中等的小家庭或者个人，偏好数码产品及相关内容的浏览及话题讨论、相关推送，在促销节期间购买行为显著，产品多应用于家庭视听、照明、水处理、差旅充电等场合。产品的受益需求包括轻便、安全、实惠、续航时间长、充电快、不产生噪声等，多方面满足不同用户的需求细分。

3. 用户数据的挖掘与目标市场画像形成

市场细分后需要对目标市场进行分析。以国内某全品类跨境电商平台为例，在对其市场进行细分后，需要分析目标市场。目标市场分析过程中很容易出现目标市场定位不准确的问题，经营范围不准确则是其中一个重要表现。该平台经营范围广泛，几乎涵盖了所有行业。这种经营模式不仅增加了运营成本，也使得有些销量不高的产品在议价时受到限制。

虽然全面开花能够获得更多的消费者，但无法和其他跨境电商区分开来，即没有形成自己的特色，品牌、产品定位都不是十分精准。当前消费者在消费时，希望能在专业的电商网站上购买专业的产品，如消费者一旦有母婴产品需求，首先想到的是专注于母婴类产品的蜜芽。该平台虽然也有母婴产品，但这一优势并不突出。

4. 用户数据聚类形成精准目标客户定位

对目标市场进行分析后，需要明确目标市场，然后在目标市场上定位目标客户。如网易考拉通过目标市场分析，最终聚类确定出其目标客户主要是35岁以下的女性群体，并满足这部分客户群体日常生活用品的消费需求。

第三节　数字化跨境网络营销的新思维

一、大数据营销

目前正处于大数据发展时期，跨境网络营销应充分利用大数据进行更精准的营销，充分利用顾客消费行为、浏览记录等数据，为顾客提供精细化推广。很多跨境电商如阿里巴巴、敦煌网等不断完善电商平台，利用Hadoop技术进行用户行为挖掘，建立起庞大的消费者用户行为数据库，这样更能精准地进行用户商品推广。过去的几年中，跨境电商发展迅速。2020年，跨境电商更是增长迅猛。根据海关的统计，2020年，我国跨境电商进出口总额1.69万亿元，其中出口1.12万亿元，进口0.57万亿元。特别是跨境电商出口零售额逐年递增，海外网购消费者用户不断增加。跨境电商在不断发展中，也形成了B2B、B2C、B2B2C三者并存的新格局。

跨境电商快速发展的同时，跨境网络营销的思路也不断创新。在大数据时代下，大数据营销成为营销的一大特点。跨境电商的发展离不开网络技术的支持，经过不断积累，各跨境电商平台都积累了大量的数据信息。

第一章　跨境网络营销的现状与数字化趋势研究

对这些数据信息进行挖掘利用,从中发现营销点,是跨境电商大数据利用的基础。在这一背景下,跨境电商利用大数据营销也不足为奇。在众多跨境电商中,eBay早就发现大数据时代的奥秘,认识到大数据的影响,并早早部署了大数据利用规划。

（一）eBay的探索：为消费者"画像"

成立于1995年的eBay,是目前全球最大的拍卖网站,已经有1.89亿的注册用户,分布在190个不同的国家和地区中。2006年,eBay认为大数据将会在未来发挥出巨大潜能和作用,于是开始着手建立大数据技术分析平台。该平台汇集了不同类型的数据,其中就有关于消费者消费行为的数据。eBay每天对海量的数据进行分析,了解消费者的消费偏好、消费行为等,可以说,eBay对消费者的了解甚至多于消费者自己。

eBay的大数据技术分析平台,不仅对将近2亿的用户交易信息进行记录,还对用户每次的浏览信息、搜索信息进行记录,将这些信息纳入情境模型中,能够对消费者的需求进行计算。另外,情境模型还能对消费者的年龄进行区分,通过对消费者的需求进行计算,了解消费者的需求,为消费者推荐满足他们需求的产品；或者将消费者的需求信息提供给商家,增强商家对消费者的了解。消费者只要登录eBay平台,eBay就会自动对消费者的以往购买记录、浏览记录进行数据分析,挖掘消费者潜在的需求,推荐满足其需求的产品。

（二）跨境电商企业的新价值：大数据预测模型

长期以来，跨境电商在进行用户行为统计时采用传统的数据分析方法，很难得到更深入的有价值的消费行为信息，大数据的到来为跨境电商带来了更给力的工具。通过很好地利用大数据技术，跨境电商能从海量数据中挖掘出有价值的客户，进一步为消费者提供个性化服务、精准服务，从而为自身带来更多的产品销售。

跨境电商在大数据利用中，可以自己进行大数据研发和利用，也可以通过第三方机构实施大数据研发和利用。eBay对大数据的利用已经趋于成熟，除此之外，Google的大数据利用也相对较为成熟。消费者在Google上进行搜索时，其行为习惯、偏好等相关信息已经被记录到Google大数据库中，Google会通过对这些信息进行挖掘、分析，待消费者下次登录时会推荐满足其潜在需求的相关信息。或者Google会将消费者的相关信息提供给商家，商家为消费者提供满足其需求的产品。这便是大数据营销。大数据营销过程中，大数据预测模型十分重要。消费者的数据信息需要在数据预测模型中进行处理分析，才能计算出消费者的需求。这是大数据利用中的重要一步，也是大数据营销中的重要环节。虽然数据类型不同，但在处理时，流程几乎相同，都需要通过数据采集、数据处理、数据分析、数据呈现的流程完成数据挖掘。平台、商家以及第三方机构，在对用户大数据进行统计和建模后，将用户的行为现状和未来预测的结果，以便于理解的图表和文字公布，并给予商家运营的科学整改建议。

(三) 大数据预测模型的特点

现代营销管理有一定的规律可循，也可以看作解决问题的一种方法。和解决其他问题一样，现代营销管理在解决营销问题时，同样需要数据支持。大数据时代的发展则为现代营销管理数据分析提供了便利，实现了现代营销管理相关数据分析的信息化，提高了信息管理水平，促使现代营销管理朝着更加精准化的方向发展。对跨境电商来讲，他们本身就有信息技术利用方面的优势，大数据营销的利用使跨境电商能够从各个环节把握好消费者的喜好和需求，对消费者的分析更加精准，也能为消费者提供精确的产品推荐。从科学性角度来看，大数据营销的发展和应用促使现代营销管理更加科学化。

对跨境电商来讲，国内客户群体的需求虽然也有差异，但基于相同的文化基础，国内消费者的消费喜好能够较好掌握。由于文化差异、国情环境等各不相同，跨境电商对境外消费者的喜好预测难度较大。如果没有掌握境外消费者的消费行为和喜好，境外消费市场开拓将十分困难。大数据技术的出现和应用则改变了这一现状。在大数据的支持下，跨境电商平台可以将消费者的购物历史、浏览历史等相关信息进行采集，再通过数据预测模型进行数据分析，了解消费者的喜好。这使境外消费者的需求分析变得和国内消费者需求分析一样简单，对跨境电商而言，能够通过大数据技术的应用有预见性地了解境外消费者的消费需求，从而为之提供满足其需求的产品。

二、社群营销

社群营销是近年来新发展起来的一种营销模式。社群营销主要是社群电商发展带动的。移动智能终端技术的发展带动了移动互联网，移动互联网下出现了社群电商模式。社群电商并不是对传统电商或移动电商的颠覆，而是二者的延伸。社群电商是另外一种商业意识形态，一改传统的客户管理方式，通过客户社群化、情感联系进行客户管理，提高社群成员的活跃度和传播力。社群电商中，如果有好的内容，用户就会被吸引，再加上社群中以情感为联络纽带，用户在情感的激励下能够产生交易行为，实现商业变现目的。社群电商不仅可以在传统电商中应用，也可以在移动电商中应用，即便是只通过社交工具进行营销的微商，也可以采用社群电商模式。

小红书是社群电商中的"一枝独秀"。小红书最初建立时，就定位为海淘的爱好者提供交流、晒国外采购的平台。小红书的这一定位迅速吸引了很多社交媒体、购物论坛的关注，很多用户纷纷到小红书上晒购物心得。随着购物互动分享的增加，小红书上出现了很多有价值的海淘购物经验，大型UGC分享社区为小红书粉丝提供了互惠互利的平台，小红书的社群平台开始出现。随着分享的增加，小红书会员之间的信任逐渐加深，从而进一步促进了小红书社群的发展。在这一背景下，小红书开始以社群为基础积极开展社群活动，在为小红书积累人气的同时，积极朝着电商平台转型，成为今天社群营销中的典型代表。

小红书通过了解社群成员的真实需求，让有同样需求的客户自发地聚集在社群中。社群的建立既没有广告成本，也没有进行大力宣传，只通过分享、交流心得便实现了客户的聚集，随着交互分享的增多，社群也呈现出爆炸式的增长。目前小红书有8500万的月活跃用户，在垂直电商领域中位于领先地位。应将小红书看作海淘市场UGC社区加自营的直邮电商。小红书曾经在5个月内实现了2亿元的交易额，转化率达到8%，95%的产品上架后很快售卖一空。这些成绩的取得和小红书的社群营销有密切关系，通过去中心化的形式快速实现人气积累，在构建社群平台的同时也通过社群实现产品销售。

（一）平台不同运转模式引导社群多样化

不同跨境电商运营社群营销时有不同的运转模式。对跨境电商的用户来讲，海淘商品的品质，是消费者所关心的。因此，抱着"唯恐商品来源不正宗"这一心态的消费者会自然而然地聚集在一个社群中。跨境电商平台应根据消费者的这一需求，建立并培育这种社群，并让社群成员了解自己的品牌。同时在社群中积极传播"只出售正宗海淘品牌"的影响力，在社群中实现细分市场的目的，达到精准营销。对很多跨境电商平台来讲，这是它们社群营销中应努力的方向。

针对追求时尚、渴望购买到最新海淘产品的消费者，跨境电商可以以保税区为发货基地，在此基础上创建社群。保税区位于国内，相比海外直邮，其发货速度更快捷。通过这种方式创建社群后，吸引海淘时尚达人入驻社群，通过互动分享等吸引更多的有此需求的消费者，这种社群营销既能满足消费者的购物需求，也能促进跨境电商平台的交易。当前小红书就是这种操作模式。

海淘产品已经达到国内的跨境电商平台,如淘宝网,他们的跨境电商产品已经转运到国内。这类跨境电商在进行社群营销时,应将消费者的个性化体现出来,有差别地建立社群。平台上的商家也可以建立社群,如淘宝网上主要以第三方商家为主,每个商家都可以建立他们自己的社群,为客户提供交流、互动的平台。曾有一家女装店,入驻淘宝网前在博客发家,通过发文积累了一众博客粉丝,这些粉丝最终成为它的社群成员。待女装店转战淘宝网时,这些社群成员便成了店铺的第一批消费者。这家服装店的社群营销思路清晰,将粉丝互动、文艺风格、社群推广、社交媒体传播结合在一起,为社群成员提供一个穿着体验交流沟通的社群,进而将社群成员转变成客户,完成商业交易的转变。

不同的跨境电商平台,应根据其特点创建社群,并加强和社群成员之间的互动交流,发挥出消费需求相同的社群成员的消费能量,使他们转换成跨境电商的客户。

(二)达人领袖中心化的社群推动平台引流

跨境电商创建社群后,大多希望在社群中培养出意见领袖,并通过达人领袖发挥出聚集人气、传播品牌等作用。实践证明,意见领袖在社群中具有一定的威望,传播能量不容小觑,是社群传播的重要节点,能够为跨境电商品牌宣传发挥出巨大作用。

达人领袖中心化的社群应用模式在萌店、我买网等平台上得到了广泛应用。如萌店创建的"大V计划"社群,意见领袖在社群中将粉丝经济效应发挥得淋漓尽致。很多萌主通过"找师傅"向大V学习，通过学习成为意见领袖、网红，在其社群中会集更多的消费者。这种社群模式在为平台吸引大量消费者的同时也降低了平台的边际成本。

随着直播的兴起，跨境电商平台也开始将直播和电商结合在一起，成为"直播+电商"的新模式。很多网红、大V主导的社群模式发展更为火热，如聚美优品、网易考拉海购等都采用了这种模式。网易考拉海购还曾经将直播化运营当作主要的营销战略。社群网红之所以受到跨境电商的青睐，是因为引流成本不断提高，调研表明，新客户引流成本达到了每人400元，而传统营销模式又被实力强大的电商平台垄断，对规模不大的电商平台来讲，在进行营销时只能另辟蹊径，因此聚美优品等平台纷纷和网红、明星合作，使他们成为平台的大V，将他们发展成社群意见领袖，从而发挥出巨大的粉丝经济效应，为平台吸引流量。传统发布会中，就座于第一排位子的以各级领导为主，但当前很多跨境电商平台召开的发布会，就座于第一排的则变成了手持自拍杆的网红、大V，这便是达人领袖中心化的社群营销与众不同的地方，其所吸引的流量和带来的成交量也不容小觑。当前有些电商平台如蘑菇街斥巨资扶持网红，这些都说明意见领袖中心化的社群营销发挥出了巨大效应。

（三）众筹化社群带来第三方平台繁荣

海淘产品价格相对较高，有些消费者在海淘时会通过海外网站进行搜索。但海外网站由于语言、购买流程等存在差异，再加上产品通关流程复杂，很多想海淘的消费者会望而却步，看着心爱的产品有心无力。解决这一问题可以采用众筹项目，只需要缴纳一定的费用就可以获得心仪的产品，烦琐的通关流程、购买流程等都无须操心。对海淘消费者来讲，这无疑是一种好的消费渠道。这一众筹行为也可以基于社群实现。如母婴产品类中的奶粉，很多消费者都倾向于购买荷兰奶粉，有平台构建了众筹化的社群，其中汇集了众多有荷兰奶粉购买需求的成员。在社群中，成员可以和荷兰牛奶品牌甚至和农场主进行联系，通过这种方式购买到荷兰奶粉。这种跨境众筹社群下产生的购买行为，不管是物流还是支付，都没有较高的要求，但对众筹的产品质量、价值有较高的要求。众筹本身就是通过不同层次的资本市场完成以前不可能做到的事情。众筹化社群一经出现，便引起了很多跨境电商平台的关注，很多跨境电商平台纷纷开始进行众筹化社群营销。

萌店曾经在2015年以"移动社交+众筹分享"的模式展开营销，仅在"双11"活动中其销售额就达到了1.65亿元，取得了良好的营销效果。众筹化社群中，社群成员对产品的需求相同，彼此充分信任，在基于信任的基础上实现产品价值回报。

三、精准营销

精准营销是通过精准定位，借助现代化技术构建个性化客户沟通服务体系，能够和客户进行精确、精密、可衡量的营销活动。精准营销活动在帮助企业实现营销目的的同时，也能更好地控制成本。精准营销是当前企业营销的关键。精准营销开展的前提是利用各种技术、各种新式媒体实

第一章　跨境网络营销的现状与数字化趋势研究

现营销目的，这是信息时代下营销方式的重要变革。当前跨境电商发展迅猛，特别是在大数据时代下，传统出口贸易遇到发展瓶颈，但出口电商发展迅速。随着时代的不断发展，跨境电商的竞争领域也发生重大变化。当前跨境电商竞争的聚焦点主要集中在注重客户体验上，相比之前物流、技术、支付手段等的竞争，当前的竞争点为精准营销实施提供了可能性。同时大数据时代的发展也是精准营销实施的有力保证。

跨境电商中，最不缺的就是消费者数据信息。消费者每次登录平台的浏览历史、购物记录、购物车信息等，都可能是消费者潜藏的消费需求。通过对这些数据信息进行挖掘、分析，再通过个性化推荐系统，便能实现精准营销。当前大数据时代下，数据分析十分重要，是获取正确的市场信息的关键。因此对跨境电商来讲，数据管理是应具备的核心能力，能够直接影响到其财务能力，数据管理水平高低直接影响到成本的高低。随着大数据时代的不断发展，数据管理的方向更加清晰，很多跨境电商都认识到加强数据管理是提高核心竞争力之所在。一般情况下，数据管理和主营业务收入、销售总额之间呈现正比关系。通过数据管理，能够对消费者的消费需求、偏好等进行了解，针对不同的消费者，可以展开不同的营销方式，这便是精准营销。另外作为电子商务，跨境电商突破了购物时间的限制，用户只要有需求，24小时都可以下单交易，交易效率大幅提高。

当前，网络推广、DSP渠道是实施精准营销的途径。在网络推广中，通过搜索引擎的关键词搜索或数据库定时发出EDM（Email Direct Marketing，电子邮件营销），通过社交软件进行推广等，都可以达到精准营销的目的。DSP渠道即需求方平台，通过在需求方平台上进行广告宣传,让平台后方的目标消费者成为跨境电商的准客户。

在精准营销的案例中,亚马逊推出的AWS(亚马逊网络服务云服务)是成功的典型案例。AWS对亚马逊数据分析出来的高回购率的客户进行精准定位,并针对不同的消费者进行精准分享、差异化邮件营销等,在实现精准营销的同时,提高用户的回购率。AWS的应用也使亚马逊进入了精细化用户运营时代。

四、粉丝营销

粉丝经济是以粉丝参与的品牌社群,在粉丝信任的基础上产生的一种商业行为。粉丝经济是粉丝在对网红、明星、品牌认同的基础上所产生的新兴产业链。很多品牌选择用明星代言,特别是流量高的明星代言,便是看中了明星的名气所带来的粉丝经济。当前粉丝经济下,粉丝营销成为一种新的营销模式。在当前流量时代下,网红、明星十分注重和粉丝的互动,将粉丝转变成顾客。跨境电商平台在营销过程中,会斥巨资打造网红,通过网红和粉丝的互动,将产品展示给粉丝。出于对网红的喜爱或信任,粉丝往往会产生购买行为。当前跨境电商在进行粉丝营销时,应根据其产品特性选择与之相匹配的网红开展粉丝营销活动,这是跨境电商生产发展的一项必修课。

(一)从"明星效应"到"网红经济"

网红没有出现以前,很多企业利用明星效应进行宣传。虽然明星效应能促进销售额的提高，但随着明星代言费的水涨船高，企业的营销成本也不断增加，明星供不应求的情况也导致并非所有企业都能通过明星效应进行营销。另外，如果明星出现负面新闻，将直接影响到其所代言的产品。随着网红的兴起，网红经济逐渐取代明星效应。网红兴起后，很多领域都出现了网红，很多网红拥有大批粉丝。再加上网红代言费用相对较低，也不像明星一样高高在上，因此网红也能够将粉丝变成客户。

网红一般活跃于各大社交平台，经过积累会拥有固定的粉丝群体，有一定的影响力。利用网红经济进行营销时，能够实现精准定位、精准服务、精准营销的目的。精准定位，是网络经济的一大优势。企业在选择网红时虽然会看重网红的名气和流量，但依然会选择与其产品相符的网红进行营销。网红借助于其名气和企业一起发挥网红效应，粉丝群体便是其营销精准定位的表现。精准服务，网红具有平民化、草根性的特征，即所谓的亲民风格。在社交平台上，网红能够和粉丝进行实时互动，在网红经济作用发挥时，网红所带来的精准服务便通过实施互动体现出来。精准营销，在精准定位、精准服务的作用下，粉丝转变成客户，网红所代言产品的销量得到提高，达到精准营销的目的。

（二）从"大规模生产"到"大规模定制"

近年来，网红经济的迅速发展有目共睹，各类网红层出不穷，网红经济的产业链也逐渐完善。最早的网红是在被动状态下产生的，也是恶搞的对象。随着"芙蓉姐姐"等网红的出现，一批人看到了网红背后的商机和利益，开始复制网红，但这一时期网红主要代表了审丑文化。"天仙妹妹"的出现让网红进入了炒作时代，天仙妹妹在网络推手的帮助下长期占据百度十大风云人物榜首位置，打开了网红打造进入团队化系统炒作的时代。随着博客掀起应用热潮，网红经济开始出现，"呛口小辣椒"通过分享穿搭开启了网红带货模式，网红也受邀成为各大时装周、大牌发布会的座上宾及美妆品牌的代言人。随后网红带货快速发展，微博、小红书、淘宝等纷纷发挥网红经济的作用。国内电商领域内，以蘑菇街、淘宝为主的电商平台开始大规模地生产网红，李佳琦便是其中的代表。网红经济出现后，网红背后都有推手，不再单打独斗。在推手的帮助下，各类网红纷纷在电商领域发挥网红经济作用。网红大多是直播带货。受疫情影响，直播发展更上一层楼。在只依靠一部手机就能直播带货的背景下，各类直播平台上涌现了大批网红，网红经济得到火热发展。大规模生产的网红经济是电商通过和网红合作，发挥网红经济效应，将粉丝转变成客户，即所谓的带货。但随着网红经济的快速发展，网红经济朝着大规模定制的方向发展。如薇娅、烈儿宝贝和梦洁股份的合作，不仅体现在直播带货层面上，烈儿宝贝还将粉丝的需求代入梦洁产品的设计与品控中，这一合作模式是一种C2M模式。C2M，即客对厂，在大数据分析的基础上了解消费者定制商品的需求，向制造商发送生产订单，制造商直接生产出满足消费者需求的产品。其中省掉了品牌商、代理商等中间商环节，即产品可以以批发价销售到消费者手中。C2M实现了零售到集采的转换，该模式出现以来，很多电商纷纷加入，阿里、京东、拼多多等纷纷开启了C2M模式，以实现工厂直销。

(三) 网红直播与跨境电商的结合

网红直播成为网红经济效应发挥的一个重要基础。通过直播过程的产品演示和氛围烘托，能够让消费者明确产品的使用场景和需要解决的问题，同时带动下单转化的同步产生。因此，跨境品牌和商家需要结合粉丝营销与网红直播进行产品销售。网红直播和跨境电商结合成功的案例是全球速卖通的直播。欧美国家的网红在直播中将产品信息及其应用体验传递给观看直播的粉丝，从而促进产品的销售。

现在的网红直播，除了介绍产品基本信息，也会走进工厂让消费者看到产品生产过程。这种直播中，消费者看到了产品生产流程，增强了对产品质量的信任，继而更愿意产生购买行为。另外网红在直播过程中，适当地插入广告，通过这种非过度曝光的宣传形式也能取得良好的广告宣传效果。当前很多消费者十分排斥广告，如当电视剧中植入了大量的广告，网友就会吐槽。网红直播也是如此，观看网红直播的，大多是粉丝，他们喜欢网红的亲民感或其他方面，如果网红直播中全程都在进行广告植入或宣传产品，可能无法起到良好的营销作用。如果只是适当地插入产品信息、广告宣传，则能起到良好的效果。当前各种类型的网红众多，不同网红的影响力不同，跨境电商可以根据其产品特点选择与合适的网红合作，通过直播等形式进行粉丝营销，将网红直播的效应发挥出来。

(四) 网红从了解与满足粉丝需求到引导粉丝追求

网红利用粉丝营销时，从最初的了解与满足粉丝需求变成现在的引导粉丝追求。用户经济阶段，产品从生产到销售都是企业的事情，所面对的消费者也是理性的，消费者和企业各取所需，根据自己需求选择相应的产品或进行宣传。随着网红经济的发展，消费者出于对网红的喜欢成为网红所代言产品的忠实消费客户，通过购买网红代言的产品表达其对网红的喜欢。这是用户经济阶段网红经济发展的一大特征。但随着网红经济的发展，用户经济不再是主要模式，以需求为动力、追求精神经济的模式开始凸显，即网红在直播中，不再单纯地满足粉丝对产品的需求，而是引导粉丝提升追求。这一转变也为网红经济发展注入了活力。

网红经济这一发展模式，主要是当前经济环境下产品过剩导致的。产品过剩，不仅仅是我国经济发展中存在的问题，也是全球范围内经济发展面临的问题。面对这一问题，积极寻求新的红利模式最为重要。这一环境下，以精神情感与态度追求为核心的消费经济模式——网红经济应运而生，通过促使消费者追求精神动力，在精神动力引导下产生消费行为。这种网红经济不仅仅针对年轻人，即便是有稳定收入、有精神追求的中老年人，都可以成为网红经济的客户群体。跨境电商经营范围广泛，其中不乏发展逐渐衰退或减速的领域。但引导粉丝提升追求的网红经济，也能为这些领域的发展注入活力，促进其发展。

五、跨界营销

（一）应用现状

在今天的营销实践中，跨界营销有两类主要的玩法。第一类，跨界营销被认为是某个品牌突破其原有的经营范围，进入新的经营、生产领域或者细分市场，从而降低市场衰退风险且给予消费者耳目一新的体验，刺激品牌产生新的销量，同时抵消消费群体对本产品的边际效用递减现象。例如，原本生产白酒的茅台开始进驻甜品特别是冰激凌市场，在各大商圈进驻了甜品店，用酒味冰激凌、巧克力、蛋糕改变消费者对品牌的固有印象，同时还延伸了消费市场。另外，一些小酒吧、俱乐部为应对业绩下滑纷纷转型成为餐厅酒吧，书吧跨界到咖啡厅，以及短视频平台的美食账号为同城的粉丝提供"食友"交流拼团等，都是跨界营销的体现。第二类，跨界营销被认为是来自两个不同领域的产品或者品牌联合发布新产品系列或举办营销活动，配合社交媒体的宣传和线上线下的限量发售，引起新鲜感和话题，聚集两个品牌的粉丝形成双倍关注度，刺激跨界联名产品系列的销售，为两个品牌都带去新的流量。

第二类跨界营销方式在今天的市场上应用范围更广，且更加受到当下年轻消费群体的偏好，适合衰退期品牌的翻红、进入年轻市场，或者成熟期品牌重新刺激市场的关注度，延长其生命周期。例如，老牌棉纺织品牌"三枪"，由于年轻一代穿衣习惯的改变，在市场上进入了衰退期，于是和重新返回网络音乐服务市场的网易云音乐进行跨界联名营销。两个完全不同领域的品牌共同推出了"乐系列"内衣裤，配合各大社交App发布短视频和网红带货，为品牌刺激了销量，增加了年轻的粉丝群。另外，在年轻潮牌、服装快消品牌领域，跨界联名营销的应用也较为广泛。常见的跨界搭配是奢侈品品牌联合快消潮牌，从而帮助奢侈品获得向下的市场延伸，以及帮助快消品牌刺激销量的增加。例如，服装快消品牌优衣库、Supreme经常与LV等奢侈品品牌进行跨界营销，推出设计师联名系列，配合"饥饿营销"，每每上市就卖断货；借助消费者想要购买物美价廉的高端产品的心理，帮助奢侈品品牌延伸了消费群，增加了潜在粉丝，也为该快消品牌带去巨大的流量和关注度。还有成熟期品牌跨界联名时下最具流量的产品，例如，《王者荣耀》联名iPhone、OPPO推出定制版手机，并且与麦当劳跨界联名推出牛魔王巨无霸套餐，联名M·A·C推出女英雄口红系列等，带动销量的同时为彼此获得流量、巩固粉丝群，获取双赢。以上的跨界联名营销应用模式值得跨境品牌和商家借鉴，可以与海外品牌联名或者向海外消费者感兴趣的领域延伸自身的经营范围，获取海外消费群体的认可和关注。

（二）跨界营销的突破点

无论上述哪一类跨界营销方式，其关键点在于利用互联网进行市场资源的跨界整合，进入新的细分市场，并创造差异化创新点，获得双倍的新热度并带动品牌销量以及粉丝的增长，都是打入海外市场的可行措施。另外，对外贸品牌而言，与海外品牌进行跨界联名以及跨界营销的重要突破点在于用户数据的积累、分享、变现。市场上所见的阿里巴巴、腾讯相继申办支付业务，小米开始做手机、电视，乃至小美甲店将原有的粉丝转变为代购买家从而实现跨界，其关键点都在于用户的积累。用户数据是跨界营销制胜的重要资产，余额宝用户平均年龄仅28岁，18～35岁的用户是最为活跃的群体，占总用户数的82.8%；其中，23岁的"宝粉"数量最为庞大，达到205万人。掌握了这些用户数据以后，才能够找准跨界的方向，实现市场的延伸。淘宝网的主力消费群体每天在淘宝上"逛街"，对支付宝的使用轻车熟路，而且这些年轻人对新事物的接受能力非常强，所以余额宝这样的产品起先凭借较高的收益率，自然非常容易把淘宝和支付宝的大量用户转移过来。

对跨境网络营销而言，首先，商家可以做的突破是，寻找海外有流量或者用户基础的品牌开发有创新性和看点的跨界产品系列，共享双边的用户资源。其次，利用现有的用户消费数据以及对海外消费者大数据的获取，明确与品牌现有数据资源相匹配的市场延伸方向，从而做出科学的跨界营销选择。

（三）如何进行跨界营销

笔者认为，以上论述的跨界营销在跨境电商中有以下几种策划思路：与跨界品牌形成客户的乘数效应、依据消费大数据做出产品的跨界、依据海外的文化地域和渠道做出跨界。

1. 与跨界品牌形成客户的乘数效应

跨境电商品牌可联名所出口区域有一定市场基础或者热度的品牌，推出跨界联名产品系列，附加本土化达人的推广和限量预购等形式，实现双重叠加的热度关注和客户增加的乘数效应。例如：运动品牌Nike、Adidas等选择与LV、Gucci等奢侈品牌或知名设计师推出"跨界联名"特别款，同时配合"饥饿营销"限量发售，引起消费者抢购。通过两个不同领域的产品、品牌联合发布产品或举办营销活动，引起新鲜感和话题，形成双倍关注度。

因此，跨界营销的第一步是选定跨界的品牌合作伙伴。首先，虽然是跨界联名，但品牌方仍需在市场调研的基础上，参考产品使用的关联性（如目标消费者的重合度）来选择合作品牌。M·A·C与《王者荣耀》的目标消费群都为追求潮流的年轻群体，推出跨界联名，能够在重合的目标人群中形成双重刺激，激发购买行为。其次，跨界伙伴的选择还需对合

图1.4　M·A·C化妆品与《王者荣耀》游戏的跨界联名营销

作方在本品牌目标用户群中的热度、受关注度、评价等参数进行调研，从而形成能够引起用户购买行为的跨界决策。最后，跨界品牌的选择可以采取向下延伸、向上延伸、双向延伸等多种策略，可以与奢侈品联名推出平价限定款，也可与大众品牌联名推出高定精品款，通过创意打造关注度，不断推陈出新，在市场刷新热度。

2. 依据消费大数据做出产品的跨界

在选定了跨界联名伙伴后，对跨境电商商家而言，更重要的就是定位该款产品的目标消费者，从而进行精准营销。首先，组织市场调研访谈，根据跨界联名产品的定位和产品特性，评测产品的定价区间，继而反推目标人群的消费力和价格敏感度。其次，调查该款产品海外消费人群的渠道偏好，包括对相应促销和销售渠道的调研。例如，进行少量样品和预热消息的热点投放，监测不同渠道的人群反馈，从而判断出符合海外目标消费者信息获取和购买行为的推广与产品投放渠道。再次，通过前两步定位了海外目标用户的消费力、年龄等行为标签后，深入确定人群的文化标签，如关注的明星/网红、热点词、热门事件等，从而在跨界产品的宣传沟通中加以强化，以提升营销转化率。另外，在跨界产品的目标消费者已经形成基本图谱后，深入评估购买动机、使用场合、受益需求等标签，从而针对性策划沟通文案、视频脚本等营销内容，以及促销活动的策划。最后，结合网络大数据以及跨境电商平台数据，进行精准推送，为跨界联名产品的热度造势，在扩大联名特别产品销量的同时，提升品牌在海外市场的知名度，带动其他产品的后续跨境销售。

例如，阿里巴巴凭借支付宝中的数亿客户以及天猫中的数万商家，着手成立阿里银行，提供小微金融服务，涉及存款、贷款、汇款等业务，彻底完成了向互联网金融行业的跨界，提升了自身企业的核心竞争力。

3. 依据海外的文化地域和渠道做出跨界

在跨界联名产品已经上线，跨界营销已在推进的过程中，需要完成的第三步则是海外跨界联名伙伴之间资源与知识的互通以及相互优化。首先，合作双方需要达成协议并共享对方在各国内的促销及营销渠道，助力跨界联名产品的推广。其次，分享双方在各国、各区域、各电商与社交平台的用户数据，帮助产品用户画像的精准化与动态化调整。再次，联名品牌的形象共享，不仅需要体现在该款跨界产品上，还需在联名推广时结合合作品牌的形象与特点，设计AI（人工智能）虚拟偶像，强化产品的差异化与消费者印象。最后，在深化合作建立互信的基础上，互通产品技术、设计专利、当地资源等，助力双方品牌在各国市场增加影响力，扩大消费群。例如，面对天猫和京东的冲击，线下店面的家电销售遇到了瓶颈。2009年，苏宁成立苏宁易购，全面打造出一个专业的家电购物与咨询的网站，旨在成为中国B2C市场最大的专业销售3C数码、空调、彩电、冰箱和其他家居用品的网购平台。

六、自媒体营销

（一）自媒体的概念与主要形式

自媒体是借助于网络技术产生的一种媒介形式。自媒体最大的特点是平民化、草根化，普通大众基于网络就能对新闻、事件等进行传播；是普通大众分享他们所知事实和新闻的一种途径。自媒体出现于2003年，出现时间并不长，但随着互联网普及率的提高，自媒体发展迅速。具有鲜明个性、特征的个人或媒体，向特定的群体或大多数受众提供其原创的内容或转载受众所喜欢的内容的媒体，便属于自媒体。自媒体时代下，人人都可以通过自媒体平台表达自己的想法和意见。当前自媒体平台种类多样，如博客、微博、微信等都是自媒体。以微博为例，作为当前应用火热的平台，实现了从新媒体到自媒体的转变。在微博上，人们可以表达自己的观点和意见，也可以分享自己的经历或新闻事件，微博的头条新闻或话题阅读量更是上千万、上亿。微博已经渗透到生活的方方面面，除了时事、社会热点、娱乐等，很多政府部门也开通了微博，通过微博拉近政府部门和群众之间的距离。又如微信，作为一款社交软件，应用更加广泛。作为可以视频、语音聊天的社交软件，微信应用面更广，应用群体几乎涵盖了社会各阶层。很多自媒体人也开通了微信公众号，分享自己的原创作品，或为特定的受众群体提供他们感兴趣的话题。不管是微博还是微信，都作为自媒体平台，为普通大众发声、进行信息传播提供了渠道。

（二）自媒体经济特征分析

自媒体不仅仅是信息、时事、社会热点的传播或扩散的平台，随着自媒体成为主流，自媒体本身携带的流量也受到了重视，很多企业通过自媒体平台进行营销，发挥出自媒体在营销中的作用。一个有影响力的自媒体，受众数量多，能够产生巨大的红利。如有些微信公众号、微博大V等，其粉丝有上千万。在这些自媒体中进行营销宣传，其营销效果可想而知。因此在当前自媒体经济环境下，自媒体营销应用广泛。很多跨境电商也纷纷利用自媒体进行营销。自媒体经济具有O2O思维、社群思维、"网络领袖"与"认同感"思维、"网络红人"与"影子"思维、新型"领军人才"五大特征。

1. O2O思维特征

自媒体具有O2O思维特征。随着"互联网＋"时代的到来，其对经济发展的推动作用有目共睹。"互联网＋"提出以来，不断在各个领域中融合、延伸，发挥出"互联网＋"的作用，并对社会生产方式、生活方式等带来了极大的影响。"互联网＋"、电商的快速发展，给实体经济带来了冲击。2014年一度出现了实体店的关店潮，很多百货商场、餐饮、服饰、超市等实体店铺都关门大吉。即便是快餐业的巨无霸麦当劳，也没有逃离大批实体店关店的命运。这种情况下，很多实体门店开始转战线上，积极发展电商，由此O2O模式发展火热。对企业来讲，在"互联网＋"时代下应该具备互联网的发展思维，应用O2O进行发展，但O2O在当前时代下，并不是单纯的Online to Offline或是Offline to Online，而应该整合线上、线下资源，实现线上、线下整合营销，发挥线上、线下的作用。自媒体的发展，通过各类社交平台或社交网站将营销活动精准地传达给消费者，将线下的客户引导到线上进行维护，通过对客户相关信息的记录、维护等形成客户数据库，为营销、客户维护奠定基础。跨境电商在利用自媒体营销时，也可以基于O2O新思维模式发展。

2. 社群思维特征

人类情感丰富，根据马斯洛需求层次理论，人们在满足了基本的生存需求以后，则需要获取情感的归属以及社会的认同，希望和志同道合的人聚集在一起。网络上各种群、论坛等几乎都是志趣相投的人聚集在一起形成的。如明星的粉丝群、后援会等，都是借助网络将喜欢该明星的粉丝聚集在一起。因此互联网上的群体也具有社群思维。选择一个合适的虚拟空间、基于该共同兴趣点组建的社群，通过分享干货、提供免费服务、组织活动等形式增强社群黏度，从而植入产品的宣传或者附加服务的收费，为品牌带来稳定的流量和销量，这便是社群经济。社群经济中，社群中的个体价值观相同，需求相差不大，成员认同感强。通过这种社群关系进行营销，能够得到社群其他成员的热烈反响。而针对社群成员开展的营销，更具有精准性，能够达到精准营销的效果。自媒体时代下，很多自媒体人构建了一个社群，将有相同爱好的人聚集在一起。通过自媒体进行营销便能发挥出社群经济的效应。

3. "网络领袖"与"认同感"思维特征

自媒体下，人人都可以通过社交平台在网络上发声，成为代言者，这是主流媒体无法达到的。虽然自媒体下人人都有话语权，但普通网民和热点人物的发言，其传播能力大不相同。热点人物如明星、网红、大V等的传播力惊人，如王菲的女儿李嫣曾经在其化妆视频中曝光了王菲的梳妆台，在引起网友关注的同时，一些电商平台利用曝光的信息挖出王菲使用的化妆品品牌，这些品牌直接被"秒抢"。但如果李嫣不是王菲的女儿，只是普通人家的孩子，即便曝光了梳妆台，也不会引起关注，这便是普通网民和热点人物在信息传播上的差异之处。在李嫣的这一案例中，她们所使用的化妆品之所以会成为爆款，是因为她们都是名人，具有一定的名气。很多网民对她们使用的化妆品产生了浓厚的兴趣，便出现了化妆品品牌成为爆款的现象。而这也是意见领袖的作用。在前面讲过，明星、网红等为产品代言，就是在发挥意见领袖的作用。对粉丝来讲，他们喜欢的明星、网红所代言的产品，想必不会太差。而作为粉丝，他们希望能得到认同，购买明星、网红使用或代言的产品也是渴望得到认同的一种想法。因此自媒体下，在利用自媒体营销时，应选择影响力大、具有网络领袖代表的自媒体，得到自媒体社群的认同，并发挥网络领袖和认同感的作用展开相应的营销。而对自媒体来讲，网络领袖、认同感也是一大特征。特别是有影响力的自媒体，鉴于其在某领域内的专业性，已经成为该领域或其行业内的网络领袖，其粉丝或成员都希望得到他的认同。

4. "网络红人"与"影子"思维特征

网络红人和意见领袖有所不同，意见领袖一般对某领域的认识和理解具有专业性，但网络红人则具有平民性和草根性，即便没有专业的知识，只要形成了一定的人气，也可以成为网络红人。当然也有网络红人具有一定的专业知识，对某一领域具有独到或专业的见解。当前大部分的网络红人都在各种社交平台上以发布视频、和粉丝互动等形式保持存在感，其主要收入在于将粉丝、网民的关注度变成产品的交易，甚至很多网络红人都在淘宝等平台上开设了店铺，如网络红人张大奕的店铺，开店仅一年时间就做到了四皇冠，这是一般商铺辛苦经营多年才可能创下的业绩。目前淘宝等平台上充斥着各种各样的网红店铺，很多产品也打着网红产品的噱头。网络红人们的店铺之所以有如此好的销量,是因为粉丝们经常对网红策划的情境进行想象,网红店铺也是利用了粉丝经济进行宣传和发展。相比于明星,网络红人显得更接地气,更平民,这是网络红人和明星最大的区别。自媒体下,很多网络红人也利用自媒体营造其网络红人的形象,通过社交平台和粉丝进行互动,在粉丝中进行定向营销,将粉丝转变成客户。而客户基于对网红的想象,鉴于影子思维也愿意去购买网红店铺或其代言的产品,从而实现网红经济。

5. 新型"领军人才"的人格魅力和个性特征

随着"互联网+"一起提出来的还有自主创新和万众创业,这是当前就业形势严峻的情况下国家提出的号召,也成为经济发展的新增长点。但现在的自主创新和万众创业与早期的创业有很大不同,现代的万众创业依托"互联网+",借助政策的东风,在科技的带动下在各个领域不断创新,许多人因此成为各领域的领军人才。但这种领军人才是基于现代社群式创业模式实现的。现代社群式创业模式中,自媒体的作用不可缺少。他们经常活跃在各大社交平台上,通过自媒体对产品进行宣传、营销,发挥领军人才的影响,成为社群式创业成功的典范。因此在当前自媒体环境下,通过自媒体创业的个体呈现出新型领军人才的人格魅力和个性特征。

(三)自媒体时代营销传播路径探析

自媒体时代下,营销传播路径主要包括精准营销、商业社群营销、粉丝情感化营销、个性化营销几种(张虹,2016)。

1. 精准营销

自媒体是借助于移动互联网发展起来的，具备了移动互联网的特性，如App应用、注重用户的依赖性和黏度、互动、社交文化凸显等，这一切为自媒体开展精准营销奠定了基础。跨境电商在网络营销时，借助于网络的优势，交易时间、交易场所、交易渠道等不再受到限制。在自媒体时代下，跨境电商应基于自媒体进行营销。精准营销实现了营销活动和目标客户的直接对接，大大提高了营销效率。自媒体下，一定数量有相同喜好的群体会集在一起，这部分群体可能也有相似的消费需求，对跨境电商来讲，如果这部分群体对他们所经营的产品有购买需求，则将是目标客户。如果对这些目标客户进行营销，将取得良好的营销效果。因此当前很多跨境电商都开始利用自媒体进行精准营销。如开通媒体号、公众号或微博账号，吸引到粉丝后，这些粉丝都将成为目标客户。或者直接和有一定数量粉丝的自媒体号进行合作，通过这些自媒体号进行产品宣传，以达到精准营销目的。这两种精准营销有各自的特点。通过自营自媒体进行精准营销的，可以在平时经常发布动态，加强和粉丝之间的沟通，提高活跃度，再适当地进行产品宣传，对商品进行客观、全面的介绍，吸引粉丝了解，产生购买行为。和自媒体号进行合作进行精准营销，一般就只是展开相关的营销活动，活动中介绍产品相关信息即可，无法实现和粉丝之间的互动。跨境电商在利用自媒体进行精准营销时，应根据其发展情况、产品特点选择合适的方法。

2. 商业社群营销

在传统市场营销理念中，产品十分重要，发挥着导向作用，企业生产什么，消费者就购买什么。但随着时代的发展，这种以产品为导向的市场营销已经不再适合时代发展需要。特别是在自媒体时代下，人人都可以为自己发声，为自己代言，人们更多的是追求个性化，彰显自己的特色。鉴于消费者消费需求的变化，消费者的需求成为企业生产产品进行创新的动力。在激烈的市场竞争中，坚持以消费者为中心，生产制造出满足消费者需要的产品，是赢得消费者的一种有效途径。在自媒体影响下，社群化特征明显。在某个自媒体账号中，会集了对该自媒体内容感兴趣的成员，也可以说是自媒体的粉丝。这些成员在自媒体中形成了社群，不同的自媒体便是不同的社群。将这些社群放到市场营销中，便是商业社群，其中的成员都可以是潜在的目标客户。针对这些社群，可以利用商业社群营销将目标客户转变成真正的客户。在进行商业社群营销时，并不是通过自媒体宣传商品信息、活动信息，而应进行领域细分，进行定向营销，发挥出商业社群营销的作用。在界定社群时，应基于App、浏览器等多个角度对社群进行定位，并对商业社群中的每个用户按照社群思维进行打造，使整个社群成为团队化、商业化的社群模式，在进行定向营销时使营销的传播力、影响力等得到有效发挥。

3. 粉丝情感化营销

自媒体形成的社群中，成员几乎都是自媒体人的粉丝，因此在自媒体营销时，可以从粉丝角度入手开展粉丝情感化营销。自媒体影响力的大小，和其粉丝有密切关系，甚至有"得粉丝者得天下"的说法。粉丝营销中，情感化是其中一项法则。粉丝情感化是基于粉丝情感建立起来的一种联系，利用这一联系进行营销能够达到良好的效果。一直以来，情感营销都是一种重要的营销方式，能唤起消费者的情感需求，引导出消费者情感上的共鸣，寓情感于营销中。情感营销是随着消费者消费观念变化而发展的。随着生活水平的提高，人们对情感的重视程度日益增加，开始进入情感消费时代。在情感消费时代下，消费者会为了实现感情上的寄托而购买商品，对商品本身的质量、价格关注得不多。粉丝情感化营销便是利用粉丝在自媒体中形成的情感联系，即基于对自媒体人的喜爱所形成的情感展开营销。粉丝情感化营销不只通过产品满足粉丝需求，还应迎合粉丝的心理和情感，即当前所说的营销策略应走心，满足公众心理便是这个道理。在情感消费中，通过情感吸引粉丝，才能提高粉丝的忠诚度。跨境电商在利用粉丝情感化营销时，应对自媒体的粉丝心理需求、情感需求进行深入分析，将其产品和粉丝基于情感建立联系，迎合粉丝的情感需求，从而提高粉丝对跨境电商产品的黏度，才能发挥粉丝在自媒体营销中的作用。

4. 个性化营销

个性化营销是基于客户需求为之量身定做的产品或服务，因此个性化营销也叫定制化营销。传统的个性化营销，成本高，效益差，但在互联网时代，个性化营销得到快速发展，并取得了良好的营销效果。自媒体的发展说明，人们追求个性化是时代发展导致的。随着时代的不断发展，买方市场来临，消费者的购物行为发生了很大改变，他们更多的是追求标新立异、与众不同，因此个性化营销在当前时代下将继续发挥巨大的作用。自媒体的粉丝虽然有着相似的偏好，但不是所有偏好都相同，再加上活跃于自媒体的粉丝大多有追求个性化的特征，跨境电商需要针对产品和沟通方式应用定制化设计。

具体的策划方式如下。首先，根据店铺的消费数据做出分析，对历史消费者的偏好和行为进行分类，依据不同的购买习惯和喜好，有针对性地向历史客户推送产品组合以及服务，提高销售转化率。例如，根据店铺的消费者动态、静态数据分析，可以得出不同购买者喜好购买的产品类型、上网的时间段、能够接受的价格区间，以及偏好的促销方式和订单方案，从而向不同类型的历史客户提供个性化的报价、订单方案、促销推送，提高用户的兴趣，从而刺激复购行为。其次，提供个性化的免费体验，带动连带购买。在店铺消费者数据分析的基础上，针对不同消费者感兴趣的产品类型，尤其是有加购等行为但最终没有下单的产品，推送免费的试用或体验服务，刺激消费欲望转化为最终的下单行为。

七、体验式营销

（一）体验式营销的定义

国外体验式营销相比国内研究较为成熟，近年来体验式营销在北上广等一线城市应用较多，商家在营销过程中提出了一种"体验式消费"的概念。体验式消费概念对应的营销方式称为感性营销，是指生产企业以生产的商品为载体，通过服务方式向消费者提供一种体验式需求，从而形成的一系列营销活动。体验式营销主要是以消费者情感、消费者消费思考、消费者行动、消费者消费联想设计的营销模式。体验式营销可从消费者的家庭背景、民族文化、审美观、教育等多角度出发满足其体验需求。体验消费主要以"震撼"消费者心灵达到营销目的。体验营销工作是给消费者创造难忘、值得回忆的经历，实现满足消费者的体验需求，最终实现营销目的。体验式营销模式与传统营销模式的区别在于抛弃了传统消费者理性特点，指出消费者在消费过程中是理性与感性的融合，获得的体验感能够给消费者带来快乐。创造"体验式消费"后，消费者在购物过程中可从产品价格、性能、质量等方面选择产品，还能在选择产品过程中进行产品搭配，体验到购物的乐趣。这丰富了购物趣味，充分挖掘了产品价值。

（二）营销启示

跨境电商面向的消费群体大多属于接受过一定教育的年轻群体，这部分群体对国外产品有一定的了解，注重品牌，注重个性化体验。他们通过跨境电商希望能购买到国内没有的产品。作为以网络为基础的平台，跨境电商面向年轻的消费群体，应迎合年轻消费群体的理念，通过体验营销增强年轻消费群体对跨境电商的体验感，增强对产品及其服务的认识，加强和跨境电商的互动。应用体验营销时，可以充分利用互联网技术的优势实现消费者和跨境电商的互动，同时借助网络技术降低体验营销的成本，发挥好体验营销的效果。

跨境电商营销过程中，产品的搜索、了解、购买流程都是基于网络实现的。消费者的购买意愿主要取决于网络体验，所能接受到的体验方式也是取决于和跨境电商的交流、服务，因此跨境电商和消费者的沟通体验效果直接决定了消费者的购买意愿。为了增强这种体验感，跨境电商应营造良好的购物氛围，提高消费者的购买意愿，实现营销的目的。具体来讲，在开展体验式营销时应从如下几点入手。

1. 营造良好的网络氛围和购物环境

跨境电商为消费者购买境外产品提供了购物环境，在网络环境下，由于无法面对面地沟通交流，无法看到实际产品的特点，一切都基于网络化实现。对消费者来讲，购物过程的智能化、购物氛围、购物环境等十分重要，直接影响着消费者的购物意愿。跨境电商，不管是平台还是商家，都应从网络氛围、购物环境入手，营造良好的网购氛围和购物环境。如进行网站设计时，各栏目页面设计、内容设计等都应有一定的主题，打造出诚信安全的网购环境，让消费者进入界面就能产生安心的感觉。由于产品信息都是基于网络界面呈现，如果产品介绍、展示的色彩搭配、字体搭配等过于单一，可能影响消费者的视觉感受。而如果将产品信息放置在一定环境中，同时注意色彩搭配、文字搭配等，不仅能够引起消费者的关注，也容易引起他们的遐想。要想营造出这一效果，就需要结合网络技术、多媒体技术、三维空间技术、动画技术等多种技术的应用才能实现，将产品以生动的形象展示给消费者。当前很多跨境电商在营造良好的网络氛围和购物环境时，都会结合图片和视频将产品以静态、动态的形式全方位地展示出来，从而增强消费者的氛围体验。

2. 提供个性化产品与服务，满足消费者个性化需求

当今时代下，消费者在消费之余，更愿意追求个性化，通过个性化展示自己的特点。很多消费者购买境外的产品，其实也是在追求一种个性化，看重境外产品的品质或款式等。跨境电商在运用体验式营销时，应从消费者的个性化需求入手，定制化地优化订单推送、报价以及促销方案，

针对性地解决用户的痛点，从而提高销量转化。当前很多跨境电商在提供常规产品之余，还会提供一些个性化的产品。如服饰领域中都会存在着几款联名款的衣服，联名款的衣服虽然价格稍贵，但对消费者来讲，这些服饰具有个性，很多潮牌联名款十分火爆，就是消费者追求个性化的一种体现。因此跨境电商也应根据其产品特点，为消费者提供个性化的产品与服务，满足消费者个性化需求，从而达到吸引消费者的目的。

3. 增强全过程的互动沟通

消费者网购的过程，一般分为五个流程，即唤起需求、收集信息、比较选择、制定购买决策、购后评价。每个流程在发生发展过程中都可能受到外部因素的影响。对跨境电商来讲，在网购过程中，如何开展全过程的营销十分重要，而最有效的营销方式则是实现全过程的互动沟通，通过互动了解消费者的态度和疑问，及时进行回应。全过程互动沟通时，跨境电商可以利用多个平台加强和消费者的沟通，及时解决消费者的各类疑难问题。各电商平台都设置了即时聊天工具，也有留言频道、论坛等，商家可充分利用这些渠道加强和消费者之间的互动沟通；也可以利用当前火热的社群将消费者拉入社群中，让消费者在社群中增强对产品的了解。通过多渠道沟通，增强消费者的满意度和体验感，使其体会到商家的诚意和优良服务，让消费者在购买全过程中有良好的体验，从而缩短购买流程，增强购买意愿。

4. 通过"秒杀"等新型营销手段打造联合营销

秒杀，即商家在一定的时间段通过大幅降低产品价格等方式吸引消费者。消费者只要在这一时间段下单购买就能享受到优惠的价格。大量实践证明，这种新型的网络营销方式具有良好的营销效果。秒杀活动迎合了消费者的心态，同时通过秒杀能快速吸引消费者，获取较高的流量，不仅能提高交易额，也能实现宣传营销的目的。很多产品在秒杀开始的一秒中之内就被消费者抢购一空。对消费者来讲，参加秒杀活动，更多时候拼的是一种体验感，特别是抢购到产品后，将产生较强的成就感。秒杀活动被当前众多电商平台应用，曾经在秒杀高峰时段内，淘宝网的单一界面在10分钟内就有超1亿人次的点击量。且不说10分钟内的交易量有多少，仅仅是超1亿人次的点击量就取得了良好的营销效果。

对经常参与秒杀活动的消费者来讲，他们参加秒杀活动，有时并不是为了追求低价产品，而是追求秒杀过程中获得的刺激和满足。抢购到产品后，所抢购的产品能够成为他们"炫耀"的资本。跨境电商在进行体验式营销时，应结合消费者的这种心理，合理利用秒杀等新型营销活动来吸引消费者。

第四节　国际市场数字化网络营销新趋势

一、大数据全球化营销趋势

利用大数据作为营销策略研究的依据，以及整合全球产业链、消费市场大数据是当前全球化网络营销的新趋势和必备手段。全球化营销是企业通过全球性布局与协调，使其营销活动能够实现全球一体化，提高全球性竞争优势的营销方式。全球化营销将世界看作一个统一的市场，打破国界，根据企业发展战略目标，集中整合各项资源，将全球各地的营销活动一体化。

同时，今天的全球化营销也关注世界范围内消费数据的共享、挖掘与分析，更精准地确定各区域消费市场的用户画像、偏好细分，从而针对性设计产品与服务，并能依据不同的消费行为数据实现转换率更高的推广。另外，全球化大数据共享也倾向于保证全球范围内营销过程、营销组合的标准化。营销过程标准化是指营销活动的目标、营销中的问题解决流程、营销决策流程、营销效果评价等都应实施标准化、无差异化。营销组合标准化是指营销活动开展中，应采用相同的营销渠道、促销方式、产品价格，不管消费者在哪里购买，接触到的营销活动、营销价格都是一样的，从而有助于产品基本全球化，借助产业链与消费大数据打造国际品牌形象。

二、自媒体、自品牌、自平台趋势

在数字化时代，跨境电商要摒弃传统的外贸营销观念，借助数字化技术与自媒体平台，吸引外部流量，发展站内粉丝，最终形成自品牌，以及打造自平台，建立稳固的用户群并主导行业内形成良性的生态圈。首先，跨境电商需要研究和借助海外的自媒体平台和各大与产品相关的网络社区，借助该地网络大V、红人的粉丝给本店铺或账号引流，再配合时节性的促销活动，带动销量的增长；同时在各大自媒体平台搭建商家自己的账号，发布产品信息与相关"干货"、用户的晒单等，以及搭建社群给予用户交流的空间，培养用户在品牌的自媒体账号交流、分享的习惯，并定期举办沙龙等活动，将用户的建议反馈到产品设计中，为品牌吸粉、养粉。其次，带动了流量的增长后，商家需要不断通过自媒体账号以及社群给粉丝"种草"新产品，培养消费习惯，当粉丝群稳固以后，不断实现产品的跨界延伸，并最终形成自品牌。例如，李子柒通过YouTube账号向海外网友展现"诗和远方"的原生态生活方式，积累粉丝的同时也让大家对视频中出现的螺蛳粉、酸辣粉等农副食品产生了兴趣和向往；于是粉丝量稳固后，其团队创立同名的自品牌，在各大海内外线上线下平台销售，把粉丝的情怀带到了现实中，实现了流量的变现，并不断给用户通过自媒体"种草"新产品。最后，跨境电商品牌已经具备自媒体和自品牌流量与影响力后，品牌应引领行业形成资源共享式的生态圈，打造行业内用户和竞争品牌共同使用的平台，整合全行业资源。品牌应借助云计算、物联网、人工智能分析等数字化技术，打造全行业商家可共同获取和上载信息的大数据平台，共享产业链和行业消费者数据资源，为同业商家提供资源优化配置方案，也为消费者提供行业内产品、信息的咨询答疑、投诉、达人分享、社交的社区，从而由单纯的产品销售转型为行业平台的运营，成为业内的领导者品牌。

三、多数字渠道整合型营销趋势

数字时代的网络营销不再是一个孤立的手段，而应该是一个包含前端大数据分析、中端多数字渠道推广、后端人工智能提供售后和附加服务刺激复购的整合式营销系统（该系统的论证与设计将在本书中的第三、第四章进行详细的阐述）。数字时代的营销体系首先是一个完整的系统过程，包含前端应用云计算等计算挖掘消费数据、形成消费脸谱作为精准推广的依据；其次是结合人工智能以及大数据分析的结果，针对性地整合多种数字营销媒体方式，形成多方位的引流和消费刺激；最后是在消费者的消费过程中和消费完成后借助数据信息为客户提供个性化的附加服务，以及打造社交、共享的社群平台，不断稳固消费粉丝群，并通过定制化的推送提高店铺的复购率和销售转化。当今的营销讲究体验和预支性的服务，只有

第一章　跨境网络营销的现状与数字化趋势研究

一个从消费前、消费中、消费后都研究和匹配用户个性的营销体系才能适应数字时代消费者对体验和个性的追求，从而打造能在海外市场获取稳定基础的跨境电商品牌。

当前的跨境网络营销中对数字化技术的应用仍然存在范围的局限，跨境电商应多方位整合AR/VR互动社交技术、全息投影技术、人工智能自动识别技术、手机摄像头捕捉与分析技术等数字时代的新生技术，通过多种搜索引擎、社交App、自媒体平台、通信软件、网络社区、互动话题、视频直播线上渠道，以及户外媒体、线下旗舰店、移动媒体等多种线下渠道，结合式地向目标用户进行定制化信息的沟通和唤醒潜在消费需求。

同时，用多种技术优化数字营销，为潜在消费者提供新颖的科技体验，吸引消费者的注意力和打造热点话题，助力品牌打入海外市场。5G时代的新便利和新数字技术，能够带来用户体验、产品推广传播的变革，使得在产品消费之前也可通过数字化的营销体验让消费者对品牌产生深刻的印象。另外，数字化技术能够用来更好地挖掘潜在用户数据、定制精准营销、升级现有的各种数字营销方式，拓展新的数字营销媒介，借助精准数据分析形成的定制化推送也能有效地带动消费转化和复购。这些新的数字营销策略符合当下和未来消费者的手机移动端使用习惯，而且能够有效吸引潜在消费者的兴趣，提升营销体验、转化率，帮助跨境电商在海外市场培养粉丝，继而形成有影响力的外贸品牌。

第二章
数字技术在跨境网络营销中的应用研究

第二章　数字技术在跨境网络营销中的应用研究

第一节　数字时代的跨境进出口电商市场分析

一、市场结构

近年来，中国政府制定了大量的支持政策，颁布了相应的行业标准及法律法规对跨境电商产业进行帮助。按照目前跨境电商的发展趋势，预测未来几年跨境电商，尤其是出口方面业务将保持高速发展。调查数据表

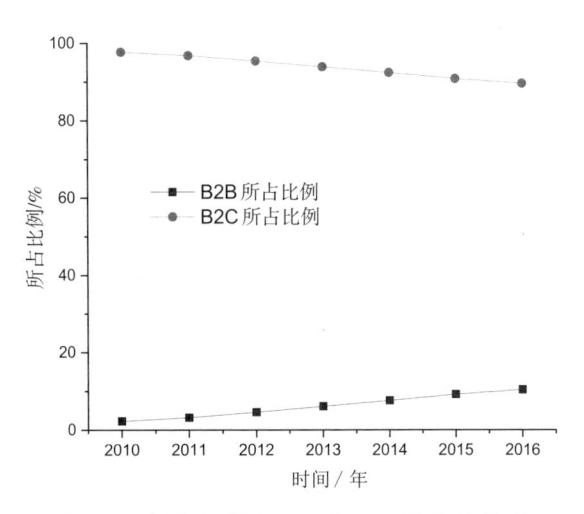

图2.1　跨境电商中B2B和B2C模式的构成

明，2015年，中国跨境电商中出口比例为83.2%，进口比例为16.8%。总体而言，中国跨境电商的业务还处于发展阶段，在2016年4月，政府推出了一系列的跨境电商税收政策，对跨境电商的业务有一定影响。

二、物流模式

（一）基于进口B2C跨境电商业务的物流困境分析

1. 物流服务能力现状

目前，国内市场对跨境电商产品进口消费的意愿不断增强，海外品牌纷纷进驻跨境电商平台。然而，跨境电商服务的最后一个环节离不开良好的物流配送和售后，国内当前能够承接跨境电商物流服务的快递公司只有EMS和顺丰速递，以及DHL、联邦快递等海外物流公司在国内的分部，物流服务的供给不足以满足海量的购物和配送需求。例如，在圣诞节、"黑色星期五"、Boxing Day等大型海外购物节期间，跨境电商进口消费订单量暴增，而中国邮政与顺丰在应对国内物流订单的同时，对于突然增长的跨境电商进口运输人力、仓库、分拣、运力都出现缺口，加上近年来受疫情影响，经常出现跨境电商的快递爆仓、延迟配送等现象。消费者需要等待数月才能收到包裹，引起顾客催单、投诉、差评等，给跨境电商的运营带来不利影响。

2. 物流服务困境的原因分析

跨境电商物流服务能力的不足，不是竞争和垄断的结果；仅有顺丰和

EMS能够承接进口电商业务的原因在于资质和技术的限制。国内虽有多家快递公司，但跨境电商业务需要物流服务商具备良好的与境外品牌接洽沟通和服务对接的能力、仓储管理能力、高效的运输配送能力以及提供优质的客户服务。然而，目前国内的快递运营商的上述能力仍然存在明显短板，不能满足跨境电商和消费者对物流配送的要求。另外，海外跨境电商品牌在签约物流服务商时普遍有资质和许可的要求，而目前国内跨境电商物流相关的标准和规范等仍没有明确制定，也还未与国际接轨，因此不能满足认证许可的需求。

3. 进口物流的技术限制

跨境电商进口物流服务的现状是仓储管理技术的不足，导致出库、配送、运输轨迹的误差和科学性欠缺，影响了用户的消费体验。例如，跨境电商的物流周期通常较长，但当前大多物流服务商没有建立精准的配送信息跟踪系统，无法与消费者同步消息，引起催单、不满评价等后果。同时，开展大促活动时单量暴增，时常出现商品错发、漏发、缺货等问题，给顾客留下负面印象，带来不良评价。如果能上线智能出库管理系统、仓库自动识别系统、人工智能仓储管理系统等，则可提前预警缺货、补货问题，并减少人工分拣引起的错发、漏发现象。

4. 物流售后的限制

当前物流服务的售后也是限制跨境电商进口业务发展的原因之一，由于发货与物流繁忙与滞后带来的顾客不满评价、投诉、退款等负面问题层出不穷，但没有良好的售后处理。首先，对于顾客催单、询问发货与物流情况，服务商采取的是告知客服人员通过话术进行安抚而缺乏更实际的应对方法来消除顾客疑虑。从客服安抚顾客的话语中，也能看出来物流的效率确实偏低，给顾客带来不良情绪。语言安抚仅能对最初的询问产生作用，时间一长就会引起顾客的质疑及差评，甚至会导致顾客因等不到一个积极的正面回应而退款。其次，对同一账号顾客购买的商品和赠品采取分批发货，但未在下单前通过文案或站内自动提示向顾客说明。大促期间，由于物流站点选择分包裹发送，而顾客并不知晓，收到货后发现少了也会投诉。这样不仅增加了客服人员不必要的工作量，也会影响顾客对品牌的信任与购买忠诚度。服务商应当采取更积极的方式做出下单前的提示，主动更新出货、物流动态和提升发货效率等。由此可见，跨境电商进口业务也缺乏良好的物流售后服务进行支撑。

（二）跨境电商进口业务的物流服务发展趋势

1. 普及条形码管理技术

随着跨境电商B2C的发展，物流公司仓库存放的现货种类与数量也越来越多，各个供应商送来的货也很杂，忙的时候有很多供应商送货过来，导致工作人员在验收过程中浪费了很多的时间，这对仓库的管理造成了很大的影响。采用手工记录、人工核对的方式，大大降低了员工的工作效率，提升了人力成本，增加了出错概率。

对此，引进条形码管理是非常有必要的。由于国内物流服务公司起步较晚，引进RFID（无线射频识别）技术相对而言成本较高，不利于公司的发展。而条形码技术相对成本较低，有利于物流公司的长期发展。并且，条形码是迄今为止最经济、实用的一种自动识别技术。与其他自动化

第二章　数字技术在跨境网络营销中的应用研究

识别技术相比较，条形码技术仅仅需要一小张贴纸和相对构造简单的光学扫描仪，成本相当低廉。所以，要在仓库管理中引入条形码技术，对仓库的到货检验、入库、出库、调拨、移库移位、库存盘点等各个环节的数据进行自动化的数据采集，保证仓库管理各个环节数据输入的效率和准确性，确保跨境电商及时掌握库存的真实数据，并将物流数据及时与消费者同步，提高消费满意度，减少纠纷。条形码管理就像一条纽带，把产品生命期中各阶段发生的信息联结在一起，可跟踪产品出库与入库全过程，并且条形码化可以保证数据的准确性，使用条形码设备既方便又快捷。不论物品流向哪里，条形码都可以自动地记录下物流信息。条形码管理与信息处理技术的结合帮助物流公司合理地、有效地利用仓库空间，以最快速、最正确、最低成本的方式为客户提供最好的服务。

2. 加大仓储设备投入以提高安全系统和配送效率

由于跨境电商进口贸易的发展规模扩大，物流仓库的货物也随之增多。部分物流服务点为了充分利用仓库面积，通常选择在其原有的基础上增加一个隔层。为节省成本，这一隔层一般采用钢木结构，在钢梁之前留有较大的空隙，并在空隙上铺木板。然而木板本身不够牢固，若堆积货物过重，就容易断裂，并且随着使用年限的增长容易腐烂、虫蛀等，从而造成难以预计的后果。所以为了物流服务能够长期地发展下去，做好仓库的设施安全工作尤为重要。物流公司必须做好仓储设施的安全，如在钢梁之间再进行加固，或将不牢固的木板换成安全系数较高、相对较为坚固与结实的钢板。

加了隔层之后，货物放在隔层之上，导致出货的时候搬运十分不便。

需要员工手动搬下隔层，在搬运过程之中容易出差错，导致货物损坏。并且出货的效率低下，浪费人力资源。很多人为了提高场地利用率，而选用了多层货架，更需要有一种能够升降的装置，来辅助工作的完成，这促进了升降平台的出现。所以物流公司完全可以引进成本相对较低的升降平台，供上货、出货使用。由于购买动力叉车并不适用，且成本过高，所以可以再多采购几个地牛配合升降平台供员工上货、出货使用。升降平台不仅安全性能好，能够减少货物由于搬运造成的破损，而且操作也十分简便，不需要专门的人员驾驶；也不需要上车辆牌照；其使用寿命非常长，可连续长时间作业，让公司可以由小成本得到大效用。物流技术装备对于发展现代生产物流、改善生产物流现状、促进现代化大生产、强化物流系统能力，都具有重要的作用。使用升降平台之后，物流公司可以减少人工的需求，并降低劳动强度，提高劳动效率，而且得到这些设施只需花费较少的成本。当然随着跨境进口规模的进一步扩大，可以加大对仓储设施的投入，将隔层替换成更为实用的立体仓库。

3. 升级现代化物流技术人员的培训

由于当前物流服务公司对仓储物流技术、专业人员培养的认识不足，导致在招聘基层员工的时候，对操作技能的要求不高，没有定期的考核。很多员工大都是初中毕业，文化水平较低，缺乏物流专业素养，在日常工作中频频出错，工作效率低；同时公司缺乏激励制度，造成员工缺乏工作责任心，工作积极性十分低下，对公司以及自身职业发展期望较低，最终造成了物流配送不能按时完成或服务满意度低下，恶化了跨境电商的消费体验。

第二章　数字技术在跨境网络营销中的应用研究

无论是物流管理信息系统的改进,还是作业流程、库存方法的改进,其前提是必须有新兴的专业物流管理人才。物流系统再先进,作业流程再合理,如果没有相应的专业人员实施,那改进也将是一纸空文。因此,要坚持对物流操作员工进行现代化仓储技术的培训,使操作人员最大限度地掌握现代物流仓储技术的运作知识和现代物流设备的使用方法。第一,对仓库的具体操作要进行严格规范,因为仓库的工作量大,且很烦琐,对后面的工作有很大的影响。第二,定期对老员工进行专业培训并且重视核心技能的培训,提升员工的专业素质。第三,建立完善的激励制度和监督约束机制。为了提高员工的积极性,从物质和精神上给予员工一定的激励与促进,让员工能更有使命感地完成公司任务。第四,为每位员工制订不同的职业规划。

4. 加强与跨境电商的数据共享

物流服务商的竞争力还体现在其具备的数据资源上。由于跨境电商进口市场的竞争十分激烈,产品又以日化、服装、电子产品为主,导致"偷样板"现象十分严重,销量好的商品很容易被人盗版。

所以,B2C产品的款式和功能必须经常更新,去年还流行的款式,今年就可能成了滞销货。在这个基础上,物流服务商的仓储和出库数据,就可以为跨境电商提供精准的消费市场数据,并帮助商家做好选品、存货规划、产品上下架和促销决策。首先,在选品期间,商家可以根据物流公司共享的数据进行与消费偏好相匹配的备货和产品上下架。其次,根据物流公司提供的区域性消费者大数据,商家可以完善各区域的消费者画像,并针对性地优化产品与服务,提高销量与市场覆盖。再次,根据配送过程中物流公司的数据反馈，跨境电商商家可以更清楚地掌握各区域不同的产品需求、不同配送路线的拥堵情况，以便在大促期间做好不同海外仓、免税仓的个性化备货，以及提前优化运输安排。最后，物流服务商还可以通过共享不同区域消费者的催单、投诉等数据，帮助商家提升出库、包装管理及明确物流服务商和运输路线的选择，提升跨境电商进口物流服务的满意度。

5. 优化供应链管理

供应链管理的不成熟，导致跨境商家经常出现商品缺货、断货，以及在配送过程中发生损耗等问题，这样无形中增加了运营成本，也降低了消费者对产品的满意度，影响了整个品牌的形象。对此，建议物流公司联动跨境商家完善供应链的管理体系，将供应链管理体系真正应用于电子商务平台，应用电子信息系统实时同步库存进出信息以及品类分类，检测各品类商品的现有库存和损耗情况，并将库存信息及时向总部和采购、配送部门反馈，确保供应商供应充足，并且严格管控商品损耗。一方面，利用互联网信息，及时在门店平台直接下单，供应商可以定时取单，而总部、配送中心及供应商也可以直接查看相关商品库存、销售情况，供应商可直接根据情况自动补货；并且，通过信息系统对门店的情况进行规划，可以在物流方面优化配送服务商和运输方式、路线，从而降低物流成本。此外，还应提升与供应商的协同工作，并建立战略联盟，加强供应链管理的能力。另一方面，供应、配送环节的减少也可以降低商品的损耗率以及公司的运营成本。

三、经营模式

(一)平台型跨境电商

平台型跨境电商是指电商自己开发平台,并构建完整的运行体系。该电商优势主要表现为专注平台流量挖掘、提供用户交易平台、提供用户服务等,而对商品采购、销售等不关注,控制了营销风险。跨境电商业务平台流程如下:电商公司/业主访问跨境平台,根据跨境平台功能进行平台网站建设策划,根据策划进行跨境平台建设,平台建设后需要吸引用户。跨境电商平台日常业务是维护平台管理,对商家、商品、消费者等进行信息、安全管理,保障平台能平稳运行。平台还负责为商家举办市场活动,这样进一步让商家和消费者满意。跨境电商平台提供了支付、客户、物流监控、投诉管理等功能,从而确保商家、消费者权益得到保障。电商平台包括B2B和B2C两种类型,B2B跨境电商单笔交易额比较高,但是使用频率相对较低,与消费者关联不多,本书对B2B模式不作讨论。跨境电商中B2C模式流程如图2.2所示。

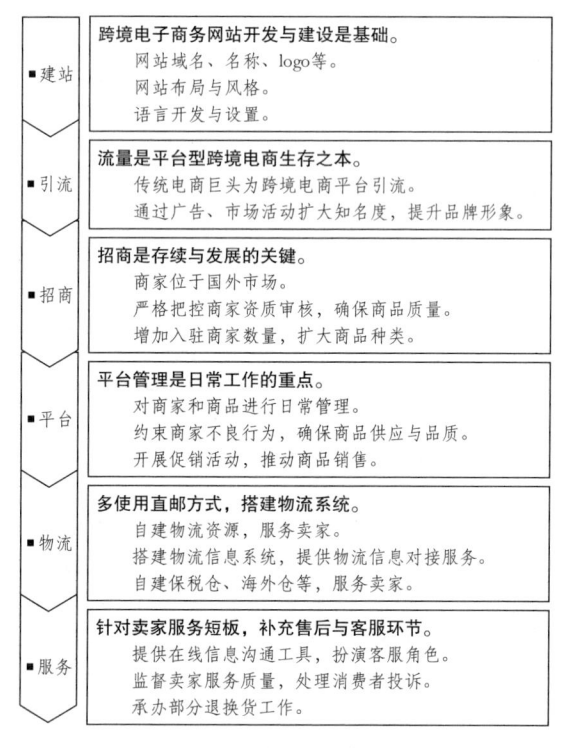

```
┌─────┐  ┌────────────────────────────────────┐
│■建站│  │跨境电子商务网站开发与建设是基础。  │
│     │  │网站域名、名称、logo等。            │
│     │  │网站布局与风格。                    │
│     │  │语言开发与设置。                    │
└─────┘  └────────────────────────────────────┘
┌─────┐  ┌────────────────────────────────────┐
│■引流│  │流量是平台型跨境电商生存之本。      │
│     │  │传统电商巨头为跨境电商平台引流。    │
│     │  │通过广告、市场活动扩大知名度，提升品牌形象。│
└─────┘  └────────────────────────────────────┘
┌─────┐  ┌────────────────────────────────────┐
│■招商│  │招商是存续与发展的关键。            │
│     │  │商家位于国外市场。                  │
│     │  │严格把控商家资质审核，确保商品质量。│
│     │  │增加入驻商家数量，扩大商品种类。    │
└─────┘  └────────────────────────────────────┘
┌─────┐  ┌────────────────────────────────────┐
│■平台│  │平台管理是日常工作的重点。          │
│     │  │对商家和商品进行日常管理。          │
│     │  │约束商家不良行为，确保商品供应与品质。│
│     │  │开展促销活动，推动商品销售。        │
└─────┘  └────────────────────────────────────┘
┌─────┐  ┌────────────────────────────────────┐
│■物流│  │多使用直邮方式，搭建物流系统。      │
│     │  │自建物流资源，服务卖家。            │
│     │  │搭建物流信息系统，提供物流信息对接服务。│
│     │  │自建保税仓、海外仓等，服务卖家。    │
└─────┘  └────────────────────────────────────┘
┌─────┐  ┌────────────────────────────────────┐
│■服务│  │针对卖家服务短板，补充售后与客服环节。│
│     │  │提供在线信息沟通工具，扮演客服角色。│
│     │  │监督卖家服务质量，处理消费者投诉。  │
│     │  │承办部分退换货工作。                │
└─────┘  └────────────────────────────────────┘
```

图2.2 B2C平台型跨境电商业务流程特征

平台型跨境电商的优势主要集中在网站流量、产品种类方面。借助齐全的产品种类，能够吸引较高的流量，很多B2C平台型跨境电商都具有这两个优势。但对B2C平台型跨境电商来讲，品牌招商方面存在着困难，特别是规模较大的招商，电商平台之间竞争激烈，大规模商家入驻难度较大。虽然平台上汇集了众多小规模的商家，但这些商家的商品质量得不到有效保障，对跨境电商来讲，商品质量一旦出现问题，将直接影响其发展。

C2C平台型跨境电商也是平台型跨境电商中的重要类型。图2.3为C2C

第二章 数字技术在跨境网络营销中的应用研究

平台型跨境电商的流程图。这类平台型跨境电商上的商品种类齐全，但入驻商家大多属于个人，数量多，平台对商家的商品质量监控存在困难，也容易出现商品质量问题，从而导致消费者的不信任。

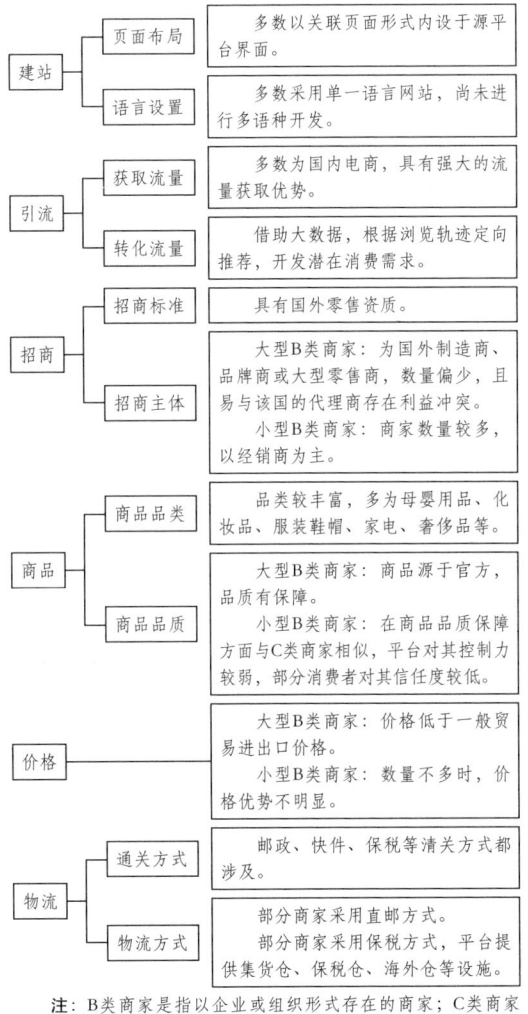

```
建站 ─┬─ 页面布局 ── 多数以关联页面形式内设于源平台界面。
      └─ 语言设置 ── 多数采用单一语言网站，尚未进行多语种开发。

引流 ─┬─ 获取流量 ── 多数为国内电商，具有强大的流量获取优势。
      └─ 转化流量 ── 借助大数据，根据浏览轨迹定向推荐，开发潜在消费需求。

招商 ─┬─ 招商标准 ── 具有国外零售资质。
      └─ 招商主体 ── 大型B类商家：为国外制造商、品牌商或大型零售商，数量偏少，且易与该国的代理商存在利益冲突。
                     小型B类商家：商家数量较多，以经销商为主。

商品 ─┬─ 商品品类 ── 品类较丰富，多为母婴用品、化妆品、服装鞋帽、家电、奢侈品等。
      └─ 商品品质 ── 大型B类商家：商品源于官方，品质有保障。
                     小型B类商家：在商品品质保障方面与C类商家相似，平台对其控制力较弱，部分消费者对其信任度较低。

价格 ──────────── 大型B类商家：价格低于一般贸易进出口价格。
                    小型B类商家：数量不多时，价格优势不明显。

物流 ─┬─ 通关方式 ── 邮政、快件、保税等清关方式都涉及。
      └─ 物流方式 ── 部分商家采用直邮方式。
                     部分商家采用保税方式，平台提供集货仓、保税仓、海外仓等设施。
```

注：B类商家是指以企业或组织形式存在的商家；C类商家指以个人形式存在的商家。

图2.3 C2C平台型跨境电商业务流程

77

（二）自营型跨境电商

自营型跨境电商和平台型跨境电商有很大的不同，而是和传统零售业一样，只是零售渠道发生了变化，通过线上进行销售。自营型跨境电商企业需要全权参与到商品供应链中，商品种类选择、和供应商协商谈判、平台运营、商品发货、物流、售后等都需要跨境电商企业参与其中，只有做到这些，才属于自营型跨境电商平台。

自营型跨境电商基本属于B2C模式，根据平台经营商品种类的丰富程度，可将自营型跨境电商划分为综合自营型跨境电商和垂直自营型跨境电商。综合自营型跨境电商，即商品种类齐全，种类繁多，图2.4为综合自营型跨境电商业务内容图。在这种跨境电商中，很多商品来源于品牌供应商，跨境电商直接从供应商处拿货，省去了经销商、代理商等中间环节，商品价格占据了一定优势。

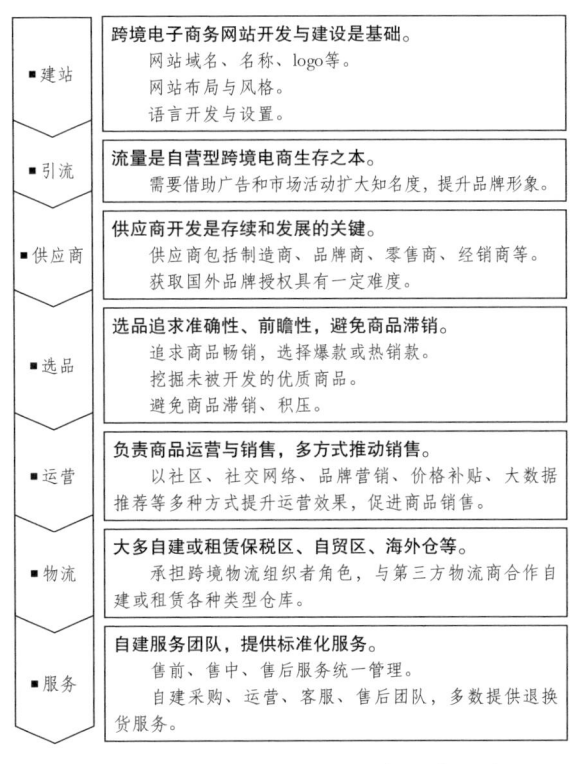

第二章 数字技术在跨境网络营销中的应用研究

■建站	跨境电子商务网站开发与建设是基础。 网站域名、名称、logo等。 网站布局与风格。 语言开发与设置。
■引流	流量是自营型跨境电商生存之本。 需借助广告和市场活动扩大知名度，提升品牌形象。
■供应商	供应商开发是存续和发展的关键。 供应商包括制造商、品牌商、零售商、经销商等。 获取国外品牌授权具有一定难度。
■选品	选品追求准确性、前瞻性，避免商品滞销。 追求商品畅销，选择爆款或热销款。 挖掘未被开发的优质商品。 避免商品滞销、积压。
■运营	负责商品运营与销售，多方式推动销售。 以社区、社交网络、品牌营销、价格补贴、大数据推荐等多种方式提升运营效果，促进商品销售。
■物流	大多自建或租赁保税区、自贸区、海外仓等。 承担跨境物流组织者角色，与第三方物流商合作自建或租赁各种类型仓库。
■服务	自建服务团队，提供标准化服务。 售前、售中、售后服务统一管理。 自建采购、运营、客服、售后团队，多数提供退换货服务。

图2.4 综合自营型跨境电商业务内容

垂直自营型跨境电商的业务内容如图2.5所示。垂直自营型跨境电商实现了对目标市场的精准定位，了解目标客户的需求，具有较高的商品选取能力、销售转化率，这是其他跨境电商所没有的。但产品种类单一、易受政策影响是垂直自营型跨境电商的缺点。此外，跨境电商的规模、综合实力、流量等并不强，和大品牌的供应商合作时难度较大，商品缺乏价格上的优势。

79

数字时代下整合型跨境网络营销体系研究

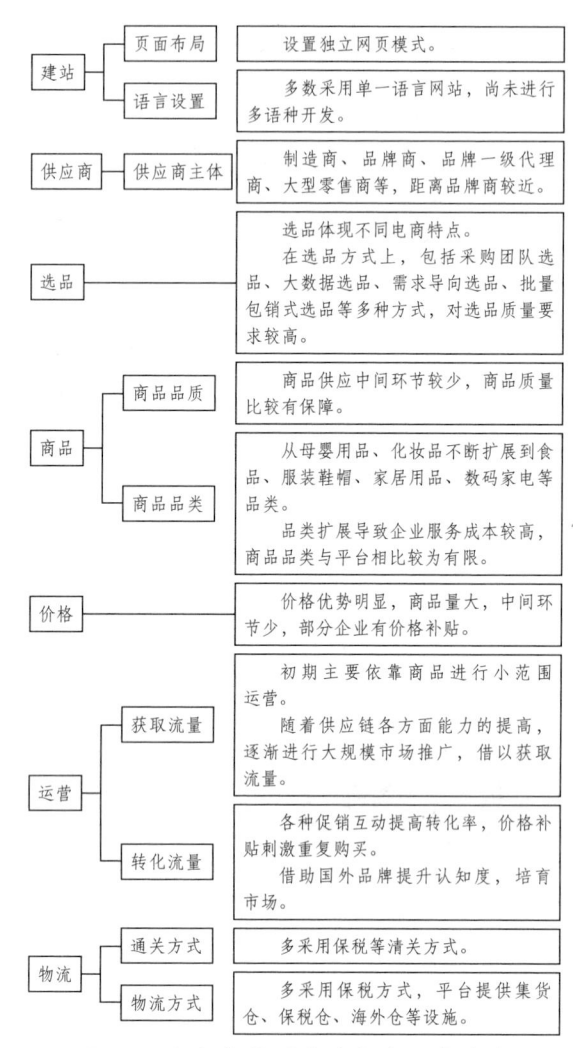

```
建站 ─┬─ 页面布局 ── 设置独立网页模式。
      └─ 语言设置 ── 多数采用单一语言网站，尚未进行多语种开发。

供应商 ── 供应商主体 ── 制造商、品牌商、品牌一级代理商、大型零售商等，距离品牌商较近。

选品 ── 选品体现不同电商特点。
        在选品方式上，包括采购团队选品、大数据选品、需求导向选品、批量包销式选品等多种方式，对选品质量要求较高。

商品 ─┬─ 商品品质 ── 商品供应中间环节较少，商品质量比较有保障。
      └─ 商品品类 ── 从母婴用品、化妆品不断扩展到食品、服装鞋帽、家居用品、数码家电等品类。
                    品类扩展导致企业服务成本较高，商品品类与平台相比较为有限。

价格 ── 价格优势明显，商品量大，中间环节少，部分企业有价格补贴。

运营 ─┬─ 获取流量 ── 初期主要依靠商品进行小范围运营。
      │              随着供应链各方面能力的提高，逐渐进行大规模市场推广，借以获取流量。
      └─ 转化流量 ── 各种促销互动提高转化率，价格补贴刺激重复购买。
                    借助国外品牌提升认知度，培育市场。

物流 ─┬─ 通关方式 ── 多采用保税等清关方式。
      └─ 物流方式 ── 多采用保税方式，平台提供集货仓、保税仓、海外仓等设施。
```

图2.5 垂直自营型跨境电商业务内容

四、数字时代市场用户分析

（一）整体趋势分析

数字时代跨境进口电商发展时，应对市场用户进行分析，通过用户在各平台留下的数字痕迹了解市场用户的兴趣、消费偏好，为开展适合的营销活动奠定基础。跨境进口电商的市场用户主要是海淘用户。在各项利好政策的影响下，跨境物流运输日益发展，促进了我国海淘用户数量的增加。根据艾媒咨询的调查数据，2020年，我国海淘用户高达2.32亿人，继续保持了快速增长态势。图2.6为2016—2020年我国海淘用户数量增长图。随着新消费观念的兴起及各项利好政策的影响，中国消费者对海淘产品的需求日益增加，促进了海淘用户的增长。

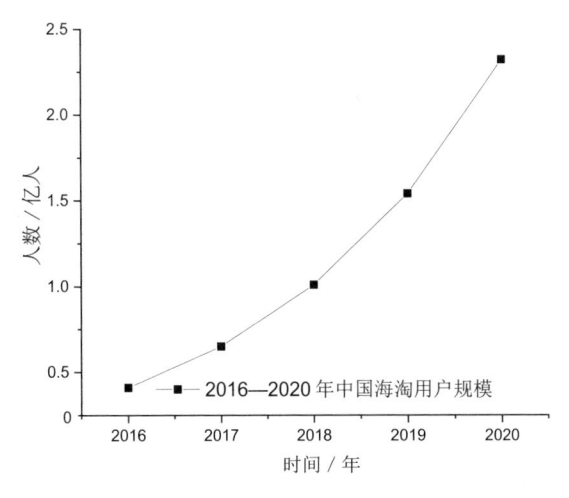

图2.6　2016—2020年中国海淘用户规模

数字时代下整合型跨境网络营销体系研究

艾媒咨询对2019年中国跨境电商用户进行了分析，在此也基于艾媒咨询的调查报告对跨境进口电商的市场用户进行分析。数据显示，中国跨境进口电商用户的收入水平主要集中在月收入5000元以上，居住在一、二线城市的青年人群体。这部分群体追求新潮、时尚的东西，消费观念和传统观念有很大不同，他们更多的是追求品质，因此热衷于海淘商品。特别是女性消费者，随着经济的独立，她们成为海淘产品的忠实粉丝。图2.7为跨境电商用户属性分布图。

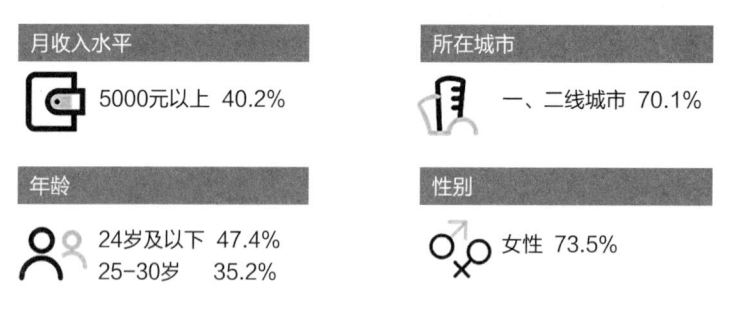

月收入水平　5000元以上　40.2%
所在城市　一、二线城市　70.1%
年龄　24岁及以下　47.4%　25-30岁　35.2%
性别　女性　73.5%

图2.7　2019年中国跨境电商用户属性分布

对跨境电商的用户来讲，在海淘过程中，正品保障、品牌知名度是他们最为关注的因素，也是影响他们海淘的主要因素。根据艾媒咨询的报告，有74.1%的海淘用户表示他们在海淘过程中，十分看重商品是不是正品；58.8%的用户则表示他们十分看重商品品牌的知名度。他们对价格看得并不是特别重，只要商品有正品保障、品牌知名度高、质量好，他们就愿意花费高价购买。这也是当前海淘用户主要集中在一、二线城市青年人消费者中的原因，他们有一定的经济实力购买海淘产品。图2.8为海淘用户对海淘产品看重因素的排序图。

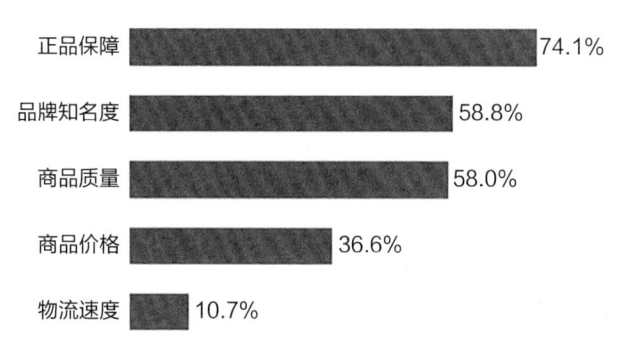

第二章 数字技术在跨境网络营销中的应用研究

正品保障 74.1%
品牌知名度 58.8%
商品质量 58.0%
商品价格 36.6%
物流速度 10.7%

图2.8 2019年中国海淘用户选购海外商品最看重的因素

根据艾媒咨询的调查，有四成的海淘用户表示他们在海淘过程中买到过假货，特别是洗护用品、彩妆、营养保健品等，非正品较多。这些领域之所以成为假货的重灾区，是因为这些产品造假成本相对较低，技术要求不高，却有着高利润，如果跨境进口电商监管不到位，很容易出现假货。对海淘用户而言，正品是他们购买海淘产品的动力，即便花费较高的价格也在所不惜。因此对跨境进口电商来讲，应加强海淘产品的正品保障，通过监管杜绝假货的出现，切实维护好消费者权益。图2.9为海淘用户购买到的假货产品种类。

在海淘平台购买到过假货的用户占比 41.4%

洗护用品 45.5%
美容彩妆 39.4%
营养保健品 37.9%
食品饲料 21.2%
数码家电 19.7%
母婴用品 16.7%

图2.9 2019年中国海淘消费者在海淘平台购买的假货品类

在受海淘用户欢迎的产品类型中，艾媒咨询的数据显示，美容彩妆、营养保健品、洗护用品、食品饮料、数码家电、服装箱包比较受欢迎，也是购买相对较多的海淘产品，如图2.10所示。

美容彩妆 35.8%　　营养保健品 31.2%
洗护用品 24.4%　　食品饮料 20.5%
数码家电 16.7%　　服装箱包 14.4%

图2.10　2019年中国海淘用户最喜欢购买的商品品类

跨境进口电商的发展给代购带来了冲击。代购是海淘的一种渠道，是消费者由于受时间、距离、政策等限制无法购买海淘产品时，通过代购商或经常出入境的个人帮忙购买商品。跨境进口电商发展以来，代购很受影响，用户通过代购渠道购买商品的比例开始不断下降。根据调查，当前只有25.2%左右的海淘用户可能选择代购渠道购买海淘产品。随着《中华人民共和国电子商务法》的实施，跨境进口电商的发展也纳入正规化，海淘产品的正品保证不断升级，海淘用户对跨境进口电商的信任程度提高，越来越多的海淘用户开始通过跨境进口电商购买海淘产品。近年来，随着跨境进口电商线下布局的增多，线下购买也成为海淘用户的一种渠道。图2.11为海淘用户购买渠道偏好分布图。其中线上渠道依然是海淘用户较喜欢的，其次是线下渠道，最后才是代购。

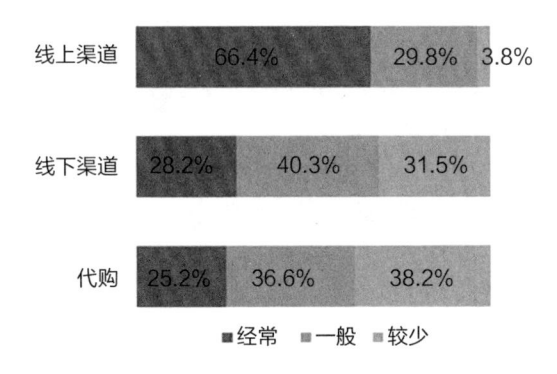

第二章　数字技术在跨境网络营销中的应用研究

渠道	经常	一般	较少
线上渠道	66.4%	29.8%	3.8%
线下渠道	28.2%	40.3%	31.5%
代购	25.2%	36.6%	38.2%

图2.11　2019年中国海淘消费者购买渠道偏好分布

艾媒咨询数据显示，在海淘用户中，有将近60%的用户体验过跨境电商平台的线下门店。随着跨境电商平台线下门店的增多，越来越多的海淘用户开始转入线下渠道，极大地增强了体验感。随着线上线下布局成为电商平台发展的主要趋势，未来跨境进口电商线下门店的渗透率还将继续提升。

海淘用户之所以开始去跨境电商平台的线下门店进行体验，是因为线下门店的商品能够看得到、摸得着，商品质量得到了有效保障，也省去了海淘产品还要等物流快递的时间。另外，跨境电商线下门店为了提高门店流量，也会适当地开展优惠促销活动，这也是吸引海淘用户的一点。图2.12为海淘用户体验跨境电商线下门店的原因汇总。对海淘用户来讲，跨境电商线下门店的布局，能够打消海淘用户对海淘产品是否为正品的顾虑。海淘用户通过亲身体验了解产品质量，以提高对跨境电商平台的信任。

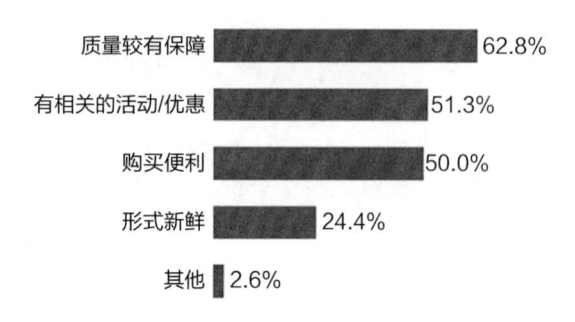

质量较有保障 62.8%
有相关的活动/优惠 51.3%
购买便利 50.0%
形式新鲜 24.4%
其他 2.6%

图2.12 2019年中国海淘用户体验跨境电商线下门店的原因

（二）各因素对用户行为的影响

1. 产品因素

跨境电商中，产品因素十分重要，对消费者的影响较大。在我国出口跨境电商交易中，产品主要集中在3C电子产品、服装服饰、家居用品、鞋履箱包、母婴产品等领域。首先，中国经过多年发展形成了完善的制造业供应链，这些产品在制造方面具备一定的优势；其次，这些产品标准化，易于运输、存储，退货率相对较低，十分适合在跨境电商中发展。

2. 价格因素

跨境出口电商面对的客户群体一般是国外的中产。客户群体年龄大多集中在23~45岁之间，具有高职位、高学历、高薪资的特点。这部分消费群体对价格不是太看重，而更加重视产品的品质、消费的体验感，对新鲜事物感兴趣，消费升级愿望强烈。价格合理、质量卓越、实用性强的商品往往对其更具吸引力。

3. 网站平台因素

网站平台也会对消费者产生影响。如网站商品的独特性、购物的便捷性等直接影响着消费者。对很多消费者来讲，网站商品的独特性对消费者的购物行为产生重要影响。随着消费升级，越来越多的消费者追求的是个性化的消费，特别是希望通过跨境电商享受个性化的消费服务。因此跨境电商应了解消费者的个性化需求。如果跨境电商平台商品都是大众化的产品，对消费者特别是年轻消费者没有足够的吸引力，就不会吸引他们产生购物行为。随着电子商务的快速发展，消费者希望能在电商平台上享受快速、便捷的购物体验，如购物流程顺畅、支付方便快捷、物流速度快等。如果这些不能使消费者满意，消费者对电商平台的印象会受到影响，消费体验也会受此影响。

4. 国家关税政策因素

对跨境电商而言，他们在商品销售过程中，还面临着国家关税政策影响。如近年来在中美贸易战中，为了美国制造业的发展和为社会提供更多的工作岗位，美国不断对中国部分产品加收关税，部分产品的关税已经加征到25%。又如土耳其认为，不向外国电商企业征收商品税对他们国内的零售商不公平，因此对跨境出口电商企业强征商品税。马来西亚也向从事跨境出口电商的企业征收消费税。波兰也曾提出跨境出口电商公司应在其取得收入的国家纳税。对跨境出口电商来讲，在从事跨境电商业务时，应根据其目标市场了解所在国家或地区的关税政策，这对他们的发展有直接的影响。

5. 消费群体自身因素

跨境出口电商的消费群体以中产为主，即一个国家或地区具有高职位、高学历、高薪资的人群。随着经济的发展，中产逐渐成为一大主流消费群体。这部分群体薪资高，有一定的经济水平支持其消费。学历高、职位高的特点又会影响他们的消费观。对他们来讲，商品价格并不是他们所特别看重的，只要价格合理就可以。但他们对产品的质量、消费体验十分看重。按照马斯洛需求层次理论，他们所追求的是更高级的追求。折射在购物中，他们更加看重消费的体验感。

五、规模分析

数字时代的各项新技术促进人们的生活方式、信息接收方式发生变革，并且为产品和流通的创新提供新动力，也使得跨境电商进出口的市场规模暴增。随着海外电商消费的崛起，我国跨境出口电商开始发展，2010年开始呈现出爆发式的发展态势，市场规模不断扩大，出口成为我国跨境电商发展的主导，占据跨境电商规模的近七成。图2.13为2014—2020年我国跨境出口电商市场规模增长图。从图中可以看出，2014年，我国跨境出口电商市场规模只有3.57万亿元，到了2020年，市场规模已经高达9.7万亿元，且持续扩大。

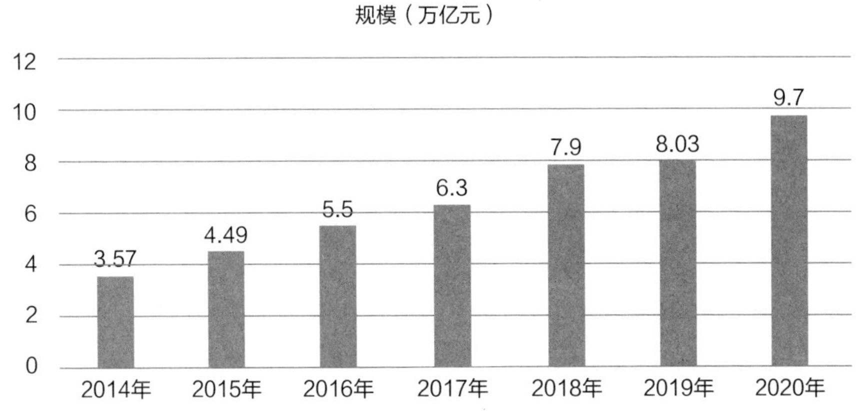

图2.13 2014—2020年我国跨境出口电商市场规模增长图

跨境出口电商的发展和我国作为"世界工厂"的角色、历史上的出口导向型经济发展、人民币汇率等有密切的联系。跨境电商的发展，也延续了我国以出口为主流的对外贸易发展模式。跨境出口电商规模持续扩大，成为跨境电商发展的主流。

传统跨境贸易发展以线下交易为主。随着互联网技术的广泛应用，电子商务网站开始出现，跨境贸易开始从线下转移到线上，由此便出现了跨境出口电商。经过多年发展，我国跨境出口电商已经进入稳健增长阶段。从整体来看，我国跨境出口电商发展经历了草根萌芽期、快速成长期、野蛮扩张期、稳健增长期。

草根萌芽期（2003—2008年）：这一时期是我国跨境出口电商的萌芽期。这一时期产业发展具有产业规模小、整体依附于传统贸易的特点，供应链的关注点主要在单品采购，只重视单品的利润，没有形成完整的供应链。

快速成长期（2008—2012年）：这一时期，我国跨境出口电商进入快速成长期，呈现出贸易型经营模式为主的产业特点。同时开始注重单品供应链的定性，开始加强和工厂之间的合作。

野蛮扩张期（2012—2015年）：经历了快速成长期后，跨境出口电商进入野蛮扩张期。这一时期，产业发展呈现出经营模式多元化、区域产业集聚效应明显的特征，工厂产能合作进一步加强，渠道和产品种类不断扩展，库存周转率、产品知识产权、产品差异化成为跨境出口电商发展中关注的重点。

稳健增长期（2016年至今）：在一系列政策的引导下，我国跨境出口电商进入稳健增长期。这一时期跨境电商逐渐合规化，基本形成了完整的产业链。精品产品开发、精细化运营是发展中的重点，同时对供应链综合服务能力提出了较高的要求。

六、电商运营分析

（一）网店客服运营的现状及问题

1. 客服产品知识不足，影响下单转化

目前，跨境商家客服运营中的主要问题存在于客服人员对本店相关产品专业知识缺乏了解，在面对客户咨询时，不能及时有效地应对，从而影响后续的成交转化，降低了品牌的专业化程度。形成该问题的原因主要包含两方面。一方面，产品种类较多。以跨境电商进口最热门的电器类来

第二章　数字技术在跨境网络营销中的应用研究

说，涉及各类电器的规格、功能、设计、组装、部件结构、运作原理等，相关产品知识较多，没有经过系统化的学习培训，客服人员无法在售前咨询和售后问题解答中给予明确的回复，降低了问题的处理效率。另一方面，缺乏完善的流程应对与产品知识相关的咨询。当店铺客服遇到较为专业的产品问题时，由于公司运营部没有设立明确的处理机制，没有对接的产品部同事、产品群组等帮助客服人员给出专业回答，也没有产品图册等注明常规问题解答，对常见的产品问题没有设置快捷回复等，导致客服只能机械地回复客户，没有做到真正的专业回答。

客服人员的产品知识欠缺对店铺产生的不利影响有以下方面。对产品不熟悉，导致客户没有下单，这样就同时失去了转化率，也增加了客户流失率，降低了业绩，造成客服本身服务数据降低，导致客户对店家和产品失去信任并影响品牌忠诚度。只有具备了基本的产品知识，客服人员才能够精准地进行产品推荐，从而更有效地引导用户下单。

2. 专业话术与沟通技巧的欠缺

跨境电商网店客服欠缺专业的话术与沟通技巧，从而未能帮助潜在买家定位需求、解决疑虑、促成销售转化。消费者的问题主要包括对想要购买的产品进一步了解、在价格方面存在疑虑、是否有咨询客服优惠价、是否正品等。消费者在提出这些问题时，一定是有购买倾向的，一般是对该产品已有一定的了解，咨询客服是想确认该产品是否能够满足购买需求，从而下单购买。网店客服最重要的是站在客户的角度想问题，整理专业话术，把自己作为消费者去了解产品，这样能更好地交流、解决问题，将流量转化为实在的销量。

3. 售后处理流程的不完善

客服问题还体现在公司内部尚未制定完善的售后问题处理流程与机制，只是交给客服人员独立进行语言安抚，未能实际解决买家的问题，破坏了客户体验，继而影响复购率及购买评价。例如，在"双11"期间，当买家要求补退差价时，由于店铺客服人员设置了自动回复，导致消费者得不到正面的回应而予以差评。另外，部分买家由于对详情页的产品描述不清而产生疑问，而在向客服进行反馈时，得不到积极的回应与共情，继而产生反感；甚至当客服同意退货，买家依旧不能谅解，不想撤销投诉与差评。跨境电商行业依赖于买家的口碑，长此以往，这类问题将对店铺的排名以及复购率产生较大影响，也将导致潜在的消费者不愿下单购买，降低销售额和消费者忠诚度。

产生这类问题的主要原因在于，公司没有制定完善的售后各类问题处理流程，未能构建内部沟通机制。例如，详情页的产品与促销描述问题，客服人员可以向运营部门的相关人员进行反馈，继而道歉并同步给投诉的买家一定的补偿；补退款问题、供应商问题、物流问题应有相关专业人员对接。只是通过客服式话术和机器人自动回复并不能实际解决售后问题，还将影响复购与新生销售群的增长。

如果顾客收到物品以后，发现物品存在问题，客服人员应主动协助顾客解决。如果的确是产品存在问题，客服人员不仅要主动安抚顾客，为顾客更换产品或是退货，还要把这个事情反馈给相应的负责人，以免下次发生同样的事件。如果是由于物流公司在运送过程中存在一些问题，而造成产品存在问题，客服人员应向顾客说清楚，并联系物流公司，售后客服也应及时回应顾客并解决问题，从而确保顾客有一个满意的购物体验。

4. 高流量时段缺乏客服排班

跨境电商运营面临的另一个问题则是对不同国家消费者上网时间的研究不足，导致客服排班与网站流量时段不匹配。例如，海外店铺客服的排班时间通常是在08：00—23：00，除了特殊节假日外，一般都差不多到23：00下班；在"双11"等节假日，就轮流值夜班，这也导致对多个顾客的服务不到位。国内访客的浏览和下单量在21：00后有明显攀升，而此时间段的客服人员不足将导致询盘得不到及时回复从而流失潜在顾客。遇到大促时期，该类矛盾愈加激化，缺乏预备客服支持，仅依靠机器人自动回复，未能完全解决访客咨询与买家的售后问题，将降低咨询转化率与减少同期交易金额。

(二) 标题、主题、详情页的设置问题

1. 卖点展示不足

主要问题存在于产品的主图与详情页图片不能展现产品的卖点，也未能在图片上配以卖点文案加以说明，从而不能让访客快速识别本产品较竞争品的差异，影响了访问转化和订单量的增长。例如，某产品主图须展示多功能收纳袋的差异化卖点是能够收纳手机以及生活杂物等，有一定的承重力，且能够在不破坏墙体的情况下粘墙，节省室内空间。然而，该产品主图不能显示产品的材质和规格。如果标题再模糊，客户就很难清楚这是卖什么，怎么用，配件都有什么。因此，应该在分解图、宝贝搭配以及主图上适当地加上一些说明文字，说明文字应以简、精、明为标准，确保展示效果。

2. 关键词设置不合理，影响店铺权重

第一，由于产品类目关键词不精准，以及不够注重用户评价的优化，导致店铺的权重偏低。店铺权重一直都是商家非常关注的东西，因为它直接影响店铺的排名和销量。根据淘宝等平台的推送机制，当用户检索关键词时，店铺的权重直接影响店铺产品的展示位置与排序，关系着产品的曝光度与潜在消费者的获取可能，影响店铺的各类流量与转化值。商家在做好店铺优化排名的同时，也非常注重店铺各状态对店铺权重的影响。

然而，目前跨境进口电商的商家权重较低，主要原因是店铺标题的关键词设置不合理，影响了店铺的流量。首先，店铺的部分商品标题与产品相关性不够高，不能精准地描述产品特性和具体卖点，影响了访客的咨询和下单欲望，导致曝光给目标用户的精准性不高。其次，店铺产品标题的关键词热度不足。例如，配饰作为高流行时尚属性商品，需紧随近期热点和目标消费群的关注点，因此，应不断更新店铺标题，以匹配潜在用户的搜索新趋势。这需要店铺依据各类大数据平台与工具，动态地挖掘与产品相关的近期高热度关键词、长尾词、下拉词、竞价词等，帮助提高店铺在搜索中的展示排名。如果网店长期不调整产品关键词，就会降低产品的搜索曝光度。

第二，店铺好评率、信誉度，以及店铺服务情况也直接影响店铺权重。多数店铺在运营中，不够重视对售后评论的监测与优化，部分顾客对物流时效、退换货问题，以及售前的采购咨询回复和店铺的售后服务效率表示不满，这部分差评未被解决，也降低了店铺的权重，影响了网店的流量与销售转化。

(三) 客户关系运营问题

1. 售后关系处理问题

客服人员大多是年轻员工,刚刚步入社会,社会阅历比较少,客服工作中遇到偏激的客户多多少少会产生不愉快的情绪,但是作为客服又不能对客户不礼貌。长期的压抑会使客服员工产生不良的情绪。在店铺活动量大的时候,过大的工作压力往往会让他们处于接近崩溃的状态。此外,客服人员因为工作特性容易患颈椎腰椎的疾病,心理与身体双方面的压力,使得客服行业人员辞职的人数居多。如果短时间内找不到接替工作的人员,也会让服务质量越发低下。

首先,虽然业内规定客户问题要在1小时内响应,24小时内解决,但由于运营的售后缺乏专业性,实际运行情况往往会推延时间,造成老客户留存率不断下降。其次,售后人员对于问题的解答缺乏专业的知识积累和足够的耐心。一方面,服务观念意识不够强,缺乏强烈的责任感,导致了售后服务延迟。另一方面,商家对售后工作缺乏重视,售后工作部门是由一些在销售部门没有突出业绩的员工组成的,缺乏严格统一的售后服务标准和专业的服务培训,导致售后问题频繁出现。

另外,很多客户在"双11"活动之前就购买了商品,但是他们在看到有"双11"活动的时候就会后悔,就会询问客服是否可以给予赠品或退差价。这个时候需要转交售后;如果售后没有及时处理,这个问题就又会转回到售前咨询客服的手上,从而引起顾客的抱怨,甚至会带来差评。

此类问题在电商促销活动前后极为常见，应由公司方面统一限定具体的回复方式或处理方案，并在培训中指导客服人员对顾客进行有效安抚。

2. 网店产品类目未按消费市场细分

跨境电商产品种类繁多，为了方便消费者的选购，同时也为了提高企业的管理水平，对众多的商品进行严格分类是有一定益处的。可以科学地、系统地将产品从大类分到小类，再从品种分到花色，这样便于消费者对比选择购买。以受欢迎的纺织品为例，各种布匹的颜色、花纹、生产方式、特性、质料等不同，可以通过不同的标准具体划分。大多数跨境商家却没有按照消费市场细分（如不同的使用场合、不同的人群细分特点、不同的购买动机、不同的使用频率等），分类较为粗糙，有些分类标题过于简单，导致访客进入网店页面后，不能快速找到与自己的需求和偏好对应的商品，从而可能导致用户在页面停留时间短，降低购买转化率和客单价。

（四）促销运营问题

1. 活动规则描述模糊

详情页中的图文描述模糊，或是顾客为了凑满减价数额仓促下单而没有了解清楚真正的优惠价格，事后才反应过来，再找客服反映。这些必然会影响顾客自助下单的效率和购买体验。

大促期间，时常会遇到看不懂商品主图标注的优惠规则的顾客。虽然标注的内容看起来很清楚，但是下拉后的商品详情页面中并没有对各类折扣做出说明。详情页或是海报其他处，也没有指出优惠券在哪里领取，没

第二章　数字技术在跨境网络营销中的应用研究

有说明是店铺的还是天猫的专属活动，因此顾客会产生许多顾虑，不知道优惠券是如何叠加产生商品图标注的最低价，这样会严重影响顾客下单。

这种问题其实也容易解决，只要将满减活动的流程与标准介绍得详细、清楚、具体，就可以避免上述问题。

2. 爆款赠品引起爆单和延迟发货

跨境进口商家参加"双11"活动较少，从而经验较少、竞争力薄弱，因此存货并不充足，虽然在"双11"会场上取得了不少成果，但也有不少小事故发生。例如，不少商家通过推出促销节礼品来吸引顾客，这本该是令人愉快的一件事情，但是小礼品的预算却不断超支。由于赠品的库存不足，延迟了发货日期，导致大量顾客询问迟迟不发货的原因。同时，曾经无人问津的商品，原以为能借赠品、促销的契机增加销量与热点，奈何因赠品供应不足直接导致消费者不满，店铺排名直线下滑，流失了大部分的销售利润。这类问题的成因主要是选品备货阶段缺乏对礼品需求量的精准预估，导致晚下单的一些消费者未能获得赠品礼遇，引发不满。另一个原因则是仓储部门与前端运营、客服人员的沟通不及时，未能在第一时间同步掌握礼品的库存量，以便运营及时更改详情页文案并让客服尽早与已下单的消费者沟通、商议补偿方案等。另外，虽然店铺会有客服提醒顾客礼品的库存不足，为表达歉意用优惠券等方式进行弥补，但是有不少用户都未曾留意或直接忽略了这条消息。由于太久没有收到礼品发货信息，顾客会催促发货，有的甚至还产生了退货的念头，这不仅影响了店家推广产品，也严重影响了店铺的信誉。

3. 依赖平台促销，缺乏站外引流

不少跨境公司将精力放在展会客户资源和长期固定客户资源的维护与发展上，而对网店的访客缺乏数据分析和促销推广，未意识到网店客户发展成长期顾客的潜力。同时，公司对于网店的运营投入较少，仅仅依靠平台现有的直通车、优惠券等推广功能，或者参与一些促销活动。平台促销的确可以在短时间内刺激消费，增加购买量，提高产品的自然搜索排名，但这毕竟只是一时，不可过分依赖。同时平台促销也会带来一系列的问题，例如利润下降、恶性竞争等，在促销结束后，又会恢复到往常无人浏览、无人下单的状态。

最重要的是，公司缺乏站外引流。根据当下用户的关注特点和上网习惯，只依赖于平台促销来增加销量已经不具备竞争优势。用户习惯于用搜索引擎查询产品信息和供应商，喜欢浏览各类社交平台，而不能抓住这些流量来源的商家只能获取有限的客户。再有，部分贸易在国内进行交易时，可以直接通过网店进行，如大型供应商1688的平台增加了线上交易量，增加了产品的曝光，省去大部分流程的同时，还可以增加销售额，使店铺变得更有吸引力。

第二节　数字时代的跨境网络消费者行为研究

一、数字环境的跨境网络消费者行为研究现状

（一）数字时代跨境网络消费者行为特征研究

了解消费者的行为特征，抓住消费者的消费偏好十分重要。就跨境电商而言，他们所面临的消费者种类多，群体涉及各个阶层，且文化程度不同，和传统零售相比，消费者行为更加复杂，主要存在如下特点。

1. 消费需求个性化

根据马斯洛需求层次理论，人们的物质需求得到满足后，会追求更高的需求。经济的快速发展，不仅提升了人们的物质生活水平，也深深改变了人们的消费理念和消费模式，电子商务的发展便是人们消费模式的一个重要转变。电子商务发展开阔了人们的购物空间，让人足不出户只需要借助网络就能买到各地的商品；跨境电商的发展则为消费者提供了购买全球范围内商品的可能。人们物质需求得到满足的同时，更加注重健康、安

全需求。很多消费者认为国外的食品安全要求高、产品质量高等，因此在经济允许的范围内更青睐于国外产品。跨境进口电商的出现，则满足了他们购买境外产品的需求。同样，对跨境出口电商来讲，中国制造业供应链发展完善，产品质量有保障，很多境外消费者也想购买中国的产品。和传统国际贸易相比，小批量、多批次的跨境电商借助于较快的物流速度，能够在短时间内满足消费者的需求。对消费者来讲，跨境电商满足了他们的购物需求，特别是个性化需求。当前有些产品实施的联名款、定制款等，都是消费者个性化需求的表现。有些跨境电商还支持消费者自己参与产品的设计，极大地满足了消费者的个性化需求。

2. 顾客消费主动性

传统零售活动中，消费者由于缺乏专业知识，对商品的了解有限，仅有的了解也是经验积累而来，在了解产品时对销售者的依赖程度较高。互联网的发展和普及，为人们学习提供了新渠道，再加上随着教育水平的提升，当前的主流消费者维权意识增强，他们也会通过网络等多种途径了解产品。跨境电商消费者的专业程度相对更高，他们的消费主动性较强，一般是充分了解商品后，才会进行消费，大多属于理智消费。因此跨境电商中的消费者，具有较强的消费主动性特征。

3. 消费决策理性化

消费决策理性化是跨境电商消费者的另一个特点。跨境电商的消费者大多属于高学历、高薪资的中产，这部分群体在消费时，目的明确，也很理性，他们很清楚自己需要什么样的产品。跨境电商的发展，拓宽了他们选择商品的范围，只要时间允许，他们愿意花费一定的精力了解产品，并做出理性的消费决策。他们在借助互联网平台消费时，不会轻易受到他人的影响，如传统零售活动中营销人员的影响，选择产品时也无须考虑地域、时间等问题；另外，即便不通过和卖家讨价还价，他们也能通过跨境电商平台货比三家，选择性价比更高的产品。综上所述，跨境电商的消费者能够做出更加理智的消费行为。

4. 消费者推荐效用价值更高

电商平台几乎都设置了评价体系。消费者购买、使用产品后可以将其对产品的感受、物流感受、购买体验等通过评价体系表达出来，为其他消费者提供参考。消费者的评价对卖家和其他消费者有较大的影响。对商家来说，正面的评价是商家产品质量、信誉的保证，而负面的评价则很有可能给其他消费者带来不良印象，影响其他消费者的购买决策。而借助互联网的开放性，消费者的评价并不仅限于电商平台内部，也会通过社交网络进行传播。

5. 消费者忠诚度更难维系

对商家来讲，老客户所带来的价值远比新客户价值高，因此很多商家都注重维护消费者的忠诚度。但在电子商务中，特别是跨境电商中，消费者忠诚度维系变得艰难。对消费者来讲，电商平台众多，商家众多，他们的选择范围广泛，对产品、价格、物流等都可以货比三家，找到性价比更高的产品。对商家来讲，面对的竞争者没有地域的限制，是在和所有同行业进行竞争。面对选择日益丰富的消费者，要想和传统零售业一样进行老客户维系，难度较大。

（二）行为影响因素研究

影响跨境电商的因素较多，对B2C跨境电商来讲，主要影响因素包括产品、用户消费体验、消费者三方面。

1. 产品因素

跨境电商中，产品的影响主要表现在产品的价格和质量上。对跨境电商来讲，他们所提供的产品质量是消费者所关心的。消费者通过跨境电商购买境外的产品，追求的就是产品的品质。如当前我国很多消费者倾向于购买国外的化妆品、服饰等，看重的就是产品的质量。一般来讲，能做大做强的产品品牌，其质量一般都有保证。消费者通过电商平台购买产品时，会优先倾向于购买品牌知名度高的产品。在跨境电商平台上，消费者无法看到真实的产品，只能通过商家的介绍及消费者自身的了解购买。对很多消费者而言，他们购买境外产品时都希望购买到正品。但虚拟的网络世界中，充斥着不少假冒伪劣产品。如果消费者不幸购买到这类产品，他们势必非常失望，也不会再光顾该商家。而收到的产品，一旦质量超出预期，消费者对商家的信任程度将大大提升，很有可能成为其忠实客户。虽然跨境电商维系客户忠诚度的难度较大，但如果其产品没有让消费者失望，甚至超出预期，将能增强消费者的好感和信任。对购买跨境产品的消费者而言，价格因素虽然不是很重要，但也会产生一定影响。如果价格和产品质量相去甚远，将直接影响到消费者的信任。但是，如果花费高价能买到正品，他们也愿意。因此跨境电商中产品的质量和价格对消费者的影响较大。

2. 用户消费体验因素

消费过程中的产品、服务体验对销售和复购的转化影响至关重要：提升用户体验能够促使消费者产生购买意愿，提高消费者的忠诚度；糟糕的用户体验将给消费者带来不好的印象。对跨境电商来讲，用户体验更加重要。跨境电商和消费者无法面对面地交易，消费者借助网络，通过文字、图片实现交易。对B2C跨境电商来讲，他们直接面对消费者，所提供的服务都能被消费者直接感知，并对消费者的购买行为产生影响。例如跨境电商平台的网页质量对消费者的影响较大，因此，网页设计应清晰、完整、友好，让消费者在网页中能详细了解到产品信息及其购买流程。另外，网页应提供语言转换功能，满足不同国家和地区消费者的语言习惯。网页应具备便捷快速的加载速度，如果网页加载过慢，会直接影响消费者的体验。在激烈的市场竞争下，良好的消费者体验更加重要。对跨境电商来讲，应厘清影响消费者体验的因素，不断进行优化，从客观因素上提高消费者的体验。

3. 消费者因素

跨境电商，特别是B2C跨境电商，直接面对的是个人消费者。不同的消费者，国别不同，地区不同，文化背景不同，接受的教育不同，他们的消费需求也有很大差异。因此，对跨境电商来讲，维持消费者的忠诚度就变得较为困难。消费者是跨境电商生存和发展的基础。在发展中，跨境电商应准确把握消费者的需求，根据不同需求的消费群体进行市场细分，实施个性化营销策略，提高消费者的忠诚度。

(三)跨境网络消费者的购买动机研究

1. 求实动机

求实是消费者购买行为的基本动机。对大部分消费者而言,他们不容易受广告影响,也不追求商品的美观,商品的实用性、高性价比是他们所看重的。

2. 求廉动机

很多消费者除了看重商品的实用性外,还出于求廉动机购买物美价廉、性价比高的产品。特别是经济收入水平不高、勤俭节约的消费者,其求廉动机更加明显。

3. 求安全动机

消费者网购过程中,希望购买到安全、品质有保障的产品,特别是食品、药物等,这类产品对安全性要求更高。

4. 求新动机

有些消费者喜欢款式独特、新颖、流行的产品,这部分消费者往往会出于求新动机购买商品。在求新时,消费者对商品的实用性、性价比关注得不多。特别是经济条件好、年轻一代的消费群体,往往有较强的求新动机。

5. 求美动机

有些消费者出于求美动机购买产品。他们十分重视商品的艺术价值,在购买商品时,对商品所呈现出来的造型、色彩、艺术美有较高的要求。

6. 求名动机

有些消费者喜欢品牌，因此出于求名动机而产生消费行为。购买商品时，商品的牌子、产出地、名声等对他们来讲十分重要。

7. 求奇动机

也有部分消费者拥有与众不同的消费动机，求奇动机便是此类。这类消费者喜欢奇特的产品，越是具有特点、与众不同的产品，他们越感兴趣。

二、数字环境下的跨境网络消费者行为及对推广接收的偏好评估指标研究

（一）研究的设计

基于以上对跨境网络消费者在数字时代的行为特征与消费影响因素的理论研究，笔者认为，当前跨境电商消费者行为的核心刺激因素来自主动搜索信息和品牌商家针对性地推送信息。这与Permana（2020）在"国际经济管理与商务会议"相关成果中得出的"数字时代跨境网络消费者行为特征三阶段模型"的结论方向一致，即可将跨境电商消费者的研究分为"用户的无意识网络痕迹阶段、商家的针对性推送与消费决策阶段、后续的沟通交互与复购激励阶段"三步。因此，本节将以该三阶段模型作为"数字环境下的网络消费者行为及对推广接收的偏好评估指标"的研究框架，在该研究指标框架的基础上针对研究实际进行调整，并设计调

查问卷，对跨境网络消费者的行为与偏好展开实证研究，从而形成科学的画像。

（二）数字环境下的跨境网络消费者行为及对推广接收的偏好评估指标的构建

依据本节研究的三阶段模型，即"用户的无意识网络痕迹阶段、商家的针对性推送与消费决策阶段、后续的沟通交互与复购激励阶段"，在Permana的跨境网络消费者研究指标基础上进行调整。"用户的无意识网络痕迹阶段"涉及10个具体跨境网络消费者行为指标，帮助采集潜在消费者的基本数字标签与脸谱；"商家的针对性推送与消费决策阶段"涵盖消费者研究相关的内容、渠道、动机、体验4个导向层及35个子评估指标，是帮助跨境电商实现精准推送及盈利转化的核心研究内容；"后续的沟通交互与复购激励阶段"包含6个评估指标，能够研究跨境网络消费者在售后关系维护阶段的行为反馈情况，从而帮助跨境品牌研究复购阶段的用户刺激策略。Permana的模型可概括为三层一共54个指标，本节采用了其中能够量化的部分指标进行研究，最终确立了3个行为阶段、4个导向层、35个子评估指标，以确保调研的可行性及问卷设计的客观性（见图2.14）。

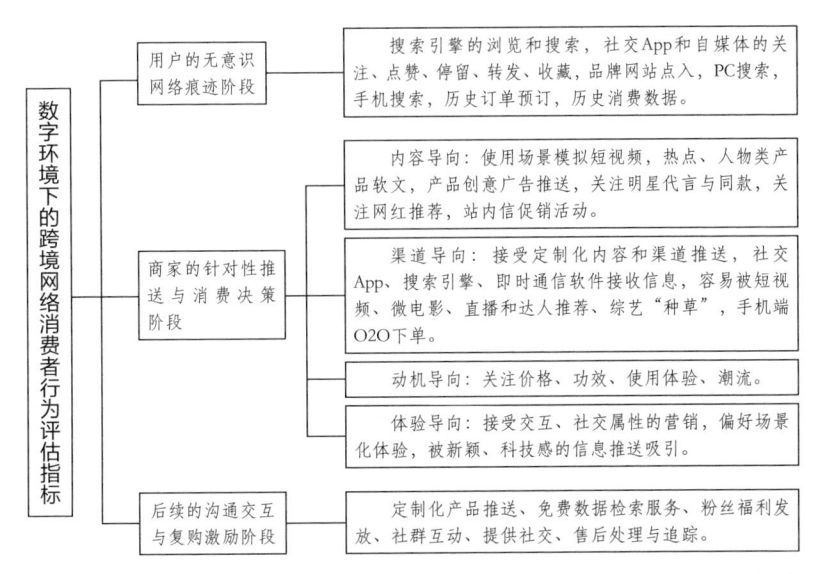

第二章　数字技术在跨境网络营销中的应用研究

```
                            ┌─ 用户的无意识         ┌─ 搜索引擎的浏览和搜索，社交App和自媒体的关
                            │  网络痕迹阶段         │  注、点赞、停留、转发、收藏，品牌网站点入、PC搜索、
                            │                      └─ 手机搜索，历史订单预订，历史消费数据。
                            │
数字环境下的                │                      ┌─ 内容导向：使用场景模拟短视频，热点、人物类产
跨境网络消费者              │                      │  品软文，产品创意广告推送，关注明星代言与同款，关
行为评估指标 ──────────────┤  商家的针对性推      │  注网红推荐，站内信促销活动。
                            │  送与消费决策        │
                            │  阶段                ├─ 渠道导向：接受定制化内容和渠道推送，社交
                            │                      │  App、搜索引擎、即时通信软件接收信息，容易被短视
                            │                      │  频、微电影、直播和达人推荐、综艺"种草"，手机端
                            │                      │  O2O下单。
                            │                      │
                            │                      ├─ 动机导向：关注价格、功效、使用体验、潮流。
                            │                      │
                            │                      └─ 体验导向：接受交互、社交属性的营销，偏好场景
                            │                         化体验，被新颖、科技感的信息推送吸引。
                            │
                            └─ 后续的沟通交互      ┌─ 定制化产品推送、免费数据检索服务、粉丝福利发
                               与复购激励阶段      └─ 放、社群互动、提供社交、售后处理与追踪。
```

图2.14　数字环境下的跨境网络消费者行为及对推广接收的偏好评估指标体系

（三）数据的收集

研究过程中，根据以上得出的35项研究指标设计问卷。问卷包含三个层次的问题：第一层次问题是针对跨境网络消费者人口统计学因素的背景调查；第二层次问题主要是针对消费品类、产品、服务类型的调研，便于消费行为的分类统计；第三层次问题主要是针对样本在上述35项"数字环境下的跨境网络消费者行为及对推广接收的偏好评估指标"的偏好调查（调研对象评价等级与分值分布见表2.1）（傅智园，2022），帮助评估跨境电商营销投放的有效性。

本调研采用简单随机抽样法，通过校企合作基地以及挂职访问公司向跨境电商B2C、B2B消费者以有偿形式发放问卷1000份，回收有效问卷556份，数据来源客观、科学。

表2.1　数字环境下的跨境网络消费者行为各研究指标评级等级与分值表

等级	非常不显著	不显著	不太显著	一般	较显著	显著	很显著
分值设置	−60	−40	−20	0	20	40	60

（四）数据的研究方法

本研究采用快速聚类和系统聚类对"数字环境下的跨境网络消费者行为指标"采集的数据进行分析。具体方法包括，首先，使用SPSS 22.0软件对调研问卷所搜集的消费者评级数据进行k-means聚类，得出主要跨境网络消费者行为分类，判断营销投放的影响力；其次，针对聚类所得的数据簇进行沃德集群法和平方欧氏距离分析，便于后期设计整合型数字化跨境网络营销系统。

三、跨境网络消费者的购买行为聚类分析

除了通过描述性统计分析对跨境网络消费者行为类型进行分类，本研究还使用K-means聚类分析数字环境下跨境消费者的网络购买行为，形成相应的分类，便于针对性研究相应的数字化营销策略。

本研究借助SPSS 22.0对采样的跨境电商B2C消费者完成购买行为、偏好营销刺激模式进行K-means聚类分析。聚类的变量为35个，标记的是样本在上述得出的35个"数字环境下的跨境网络消费者行为研究指标"下的表现。此外，聚类对象是抽样所得的在跨境平台有电商消费行为的265个买家。参照描述性统计结果和数字时代跨境电商消费行为四阶段，研究

中取K值为4，使样本量分布较为平均。经过均值聚类和ANOVA的检验，数字环境下跨境B2C消费者行为的划分结果如表2.2所示。

表2.2 数字环境下的跨境B2C消费者行为聚类结果（K=4）

指标	跨境B2C购买行为聚类				F	Sig.
	1	2	3	4		
指标1	−6	−11	13	−1	6.582	0
指标2	−5	17	−9	12	9.173	0
指标3	−10	16	4	6	5.16	0.005
指标4	11	−2	4	−29	15.775	0
指标5	−1	4	−3	3	0.169	0.007
指标6	−1	−1	12	−11	3.538	0.002
指标7	−1	−13	2	3	2.613	0.007
指标8	6	−6	−14	10	4.648	0.005
指标9	15	−20	6	−12	20.019	0.001
指标10	−5	9	−5	−17	3.94	0.004
指标11	7	15	−7	12	4.015	0.005
指标12	3	2	−5	−1	1.006	0.019
指标13	11	−5	−17	15	9.997	0
指标14	−1	−3	−7	−2	3.96	0.002
指标15	−2	6	−13	−3	1.998	0.005
指标16	2	4	−19	−14	4.963	0.001
指标17	14	−4	10	−15	6.957	0
指标18	−13	−4	10	5	5.09	0.004

续表

指标	跨境B2C购买行为聚类 1	2	3	4	F	Sig.
指标19	13	−24	−5	18	15.23	0.012
指标20	0	−3	−1	−14	2.208	0
指标21	−8	1	8	−10	4.003	0.001
指标22	−9	−6	14	−6	4.953	0.012
指标23	13	5	−25	0	13.894	0.002
指标24	1	4	−14	9	4.903	0
指标25	3	−17	15	21	11.002	0
指标26	−1	−14	16	−14	11.005	0.014
指标27	−5	1	0	23	6.087	0
指标28	23	−19	8	19	14.468	0.002
指标29	10	−18	8	12	11.079	0
指标30	5	−29	12	−1	17.076	0.004
指标31	11	−11	11	23	6.987	0
指标32	−18	8	0	6	4.985	0
指标33	−19	−8	5	21	13.974	0.014
指标34	0	−11	−6	−4	11.001	0
指标35	−18	7	10	−1	9.853	0.012
样本量	75	63	71	56	总计	265

由上表的检验结果可见，F检验差异度显著，且各个指标的significance（显著性）水平均低于0.05，证明K值取4的数据分析有效性较高，本

K-means聚类的结果成立；另外，4个类型之间的显著指标有明显的不同，且各个簇集的样本量划分较为平均，不需要再次划分。因此，经过K-means聚类，数字环境中跨境B2C网络消费者行为主要可表现为以下四类。

类型一：高推广反馈型。该类跨境消费者在调研中表现的行为是碎片化时间上网活跃度高，会在日常网络痕迹中留下对产品的需求和偏好，方便商家收集社交App和购物平台数据进行精准推广。此外，该类消费者对精准的推送消息或广告反应灵敏，有意愿做详细了解并产生一定的转化。该类消费者占总样本量的28%，高于其他类别细分，对数字化营销的设计有重要启示。

类型二：自主意识型。该类跨境B2C消费者在调研中表现的行为倾向于主动向商家和品牌方索要产品信息，并主动在社交和自媒体软件获取所需产品信息以及公众评价，且有明确的消费目标和价格预期，行动果决。该类消费者约占样本总量的24%，需要跨境电商和品牌方通过多数字渠道发布产品信息和进行搜索引擎公关优化，为跨境电商产品制造良好的网络舆情。

类型三：偏好感官体验型。该类跨境网络消费者的购买行为较为特殊，偏向猎奇类的购买动机，对新产品或新体验较为关注和感兴趣。新体验包含跨境电商购物中突破场景限制的AR/VR交互科技，产品的附加科技感功能，新的社交体验，以及跨境品牌通过线下的体验式营销帮助用户理解场景、刺激线上线下购买。

类型四：人工询单依赖型。该类跨境B2C电商消费者表现出的行为是对精准推送、社交App"种草"一类的消息信任度低，甚至带有反感。该类消费者的年龄层偏大，但消费实力较强，较依赖人工询盘的解说与回复，偏好在人工询盘回复及时、专业、态度良好的店家下单，价格敏感度相对较低。而该类用户在总群体中占比最低（21.1%），但在跨境商家投入人工客服或加强AI客服投入的前提下能提升整体的客单价。

四、各地跨境网络消费者基本属性画像

在上述定量分析跨境消费者电商购买行为类型与偏好的基础上，本研究结合文献资料与调研数据对各地跨境网络消费者的画像进行了分析。跨境出口电商面对的是境外的消费者。由于文化和生活习惯不同，跨境出口电商的消费者和国内消费者有很大的不同，他们对商品的需求、喜好也和国内消费者不同。对跨境出口电商来讲，要想做好境外市场，需要对各地消费者文化、消费偏好、消费习惯等了如指掌，才能开发、销售满足消费者需求的产品。不同国家和地区的消费者各不相同，市场状况也不尽相同。当前境外消费市场以北美、南美、欧洲、东南亚、非洲的国家和地区为主。对跨境出口电商来讲，在了解境外消费者时，可以对每个国家或地区的消费者进行分析。笔者对当前主要境外市场的消费者情况简单分析如下。

（一）北美市场

北美市场是我国跨境电商出口的主要市场。首先，美国是世界上最大的电子商务市场之一，由于网络技术发展较早，其消费者对网络购物、支

第二章 数字技术在跨境网络营销中的应用研究

付等接受能力强,为跨境电子商务提供了广泛且成熟的消费群体。其次,美国消费者不喜欢储蓄,甚至会办理多张信用卡提前消费,这一消费观念和行为也使美国成为当前全球范围内最大的消费市场之一。

美国有大量的移民,这是美国消费市场中不容忽视的一个因素。移民来自不同的国家和地区,他们的文化习俗不同。因此在北美市场上,应考虑移民消费群体。在消费市场上,他们和大多数消费者一样,愿意尝试购买新产品,如果新产品的质量、价格令他们满意,他们将会建立对企业或品牌的忠诚度。此前,美国十分重视知识产权,看重商标、专利,跨境电商企业万不可触犯相关规定。另外,如果在美国建立了仓储点或售后点,还需要注重环保问题、税务问题等。在美国,促销旺季主要集中在下半年,如圣诞节、"黑色星期五"等,跨境电商应尊重美国文化,根据美国的消费习惯抓住营销机遇。

(二)南美市场

南美市场是跨境电商发展的新兴市场。南美洲有十几个国家和地区,大多属于发展中国家,人口众多。随着互联网技术的普及,南美洲电子商务也在不断发展,跨境消费群体数量不断增加,特别是青年一代的南美消费者,其消费能力并不比中国差。南美地区虽然多是发展中国家,但和美国人一样有不喜欢储蓄的习惯,这对跨境电商发展有一定的商机。但南美地区物流水平落后,作为南美洲最大的国家,巴西的物流通路也只是集中在大城市,枝干物流通路发展并不完善,因此南美市场上物流运输是影响跨境电商发展的一大因素。在南美洲市场中,巴西的基础设施建设逐渐完善，且对手机、平板电脑的需求不断增加，这为跨境电商发展提供了可能性。

（三）英国市场

英国是世界第五大经济体，也是世界第三大电子商务市场。英国人非常绅士，不管是在工作还是生活中，温文尔雅、懂礼仪是他们的日常作风。但英国人同时又具备较强的计划性，他们十分看重细节，看重产品的质量和实用性。

近年来，英国电商在数字化变革的带动下发展迅速，2020年，英国电子商务规模已经达到789亿英镑，网络下单、网络支付不断刷新纪录，网购规模占整个零售行业的19%。有调查显示，在英国八成以上的网民都有过网购经历，因此英国是除了中国和美国外，世界上第三大电子商务市场。在英国电商市场中，亚马逊、eBay占据着英国电商的主导地位，此外还有英国的本土电商平台。但在英国电商中，只有约1/3的电商平台提供免费送货服务。因此在英国市场中做跨境电商，除了需要了解英国电商发展现状，还应了解英国人的消费喜好、风俗文化等，通过本地化运营适应英国电商发展。

（四）法国市场

法国近年来电商发展迅猛，特别是在疫情期间，电商市场呈现出强劲的发展态势。在法国，消费者喜欢在网站上搜索自己有需求的产品，商品宣传中，全面、准确、有新意的想法能够吸引法国的消费者。法国消费者在网购过程中,具有较强的目的性,一般是确定好所需商品后就会进行网购。法国网购消费者群体以25~40岁为主,其中女性居多。从出口消费市场和网购数量较多的领域来看,以服饰、美容护肤品、奢侈品、时尚类产品为主。另外,法国在线支付以银行卡支付为主,另有PayPal,其他支付方式应用较少。

(五)德国市场

德国,以严谨著称。基于严谨的品质,德国拥有世界知名的2000多个品牌。德国本土的产品十分优质,要想进军德国市场,产品需要精益求精,得到严谨的德国人的认可才行。不管是在欧洲市场,还是全球市场,德国电子商务都有着举足轻重的地位。德国电子商务发展成熟,81%左右的德国人有网购行为。但在德国,退货率较高。德国相关法律规定,只要商品没有开封,消费者都可以退货。很多德国人针对同一样产品,会购买多个尺码或颜色进行试用,试用后不满意则会退掉。

德国人的严谨,让他们的消费行为相对较为理性,且偏好奢侈品,他们更加注重的是商品的品质。德国人十分看重节日,每到节日,朋友之间会通过赠送礼品的方式增进彼此感情。

(六)俄罗斯市场

俄罗斯市场和中国市场有很强的互补性。俄罗斯的重工业、轻工业发展失衡,日常消费品主要依靠进口,这为中国跨境电商在俄罗斯市场的发展提供了机遇。拥有1.43亿人口的俄罗斯市场,市场容量较大。但在俄罗斯，地广人稀，物流并不发达。俄罗斯小包时效普遍在20～30天，这是影响跨境电商发展的一大因素。另外，网络支付也是影响跨境电商发展的因素。很多俄罗斯人并不信任网络支付，网络支付在俄罗斯应用并不普遍，现金是主要的支付方式。在俄罗斯，网络消费群体只占总人口的2%，且他们十分看重产品的性价比。随着俄罗斯市场宽容性的增强，中国跨境电商从业者将会获得很大的发展机遇。

（七）日本市场

首先，日本电子商务发展已有20多年历史，不管是销售规模还是产品种类，都取得了不错的成绩，也培养出了本土的电商巨头，如乐天市场。日本消费者大多会在亚马逊、乐天等大型电商平台上网购，也有些消费者会通过搜索引擎进行商品搜索，或从小型购物平台购买。在日本，信用卡、网银支付是主要的网络支付方式，但日本电商发展中，一直在创新支付方式，如NFC等。从日本网络消费者的特点来看，拥有1.3亿人口的日本为网购提供了巨大的潜在消费群。其次，日本也是世界上网络技术应用较早的国家之一，因此民众对移动支付、线上购物等适应性较强，网购意识较强，为跨境电商提供了良好的市场基础。要想发展日本跨境电商，应根据日本市场选对产品，找好营销渠道，才有机会分享日本电商市场这块蛋糕。

（八）韩国市场

韩国电子商务发展较早，目前已经成熟，并成为世界第七大电子商务市场。韩国网速较快，多年位居全球第一，80%的人活跃在网络上，这为韩国电子商务发展奠定了良好的基础。稳定的网民数量、较高的活跃度，也为跨境电商发展业务奠定了良好的基础。韩国女性人口大约2500万，她们是韩国网络购物的支柱力量，也是我国跨境电商出口主要针对的目标人群之一，需要结合其年龄、偏好、行为等特点完善其用户画像。但在支付方面，韩国人相对较为保守，他们一般只用韩国国内的银行卡进行支付。

(九) 印度市场

印度电子商务发展还处于发展初期，但发展速度较快。虽然印度互联网发展时间较短，但借助智能手机的普及，印度已经朝着移动互联网方向转型，使用手机购物的消费者比例不断增加。当前印度互联网用户已有3亿规模，但真正能网络购物的比例还不足1%，电子商务还有待深入发展。印度市场上比较青睐中国的书籍、服饰、鞋帽、化妆品、消费类电子产品等具有中国制造优势的产品。

(十) 东南亚市场

东南亚是世界上人口比较稠密的地区之一，聚集了约6.7亿的人口。东南亚各国几乎都是多民族国家，语种丰富。要想发展东南亚跨境电商，运作时多语种支持十分重要。作为全球增长最快的互联网市场，东南亚的中产消费群体数量不断增多。虽然当前东南亚电子商务还处于发展中，但随着互联网接入率的提高，跨境电商将获得发展机遇。Lazada作为东南亚的本土电商，广受欢迎，当前阿里巴巴已经收购了Lazada。在东南亚，消费者大多基于移动互联网进行网购，占比达62%。因此要发展东南亚跨境电商，需要结合当地的消费习惯、消费需求，充分挖掘电商发展背后的潜力。

（十一）中东市场

中东人口基数大，市场广阔。中东市场中，消费者群体年龄偏小，如果经销年轻人喜欢的产品则很受当地消费者喜欢。中东地区互联网普及率高，作为产油国，虽然物资匮乏，但当地人很富裕，网购热情也较高。对跨境电商来讲，只要抓住消费者的消费偏好和热情，在中东市场就有较大的发展潜力。

（十二）非洲市场

非洲人口众多，拥有12.16亿的人口。如此庞大的人口基数中，只有不到1/3的人能进行网购。非洲电子商务发展以来十分顺利，特别是南非、尼日利亚，电子商务发展迅速，处于领先地位。这两个国家也被当作非洲电子商务发展的新兴市场。但非洲大部分国家基础设施落后，物流运输发展水平不高，制约了电子商务的发展。当前非洲有些国家正在大力完善基础设施建设，随着基础设施的逐渐完善和电子商务的发展，非洲市场电子商务将进入新的发展时代。非洲消费者极低的数字信任度也是影响跨境电商发展的因素。当前非洲的电子商务中，货到付款是流行的支付方式。因此从这一角度来看，非洲电子商务发展还有很长的路要走。

第二章 数字技术在跨境网络营销中的应用研究

第三节 5G+VR技术助力跨境B2C营销的应用研究

依据上一节对数字时代跨境网络消费者购买行为的研究，本节归纳针对B2C消费市场的营销技术需求如下。

一、大数据的挖掘与分析技术

由上一节聚类分析所得的跨境B2C消费者的"高推广反馈型"购买行为得知，数字环境下，需要首先解决的营销技术是对消费者网络痕迹、潜在需求、行为偏好等大数据的挖掘与分析。配套包含线下传感器、数据服务中心的搭建，以及线上的数据挖掘工具、数据平台等，帮助跨境电商定位精准用户、推送个性化营销以实现高回报转化。

二、数据回传技术

清晰的消费者脸谱需要数据挖掘和分析，也同样离不开数据的回传。例如，通过各类线下传感器以及智能手机摄像头及时分析和回传数据并上传到用户数据库，都急需高速网络硬件的辅助。

三、用户交互技术

针对上述聚类分析所得的跨境B2C消费者"多平台主动检索信息""偏好科技感体验"等行为，商家需要突破电商购物缺乏实体感官的限制，应用AR/VR、全息投影直播等交互技术，增加与用户的互动、打造场景体验，强化品牌IP，吸引用户了解，进而下单。

四、智能匹配和推送技术

对偏好"多平台主动检索信息"的跨境B2C消费者而言，商家的信息或推送想要在众多平台和产品中脱颖而出、吸引用户的注意，除了依靠产品本身，更需要通过当下的智能匹配技术和精准推送，才能形成高效的转化和回应。同样，对于"高推广反馈型"跨境B2C消费者，采用智能的需求匹配、建议和相关推荐才能提高潜在用户的下单欲望和复购率，节约广告成本。

五、人工智能技术

对上一节聚类所得的各类跨境电商消费者尤其是"人工询单依赖型"消费者而言，及时和专业的询盘回复和后续的跟进、售后的跟踪、持续的

第二章　数字技术在跨境网络营销中的应用研究

精准推送尤为重要，直接关系用户是否愿意下单以及形成长期的品牌忠诚度，而人工智能技术对这一功能的实现至关重要。跨境B2C营销中需要的人工技术包含24小时智能客服，询单情景智能分析后自动派单给相应人员，提高询盘处理效率；另外，人工智能还可应用于用户网络数据的收集和分析，以及进行关键词分析和实现自动精准推送。

第四节　AI+SaaS技术助力跨境B2B营销的应用研究

一、数字时代跨境B2B市场的营销技术需求

自2020年以来，全球性疫情给外贸行业带来前所未有的压力和风险，普遍出现海外贸易订单需求疲软。部分海外B2B采购商采取观望态度，大量外贸企业面临大规模的外贸客户流失和库存积压问题。例如，2021年11月，我国进出口总值5793.39亿美元，同比增长26.1%；2022年2月，进出口总值4042.49亿美元，同比增长8.1%。2021年11月，出口总值3255.25亿美元，同比增长22.0%；2022年2月，出口总值2174.17亿美元，同比增长6.2%。由此可见，跨境B2B市场增速变缓，给跨境电商企业和平台带来新的挑战，因此跨境B2B公司应该寻求应用数字化技术，分析客户的需求和增加产品的推广，同时降低营销成本。

而从事大宗商品的B2B外贸，由于投入成本大、资本周转速度慢、对固定客户的依赖性强，在疫情期，无法灵活面对海外客户因经济原因取消订单的现象，且无法拓展新客户，对海外客户的新需求缺乏认知。在此背

景下，研究适应B2B外贸企业的客户开发路径，转换营销方式，刺激新的海外客户需求迫在眉睫。具体需求如下：

（1）数据搜集需求。外贸B2B公司需要借助"AI+大数据"技术，以及与跨境电商采购平台、搜索引擎平台合作，搜集客户数据，提升订单业绩。

（2）优化报价和询盘回复方案。对跨境B2B公司来说，具备竞争力和维持长久的客户关系依赖于精准的报价和优于竞争对手的复盘方案。"AI+推广软件"能够帮助跨境B2B商户进行大数据分析，综合产品、行业、客户个人情况，给出合理的报价和订单方案，提升成交转化率。

（3）客户获取与关系维护。跨境B2B需要解决的困境来自新客户的开发和历史客户的维系，而传统的营销方式获客效率偏低。B2B外贸公司需要借助智能化推广软件整合搜索引擎、线上展会等渠道，精准定位潜在客户，并发起定制化沟通及推送客户所需的商品和报价方案，提高获客能力。

（4）降低营销成本。海外营销成本高也是B2B外贸公司的痛点之一，只有掌握精准的信息，并把握时机进行个性化推送，才能降低成本、提高营销效率。例如，外贸公司需在跨境平台、搜索引擎等进行产品网页、公司网页的推广，需要有软件辅助自身预估精准的竞价，并实时调整，减少不必要的投放损失和人工监测成本。

当前，新一轮科技和产业革命加速演变，推动经济社会进入智慧时代。本研究对象——探究AI和SaaS化营销（SaaS，即Software-as-a-Service，设计个性化软件挖掘与进行大量数据处理、分析潜在客户需求、实现精准推送）等智能手段对驱动后疫情时期的B2B外贸业务复苏和需求升级，助力包括被访企业在内的B2B外贸走出疫情期订单流失困境，促进外贸行业维稳和优化转型等具有现实研究意义。

二、AI+SaaS跨境B2B营销应用的研究

从建立更具有交互性的网站到多渠道差异化的数字媒介投放，再到"AI+SaaS大数据"的智能联动营销优化是海外网络营销的必然趋势，能够有效应对B2B外贸行业面临的海外市场需求疲软、客户开发难等困境。

（1）更新流量模式，提升营销精准度。流量红利期已经过去，入口越来越碎片化；SaaS营销能够用软件对海外客户行为进行大数据处理，分析潜在的客户需求，实现个性化交互，提升营销转化率和降低成本（张佳海，2020）。

（2）支持各类智能联动技术，一键式多渠道互动。在SaaS技术下开发的Smart Searching是一种智能联动优化算法，能够在几大海外搜索引擎平台实现自由跨越，优化客户搜索产品时的体验；另外，结合AI诊断分析数据的Social Crossing技术（交叉式海外社交App数据抓取与整合技术），能实现包括Yandex、YouTube、Facebook等海外社交媒体账号跨平台的一键式管控、多账号体系的智能分组与监控、智能信息发布与互动、智能询盘处理及交叉数据监测与挖掘（吴珍，2020）。

（3）优化B2B外贸流程。询盘是B2B业务团队的最大问题，结合AI技术的数据挖掘及诊断能够跟踪用户在需求趋势和整体网站搜索量上的改

第二章　数字技术在跨境网络营销中的应用研究

变，且将线上和线下的数据打通，把一些质量有待提高的询盘转化投回到线上，以便做好追踪。

（4）提升前端客户开发、订单获取。"AI+SaaS智能营销"能够实现外贸数据挖掘及诊断、分区域跨平台的精准海外媒介投放、多渠道交叉式数据分析整合，以及低成本媒介资源采购，将海外营销从"单点人工时代"推向"海外全网智能营销时代"（杨珞，2021），从而开发更广阔的海外市场，帮助B2B业务员开发新客户以及在掌握客户需求动态的基础上尽快促成订单。

（5）基于AI的B2B数字营销还能够有效帮助企业维护历史客户、刺激循环交易。Ramon（2021）在对B2B外贸企业的客户关系管理软件的调研中提到，当前的客户管理软件操作复杂而且信息凌乱；未来的趋势是以AI技术为基础的CRM系统，能够优化用户体验、自行归类和提取客户画像、主动完成沟通。AI销售雷达系统可以24小时不间断追踪客户行为数据并筛选高意向客户，利用AI核心算法进行测算，整合多平台、多社交媒体给历史客户连环"种草"，提升B2B销售成交率（李晓霞，2021）。

从发展趋势来看，随着大数据、AI数字化、SaaS技术的应用成熟度的提高，一站式智能营销云将普及。视频剪辑、关键词分析、智能文案、客服对话及用户需求监测、客户挖掘等多种营销功能将由数据云实现和AI执行，降低中小型外贸企业的数字营销门槛，实现数字营销智能化、自动化，赋能B2B外贸业务开发。另外，董杰（2021）预测B2B外贸行业将应用"AI+SaaS"建立"数字生态服务供应链"，融入区块链技术，指引行业内分享数据和需求，提升B2B外贸行业的产业协作效能。

第三章
整合型数字化跨境网络营销体系研究

第三章 整合型数字化跨境网络营销体系研究

第一节 数字时代跨境网络营销的时间图模型研究

一、调研方法与描述性统计结果

（一）研究思路

延续使用第二章聚类分析中采集的跨境B2C消费者样本数据，以及收集、调研笔者挂职访问公司的跨境B2B客户样本数据，本章主要研究跨境网络消费者在应对营销推广时的实际沟通需求和行为反应，从而构建跨境消费者的时间图序列模型，帮助设计整合型数字营销体系，提升推广转化率和营业额。具体来说，在数字化营销体系的推送活动中，需要精准计算与推送"下一个要运行的活动"，包括预估时间间隔和用户的行为反应。只有模拟学习跨境电商用户应对营销沟通的反应和购买决策路径，才能设计科学的数字化跨境网络营销系统，加快整合型数字营销活动的推送效率，缩短购买周期。本章针对568个总样本单位进行描述性统计和营销沟通反馈及购买行为的记录，进行时间图建模。

（二）行为偏好类型与描述性统计

通过上述收集数据的分类统计，我们得出关于数字时代跨境电商消费者的基本属性和购买决策行为的描述性结果。具体如表3.1所示。

表3.1 跨境网络消费者行为偏好聚类与基本属性比例分布表

聚类	性别		年龄（岁）				
类型	男	女	<18	18~25	26~45	46~65	>65
A	46.27%	53.73%	7.59%	37.10%	32.42%	16.66%	6.23%
B	28.92%	71.08%	3.19%	34.29%	26.39%	25.90%	10.23%
C	48.74%	51.26%	6.42%	35.13%	25.46%	24.65%	8.34%
D	64.27%	35.73%	8.26%	24.33%	12.62%	36.84%	17.95%

聚类	月收入（人民币元）			主要购物类目分布				
类型	<10000	10000~20000	>20000	服饰	美妆	数码	母婴	小家电
A	45.21%	45.91%	8.88%	24.16%	19.83%	31.43%	13.49%	11.09%
B	27.93%	52.19%	19.88%	26.64%	23.64%	22.46%	16.04%	11.22%
C	35.12%	32.31%	32.57%	14.25%	26.83%	28.13%	23.36%	7.43%
D	27.19%	39.79%	33.02%	35.18%	22.49%	18.48%	9.62%	14.23%

从描述性统计结果看，A类跨境网络消费者以18~45岁的女性消费者为主，购物的主要品类分布于服饰和数码产品；从年龄和收入分布阶段看，都属于当前跨境网购者的主力。B类跨境网络消费者的男女比例差异

较大,以女性消费者为主,集中在18~25岁的中等收入人群,偏好购买跨境品牌的服饰、美妆以及一定的数码周边。C类跨境消费者的男女分布较为平均,年龄遍布青年、中年、中老年群体,跨境网购品类主要集中在美妆、数码及母婴。D类跨境网络消费者以18~25岁及46~65岁的男性为主,收入较高,对跨境品牌有一定要求,且偏好在跨境平台购买品牌服饰。

二、时间图模型的构建

完成描述性统计后,继而进行跨境网络消费者的购买行为分析与构建时间图模型,以便模拟符合行为路径的整合型数字化跨境营销体系。本节将完成以下几点:(1)对跨境网络消费行为过程中的时间信息进行编码;(2)以一种低秩图重建方法来预测未观察到的图边缘,可用于推荐;(3)图形重构的正则化,以纳入消费者的社区结构;(4)以随机梯度下降学习算法优化正则化图重建。

(一)模型的设计

第一步是设计隐藏在每个客户行为记录中的时态知识的信息表示。假设有M个活动正在研究中。对于一个特定的客户,将其购买过程的行为记录表示为一系列活动$s^n = (s_1^n, s_2^n, ..., s_{L_n}^n)$,其中$s_l^n \in \{1, 2, ..., M\}$是序列中的第$l$个活动。另外还记录了$s_l^n$的活动参与时间$t_l^n$。使用这些符号,定义了第$n$个客户的个性化时间图$G^n$,所有$M$个活动作为图节点。从第$i$个节点到第j个节点的直接边的权重为：

$$R_{ij}^n = \frac{1}{L_n} \sum_{1 \leq p \leq q \leq L_n} [s_p^n = i \wedge s_q^n = j]\kappa(t_q^n - t_p^n) \quad (1)$$

其中$\kappa(\cdot)$是一个非增函数。

如果第i个和第j个活动在S^n中接近，函数$\kappa(\cdot)$的非增加属性能够计算更高的边权重R_{ij}^n。例如，可以使用简单的艾弗森括号：

$$\kappa(\delta|\Delta) = [\delta \leq \Delta] \quad (2)$$

其中Δ是阈值。假设Δ在一定的时间范围内发生的营销事件与该客户在时间上相关。还可以使用平滑函数来进一步区分事件之间的不同时间间隔。在本文中，使用指数分布的截断超越：

$$\kappa(\delta|\Delta,r) = \begin{cases} \exp(-\delta/r), \delta \leq \Delta \\ 0, \delta > \Delta \end{cases} \quad (3)$$

排除了时间间隔相对较大的事件之间的权重计算，例如大于Δ，并且使用缩放参数r来计算剩余的权重。使用这个定义有三个原因：

（1）根据等式（1）中的权重定义，序列S^n中的活动i的频率包含在R_{ii}^n中（即第i个对角线条目），由序列长度L_n归一化。这些频率已用于传统静态推荐系统的设计，而时间图则通过时间相关性/依赖性扩展了静态频率。

（2）当$r \to +\infty$时，等式（3）和（2）等价：

$$\lim_{r \to +\infty} \kappa(\delta|\Delta,r) = \kappa(\delta|\Delta) \quad (4)$$

原因在于，当r足够大时，序列S^n中的每一对事件在Δ的时间范围内将在时间图G^n中等值连接和加权。

当$r \to 0+$，我们有：

$$\lim_{r \to 0+} \kappa(\delta \mid \Delta, r) = \begin{cases} 1, \delta = 0 \\ 0, \delta > 0 \end{cases} \tag{5}$$

在这种情况下，等式（3）中定义的$\kappa(\cdot)$具有的图权重矩阵R^n几乎是对角线，因为很少有不同的事件同时发生。

可以看出，基于图的表示将事件序列转换为成对关系，从而捕获任何对活动之间的时间接近度。接下去，本节将使用个性化的时间图设计整合型数字营销系统。

（二）低秩图的构建

受流行的矩阵分解[7]、[8]用于预测未观察到的消费者评级的启发，开发了称为低秩图的重建方法，用于预测个性化时间图中未观察到的边。假设每个观察到的时间图都可以通过优化组合一组图基来重建。具体来说，假设公司采集了n个消费者，并为每个$n=1, 2, \cdots, N$构建时间图G^n。每个图G^n与邻接矩阵$R^n \in R^{M \times M}$相关联，其中M是公司。为了重构G^n，假设有K个图基，并且每个图基与一个邻接矩阵$B^k \in R^{M \times M}$相关联，其中$k=1, 2, \cdots, K$。接下去研究使用图基来逼近邻接矩阵R^n：

$$R^n \sim \sum_k A_{nk} B^k \tag{6}$$

其中A_{nk}是重建系数。图基数K可以视为图重构的等级，其设置为远小于观察到的时间图的数量$N：K \ll N$。低秩图重建可以展示为如图3.1所示的图模型。

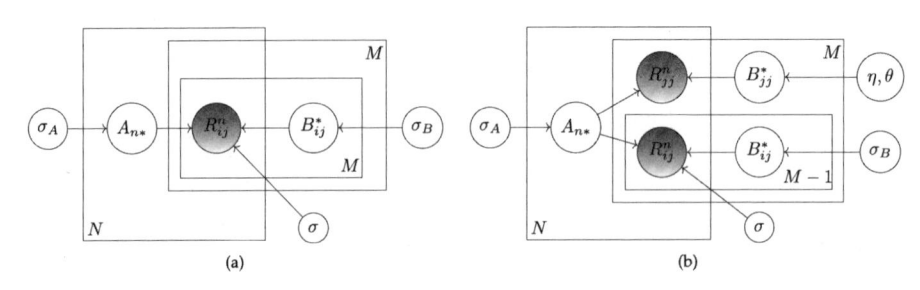

图3.1 低秩图重构的图模型

在图3.1（a）中，将每个图边R_{ij}^n分解为两个因子向量：A_{n*}中的重建系数；图基B_{ij}^*中的边权重，使得：

$$R_{ij}^n \sim \text{Gaussian}(\langle A_{n*}, B_{ij}^*\rangle, \sigma) \tag{7}$$

其中$\langle A_{n*}, B_{ij}^*\rangle = \sum_k A_{nk} B_{ij}^k$，然而，竞选参与频率$R_{jj}^n$通常遵循泊松分布而不是高斯分布[9][10]。因此，在图3.1（b）中，进一步区分了活动参与频率R_{jj}^n和活动订单偏好R_{ij}^n的建模：

$$\begin{aligned}R_{ij}^n &\sim \text{Gaussian}(\langle A_{n*}, B_{ij}^*\rangle, \sigma), \forall n, i \neq j \\ R_{jj}^n &\sim \text{Poisson}(\langle A_{n*}, B_{ij}^*\rangle), \forall n, j\end{aligned} \tag{8}$$

图形模型可以灵活地结合潜在重建系数的先验和图形基础，以减少泛化错误。可以使用以下先验：

$$\begin{aligned}A_{nk} &\sim \text{Gaussian}(0, \sigma_A), \forall n, k \\ B_{ij}^k &\sim \text{Gaussian}(0, \sigma_B), \forall k, i \neq j \\ B_{jj}^k &\sim \text{Gamma}(\eta, \theta), \forall k, j\end{aligned} \tag{9}$$

使用Gamma分布$B_{jj}^k \sim \text{Gamma}(\eta, \theta)$，因为它是与泊松分布的共轭。通过上述设置，可以得到联合概率密度：

$$\Pr(R|A,B)\Pr(A)\Pr(B)$$

$$= \prod_{n,i,j\neq i}(\frac{1}{\sqrt{2\pi}\sigma}\exp(-\frac{(R_{ij}^n-\langle A_{n*},B_{ij}^*\rangle)^2}{2\sigma^2}))^{I_{ij}^n}$$

$$\times \prod_{n,j}(\frac{(\langle A_{n*},B_{jj}^*\rangle)^{R_{jj}^n}}{\Gamma(R_{jj}^n+1)}\exp(-\langle A_{n*},B_{jj}^*\rangle))^{I_{jj}^n}$$

$$\times \prod_{n,k}\frac{1}{\sqrt{2\pi}\sigma_A}\exp(-\frac{(A_{nk})^2}{2\sigma_A^2}) \quad (10)$$

$$\times \prod_{k,i,j\neq i}\frac{1}{\sqrt{2\pi}\sigma_B}\exp(-\frac{(B_{ij}^k)^2}{2\sigma_B^2})$$

$$\times \prod_{k,j}\frac{\theta^\eta}{\Gamma(\eta)}(B_{jj}^k)^{\eta-1}\exp(-\theta B_{jj}^k)$$

其中 $\Gamma(\cdot)$ 是 Gamma 函数（$\Gamma(n+1)=n!$用于非负整数n），I是指示符，当且仅当$R_{ij}^n>0$时，$I_{ij}^n=1$，否则$I_{ij}^n=0$。

现在，可以将（负）对数似然公式化为目标函数，以计算$k=1, 2, \cdots, K$的最优图基B^k，同时矩阵A中所有时间图G^n的重建系数：

$$L(A,B) = -\log\Pr(R|A,B)\Pr(A)\Pr(B)+const$$

$$= \frac{1}{2\sigma^2}\sum_{n=1}^{N}\sum_{i=1}^{M}\sum_{j\neq i}^{M}I_{ij}^n(R_{ij}^n-\sum_{k=1}^{K}A_{nk}B_{ij}^k)^2$$

$$-\sum_{n=1}^{N}\sum_{j=1}^{M}I_{jj}^n(R_{jj}^n\ln\langle A_{n*},B_{jj}^*\rangle-\langle A_{n*},B_{jj}^*\rangle) \quad (11)$$

$$+\frac{1}{2\sigma_A^2}\|A\|^2+\frac{1}{2\sigma_B^2}\sum_{k=1}^{K}\sum_{i=1}^{M}\sum_{j\neq i}^{M}(B_{ij}^k)^2$$

$$-\sum_{k=1}^{K}\sum_{j=1}^{M}((\eta-1)\log B_{jj}^k-\theta B_{jj}^k)$$

其中，$A \in R^{N \times K}, B^k \in R^{M \times M}, K=1,2,..,k$。

三、实验结果的检验与分析

（一）检验数据来源

本节使用第二章聚类分析中采集的跨境B2C消费者样本数据，以及收集调研笔者挂职访问公司的跨境B2B客户样本数据，对不同产品类目消费的跨境B2C电商消费者进行所参与营销活动的收集。活动以事件发生时间作为营销事件序列进行排序。如表3.2所示。

表3.2 研究数据集

特征	数据
用户	568
公司	250
特殊活动	90
全部活动时间	6758
平均时间间隔（天）	19.48
平均序列长度	11.9
社区的平均规模	2.27

（二）评估指标

使用以下评估指标来衡量营销推荐。

归一化折扣累积增益（NDCG）：NDCG根据分级相关性量表衡量推

荐列表的排名质量。对于K项的排名表：

$$DCG@K = \sum_{k=1}^{K} \frac{2^{rel_k}-1}{\log(k+1)}$$
$$NDCG@K = \frac{DCG@K}{IDCG@K}$$
（12）

其中IDCG是推荐项目的最大可能DCG，rel_i是位置i的列表的分级相关性。NDCG的范围是[0,1]，其中1代表最好的排名质量。

查准率（Precision）和查全率（Recall）：对于包含K个项目的排名列表：

$$Precision@K = \frac{\#相关的推荐}{K}$$
$$Recall@K = \frac{相关的推荐}{全部相关项}$$
（13）

查准率@K和查全率@K的值接近1.0意味着更好的推荐性能。

在实验中，我们使用每个消费者的前60%的行为记录进行训练，剩下的40%用于测试，为每个样本计算所有指标，然后汇总总体平均值以比较不同的方法或参数设置。

（三）检验结果分析

对于所有方法，参数由交叉验证过程进行调整。本文考虑推荐系统中的重要参数（K, λ），并详细讨论参数变化值对模型性能的影响。按照自然顺序优化参数，首先用领域知识决定时间图参数，然后是图基数、正则化程度，最后是概率先验参数。实验结果证明本文的算法在计算上是高效的，并且在数据集上产生了较好的结果。

本节展示了用于重建时间图的图基K的值如何影响模型性能。如图3.2(a)所示，绘制了随着图基数量增加的推荐性能。可以看出，不同度量的性能随着图基数的不同而显得不同；但性能可能不会随着图基的增加而增加。原因是，更多的基础意味着更高的建模复杂性，并可能导致训练数据的过度拟合和识别的图基的通用性降低。基于图3.2(a)，看到$K=30$是建模复杂性和经验准确性之间的一个可行的折中方案，通过它，实现了最佳性能。因此，数据集选择$K=30$。

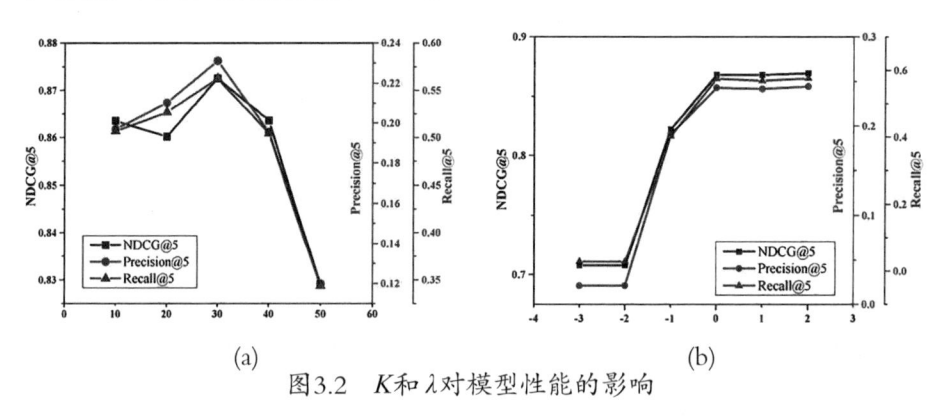

图3.2 K和λ对模型性能的影响

另一方面，如果图基数较大，则社区网络信息对时间图的重建影响较大。为了选择λ的最佳值，图3.2(b)显示了随着λ的不同增加值的推荐性能。当大于0时，它变得稳定，并在Precision、Recall和NDCG方面给出最佳结果。

第三章　整合型数字化跨境网络营销体系研究

第二节　基于模型研究的数字化跨境营销体系确立

一、基于欧氏距离和沃德连接的归纳研究结果

除了通过时间图模型确立跨境网络消费者针对营销活动的反应路径，本节还将通过平方欧氏距离和沃德连接归纳研究结果，并结合第二章中针对跨境网络消费行为的聚类分析，进一步确定数字化跨境网络营销体系。

本节采用平方欧氏距离和沃德连接再次对跨境网络消费者样本进行系统聚类，得出数字环境下跨境消费行为的分类结果，如图3.3所示。

通过系统聚类能够验证第二章中K-means聚类的有效性。由图3.3跨境网络消费行为沃德连接聚类图谱可见，跨境电商消费行为总体分为两大类，其中包含四种小细分，即跨境网络消费者购买行为主要可分为四种类型，与第二章中K-means聚类分析一致，且图谱的样本分布数量也与上一章的聚类结果相符。从而可以验证跨境网络购买行为可涵盖上一章中提及的"高推广反馈型（即对精准推广的反馈度高，有意愿做详细了解）""自主意识型（主动索要和检索需求信息，有明确的消费目标和价

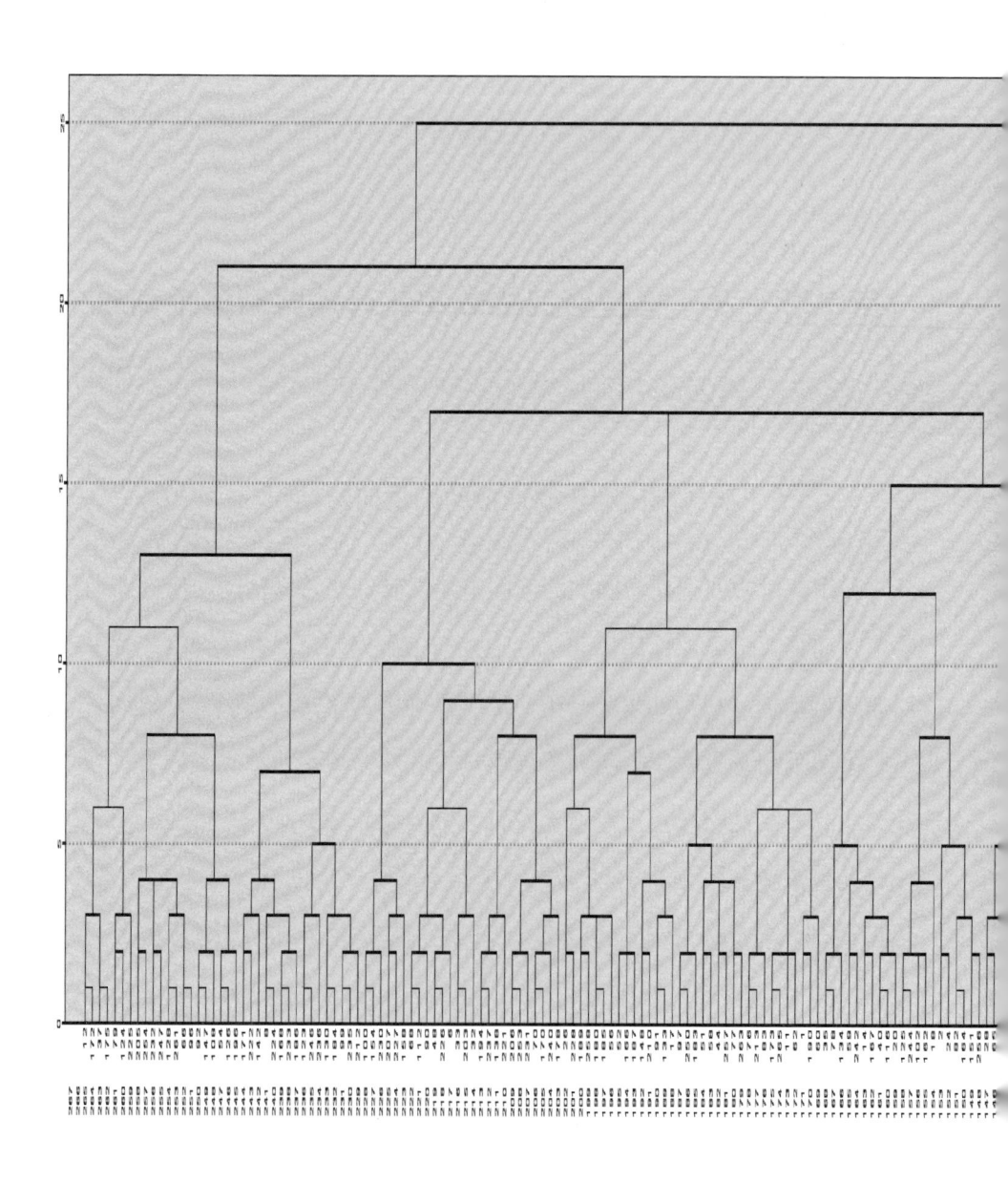

数字时代下整合型跨境网络营销体系研究

第三章　整合型数字化跨境网络营销体系研究

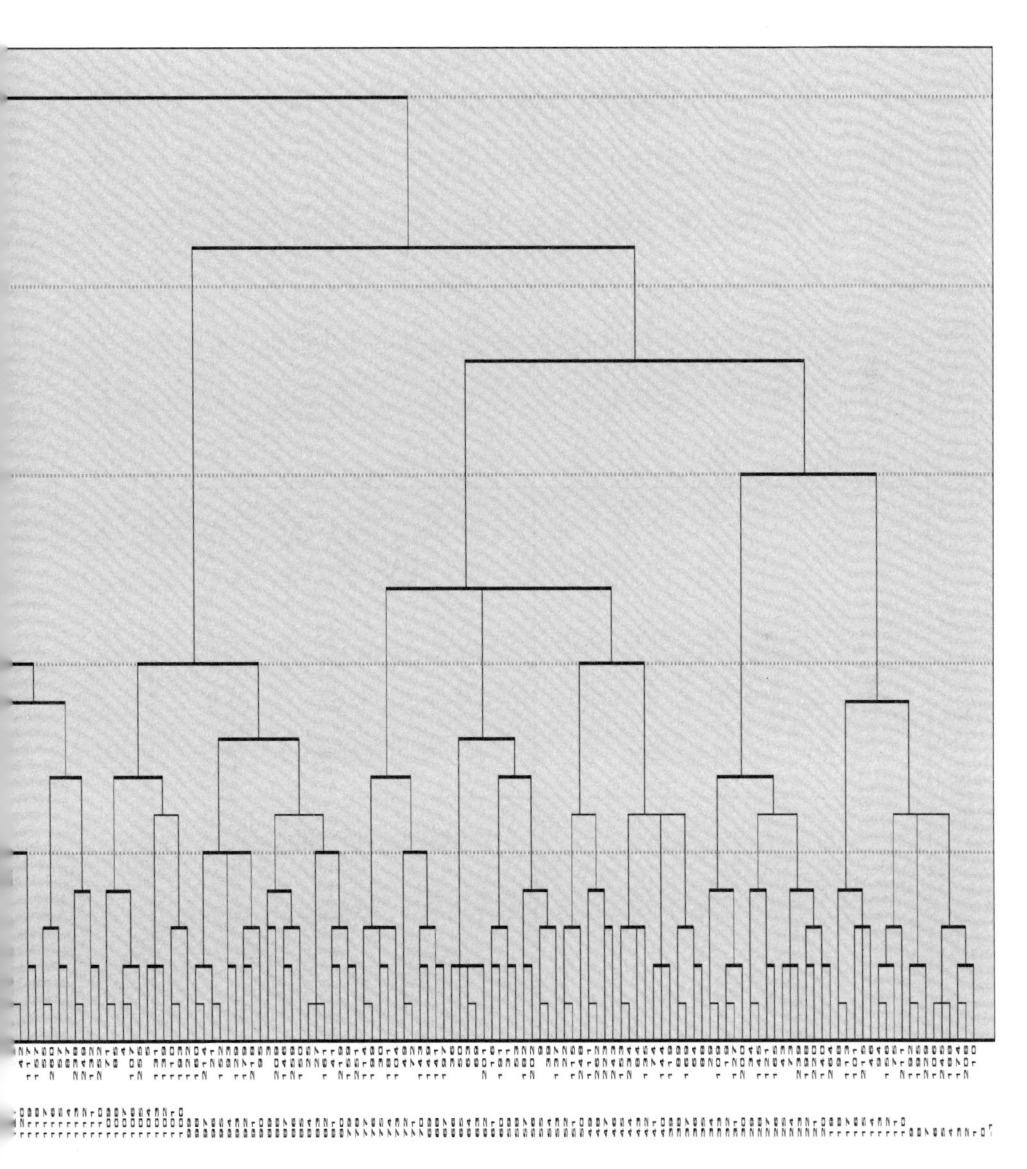

图3.3　跨境网络消费行为沃德连接聚类图谱

格预期）""偏好感官体验型（对新产品或新体验较为关注和感兴趣，关注附加的购买和使用场景体验）"，以及传统的"人工询单依赖型"。

  同样，采用Python对采集的样本数据进行聚类散点图作图，得出四类结果，即数字时代的跨境网络消费者行为类型可划分为四类，与聚类分析结果一致。"自主意识型"的样本分布最为集中，代表跨境消费者主动在网络索要和检索需求信息的群体行为较显著。另外，"高推广反馈型"的散点分布集中且距离中心原点最近，证明应对个性化的推送有反馈行为在整个跨境消费群体中表现明显。

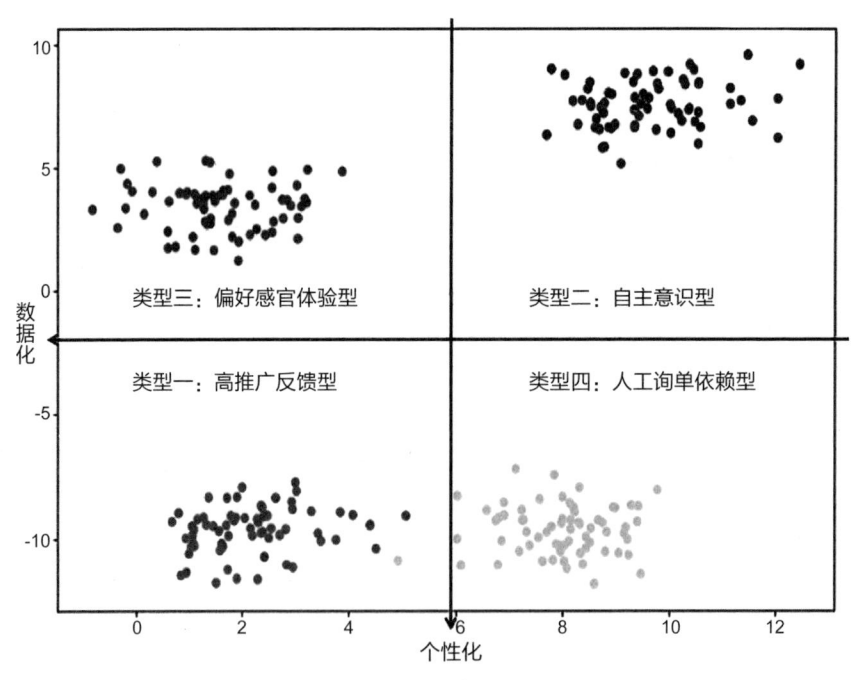

图3.4　跨境网络消费行为聚类散点图

第三章　整合型数字化跨境网络营销体系研究

二、综合分析研究结果

综合第二章对于跨境网络消费行为的K-means聚类，以及本章节的营销活动时间图模型构建、沃德连接系统聚类以及散点聚类等，可得出数字环境下的跨境网络的消费行为应归结为"个性化""数字化"两个主要维度，以及"高推广反馈型""自主意识型""偏好感官体验型""人工询单依赖型"四种主要行为类型。这两个维度、四种类型对应了数字时代的核心特点，也应在数字化跨境电商营销设计中具体体现。

例如，针对上述各类实证分析得出的四种跨境网络购买行为类型，"高推广反馈型"跨境网络消费者需要跨境品牌优化消费大数据挖掘和精准计算，从而推送高度个性化的内容和匹配定制化的报价、渠道等需求，有效激活推广反馈、促成订单增长。针对"自主意识型"和"偏好感官体验型"跨境网络消费者，品牌方及商家需要建立综合渠道的整合型数字化营销体系进行引流，并结合科技交互体验和场景转换技术等突破线上交流的限制，全方位提供营销转化率。最后，针对"人工询单依赖型"跨境网络消费者，跨境商家除了应用AI智能客服给予精准、高效的询盘和售后处理，还需构建本产品的消费者大数据服务平台，为依赖咨询的用户提供定制的方案来刺激连带消费与复购。

针对消费行为设计营销体系。这两章的实证分析与研究证明，针对跨境网络消费的整合型数字化营销体系应该由三个子系统构成：前端营销策略：（消费数据挖掘与云计算）、中端营销策略（多渠道数字媒介营销整合）、后端营销策略（人工智能客服和大数据信息平台建立）。以该体系帮助跨境品牌应对各种类型和各个时间序列阶段的跨境网络消费者行为，提高产品的跨境推广效率和转化结果。本数字化跨境网络营销体系将在下一节详细阐述。

第三章　整合型数字化跨境网络营销体系研究

第三节　整合型数字化跨境网络营销体系研究结论

本节将在第二章和第三章上述两节所分析和归纳的适应数字时代跨境网络营销体系的基础上，对该系统的各子系统和具体内容做出详细设计。依照上述分析和归纳得出的跨境网络数字化营销体系的三个阶段以及四类消费行为、偏好特点，设计具体的数字化营销体系如下。

一、前端营销策略：消费数据挖掘与云计算

基于以上对跨境网络消费者行为的实证研究，跨境电商B2C、B2B用户都有在社交媒体和自媒体及搜索引擎等检索信息的习惯，同时会在网络端留下各类痕迹。因此，在跨境产品和服务的推广前期，品牌和商家需要利用跨境平台和自建云端服务等挖掘消费者大数据，构建清晰的潜在和历史用户画像，从而对跨境消费者和客户进行脸谱式分类，便于精准地定位消费群体，从而能够定向地推送，个性化地设计订单方案、报价、推送内容、形式、渠道等，以实现高转化率的数字化营销。

数字时代各地的消费者都将更依赖于各网络平台的互动，跨境平台搜

集的消费者记录、产品销售记录，以及各类现有行业企业数据平台、第三方数据公司挖掘的线上大数据和从线下各传感器、摄像头、手机移动端回传的线下场景反馈数据，能够为跨境电商品牌和商家提供海量、实时的消费者数据，跨境电商品牌和商家可以有针对性地应用。除了现有的外部数据渠道，公司还可以在租用云端的基础上，搭建本地化的SaaS等云计算软件，帮助跨境进出口公司定制化地挖掘和分类数据，输出智能的数字化推广建议。同时，加入AI辅助功能还可在"大数据+云计算"生成智能建议的基础上自行执行精准的营销推送和运营基础推广任务，同时完成新数据的记录与分类分析，对用户行为进行学习和模拟，更新消费时间图模型，从而动态调整推广路径。

二、中端营销策略：多渠道数字媒介营销整合

（一）用户识别+定制化复盘

在前端营销掌握消费大数据的基础上，跨境商家能够通过自建SaaS数据库中的用户自动识别功能自动进行历史订单或者偏好、意向的匹配，生成个性化的订单和报价，以提高成交量。此外，借助数字化软件还可通过电脑、手机前置摄像头捕捉询单者和浏览访客的面部情绪、停留时长，从而自行识别潜在消费者的偏好，进行定向推送；同时，可联动该消费者偏好的电商、社交、自媒体等渠道以其喜好的内容方式进行重复推送，加深印象并刺激用户形成转化。另外，人脸识别技术对情绪、表情的判断

第三章　整合型数字化跨境网络营销体系研究

还可在用户询盘的时候给出智能的回复建议，从而帮助商家完成利润最大化的复盘并促成交易。

（二）AI智能内容构建与自动推送

借助通过现有网络渠道和公司自建SaaS软件挖掘的跨境消费数据及产品数据，跨境电商公司可形成准确的用户分类、标签等。在此基础上，跨境品牌和商家可以借助本地"AI+SaaS"软件，根据不同的用户关键词，智能定义潜在消费者和客户偏好的推送内容与形式，自动完成内容的编辑与制作。同时，根据对用户偏好的分析数据，智能选择该类用户偏好的时间、网络渠道，例如邮箱、站内信、即时通信软件、搜索引擎、社交App等完成自动推送，降低营销成本和提高推广的效率与精度。

（三）AR/VR交互场景广告投放

跨境品牌需要结合线上和线下渠道投放数字交互式体验，从而对潜在用户强化记忆，以及突破网络购物的场景限制。一方面，跨境品牌不能局限于线上平台，还需要在出口国的商场和写字楼外墙结合AR/VR等数字化技术投放交互广告，打造视觉IP，以沉浸式的体验引起路人的关注；同时对参与交互的人群移动设备进行抓取，后续向其社交App等常用软件持续推送，不断强化品牌印象，吸引潜在境外消费者和B2B客户。另一方面，跨境商家也可在官网或者跨境电商平台上线仿真模拟体验，让客户可以在线上全方位多角度观看产品以及模拟产品的试穿、试戴、试用，完成接触体验，突破线上购物的场景限制，促成下单转化。此外，基于网络大众参与、娱乐的心理，应用AR/VR技术上线一些手游、互动小程序等，可以集趣味与产品宣传于一体，同时植入购物转化的入口和优惠宣传，为跨境产品的销售有效引流。

（四）全息投影技术融入全真跨境直播

直播是近年来具备高关注度和高销量转化的入口之一，众多境内外企业纷纷下场打造短视频、直播赛道，帮助品牌获取关注度以及带动销量的火速增长。随着数字化技术的不断提升，全息投影让直播互动更加"身临其境"，使产品的展示场景更加逼真，从而突破接触不到实物的电商下单限制。跨境出口商家可以在官网或社交平台等渠道引入该数字化技术，通过对生产流水线、装运、质检、产品使用、功效体验等主题的全息影像直播，以逼真的体验获取潜在消费者的信任和关注；同时更明确产品的使用场景和能够解决的问题。另外，全息投影直播能够让达人、主播与潜在跨境消费者的互动更加高效，让用户在逼真的体验和娱乐氛围中愉快地下单。此外，跨境公司与B2B客户的线上复盘和会议也可以通过全息投影直播提高沟通效率，强化营销产品的接触体验，带动订单增长。

（五）海外视频节目的"内容识别"功能植入

在自媒体娱乐时代，跨境商家同样需要着眼于综艺节目、微电影、短视频以及跟产品相关的纪录片或者文化宣传节目，在通过赞助获取冠名营销资格外，商家还可引入"AI雷达"自动识别技术，帮助本产品引流。通过视频的"种草"加上自动识别技术，可以帮助潜在跨境消费者在看视频和节目的过程中识别其中的产品，包括提供直接下单购买的入口或者触发后续的信息流广告，多数字渠道增加跨境产品的销售。

（六）数字化技术打造海外旗舰店IP

跨境品牌的营销不应局限于线上渠道，线下的销售渠道同样需要进行数字化体验升级。世界各地年轻人都有猎奇、跟风的心理，跨境品牌可在海外核心市场的主要商业街区铺设旗舰店或展台，并且借助数字化技术将海外旗舰店打造成当地的网红IP，以提升产品的知名度，以体验式营销带动线上线下销量。跨境品牌可以结合VR游戏、元宇宙技术、全息互动等数字新技术打造海外旗舰店的视觉IP，配合社交App的宣传投放，成为城市打卡点。提升品牌知名度的同时，海外旗舰店也可以植入转化的入口，直接同步增加销售额。

三、后端营销策略：人工智能客服和大数据信息平台建立

在数字化营销系统的后期阶段，应该注重匹配"人工询单依赖型"消费者的客服咨询需求，同时在售后阶段对用户信息进行分类整理、构建客户大数据信息平台，以对历史用户完成持续联系与配套性精准推送，保持良好的复购率以及客户关系。

（一）人工智能客服提高复盘效率

为了应对客户的实时询盘回复需求，跨境电商可引入AI客服，应对海

外时差困境，做到及时回复。初级的AI客服可根据对访客的关键词分析，完成基础的内容回复，实时解决客户的问题。同时，升级AI客服技术，帮助针对访客的咨询进行场景的分类，以派发给相应的工作人员，提升复盘效率；AI客服还将根据对流程的测算、回复访客预计可收到具体复盘的时间，减少客户等待的焦虑。

另外，在售后场景中，AI客服还可根据语气、用词等对客户的情绪进行智能分析，进行问题处理的先后排序，从而转移给相应的人工进行处理，减少客户投诉。AI客服还可以智能记录客户的产品偏好、价格敏感度、推广活动偏好、订单组合偏好等，从而完成用户数据和标签，为后续精准推送打下基础。

（二）大数据平台+"personal shopper"定制建议

借助前端营销挖掘的消费大数据，以及"AI+SaaS"软件挖掘的本店铺或者品牌的消费者数据，跨境商家可形成整合售前、售后数据的消费者大数据信息平台，结合对用户各类标签的分析，上线电子"personal shopper"，根据不同客户的差异化需求，给予定制化的订单组合建议和报价选择，帮助B2B客户尽快做出选择和促成交易。另外，针对B2C消费者，电子"personal shopper"将在分析用户个性化偏好和行为的基础上，给出合理的产品搭配建议，以及展示其他同类消费者的选购选择，刺激消费者产生连带购买。同时，"personal shopper"也可基于对历史用户的行为数据分析，定期按照客户喜欢的方式保持跟踪问候和联系，以及维护产品社群的活跃度，不断推出用户互动活动；并在合适的时机定制化推送用户偏好的产品或者订单选择，维持产品的复购。

（三）推送拼团、社交建议

商家的数字化消费数据平台还可通过对用户偏好、行为的聚类，给消费者推送同类用户，并发起拼团、拼单等互动活动，带动产品的销量增长。同时，还可以向跨境消费者推送同类的社群加入邀请，为同类消费者提供交互的空间，提升客户的黏度和品牌忠诚度，并处理同类的舆论危机。另外，商家可依据数据库为用户提供社交匹配，让消费者在购物的同时能够获取社交趣味，为跨境产品增加附加值服务，提升品牌的特色与调性。

第四章
跨境电商平台站内数字化营销体系研究

第四章 跨境电商平台站内数字化营销体系研究

第一节 跨境电商平台发展现状

一、跨境电商平台的特点及现状

跨境电商是指分属不同关境的交易主体（张震，2018），他们通过电子商务平台实现商品交易、结算，物流配送也是基于跨境实现的。跨境电商和传统国际贸易有很大的不同。在传统国际贸易中，主要由专门从事进出口的公司进行商品交易。要想开展国际贸易，很多中小企业必须依赖进出口公司。考虑到经济效益，进出口公司的每次国际贸易十分重视业务批量，一般要达到一定规模时才会进行国际交易，因此国际贸易中商品的时效性、交易种类受到很大限制。互联网技术的发展不断拉近世界各国各地区之间的距离，也为消费者购买境外商品带来了方便。电子商务的逐渐深入，消费者的个性化需求的不断增加，这些都为跨境电商发展提供了基础。而跨境电商业务小批量、多批次、较短的物流配送时间等的特点，也满足了普通消费者的需求，这些都极大地促进了跨境电商的发展。

近年来，我国出台了一系列的政策措施刺激、支持跨境电商发展，并在全球范围内，对跨境电商发展起到了拉动作用。很多中小微企业、相关从业者进入全球跨境电商供应链中，促进了全球消费市场的发展。高效率、低成本、突破时空限制的优势也使其得到全球范围内消费者的青睐。面对新冠疫情给全球经济贸易活动和供应链带来的巨大冲击和阻碍，我国跨境电商逆势而上，进出口额创新高，同比增长31.1%。图4.1所示为2011—2020年我国跨境电商交易规模。从图中可以看出，10年来，我国跨境电商规模不断扩大。跨境电商除了入驻大型B2C平台，独立跨境电商正在兴起，并深度融入全球市场。特别是新冠疫情下，越来越多的企业都在筹划建立独立站。跨境电商经营的商品种类中，则以个人、家庭消费品为核心类目。

交易规模（万亿元）

年份	2011	2012	2013	2014	2015	2016	2017	2018	2019	2020
交易规模	1.7	2.1	3.2	4.2	5.4	6.7	6.3	9	10.5	12.5

图4.1　2011—2020年我国跨境电商交易规模

二、常见的跨境电商平台

跨境电商一般是基于跨境电商平台实现商品交易的。随着国际贸易的发展，在互联网技术的带动下，出现了跨境电商平台。跨境电商平台拓宽

第四章　跨境电商平台站内数字化营销体系研究

了国际贸易的新途径。跨境电商平台的出现，使传统国际贸易中的买卖双方通过互联网实现了信息沟通，双方基于电商平台进行联系、达成交易协议，并完成货款支付、物流配送等。跨境电商平台是国际贸易和互联网技术的结合。如果某个跨境电商平台有较高的知名度，注册用户较多，在平台上发布商品信息就可能产生较多的订单；对卖家来讲，他们的产品销量也会提升。基于跨境电商平台，可以实现卖家到买家的直接交易，省去了进出口商的中间环节，对生产制造企业和买家来讲，这能够有效地节约成本。跨境电商的发展缩短了买卖双方的距离，且打破了传统国际贸易中时空、地域的限制，因此其一经出现，便迅速发展。

当前跨境电商平台很多，根据经营主体不同，可分为平台型、自营型、混合型（张震，2018）。平台型跨境电商是企业借助跨境电商平台进行跨境营销活动，如阿里巴巴国际站、敦煌网、速卖通、eBay等都是平台型跨境电商。平台型跨境电商知名度相对较高，产品丰富，能够吸引消费者。自营型跨境电商是生产制造企业为了实现营销自己设置的平台，如兰亭集势、京东全球购、小红书等都属于自营型跨境电商平台。混合型是融合了平台型、自营型两种模式的跨境电商。结合跨境电商平台现状，自营型、平台型的跨境电商平台较多。平台型跨境电商中，产品丰富，对品质有较高的要求，但受诸多因素的影响，平台型入驻门槛较高，不是所有从事外贸的企业都能入驻。自营型平台没有太多限制，企业有较大的自主权，且定价自由，还能通过折扣等活动吸引客户。

根据货物出入境的不同，跨境电商分为跨境出口电商平台和跨境进口电商平台。第二章已对两种跨境电商平台进行了分析。伴随着国内电子商务和网络技术的普及，以及国内消费者对海外商品需求的多元化增加，各类跨境电商进口B2C、C2C平台得到了快速发展，尤其在海内外各大促销节期间，国内买家的消费热情不断刺激新的海外品牌进驻。同时，伴随着海外对国内商品需求的增加和中国加入WTO，在海外互联网普及后，如阿里巴巴国际站、敦煌网等平台已经开始经营跨境电商出口业务。以下对跨境出口电商中的阿里巴巴国际站、敦煌网、速卖通进行分析，以便读者了解当前我国跨境电商平台发展情况。

（一）阿里巴巴国际站

阿里巴巴国际站已成为有出口需求企业的首选之一。阿里巴巴国际站最初成立时，商家的商品信息汇集在一起展示出来，消费者有哪方面的产品需求，直接在网站上搜索即可，这样就降低了交易双方的成本。但交易过程、合同签订、支付过程和传统贸易几乎一样，没有明显的差异。

国际贸易发展时间较早，11世纪开始就有了小规模局部范围内的国际贸易。随着资本主义殖民扩张，国际贸易开始在全球范围内发展。国际贸易是不同国家、不同地区开展的以货币为媒介的商品交换活动。国际贸易中，要想找到合适的交易双方并不容易。传统的外贸客户获取和营销通常以参加海外展会为主，通过在展会中寻找目标客户，发展为长期的贸易关系；或通过寻找海外经纪商，在付费的情况下由经纪商帮助开发和接洽合适的客户群，从而拓展销路。交易会、产品展示会等多种形式的交易媒介开始出现，使国际贸易变得容易，国际贸易也开始快速发展。

交易会能够为从事国际贸易的企业在最短的时间内找到合适的买方或

第四章 跨境电商平台站内数字化营销体系研究

卖方。但交易会的时间、地点都是固定的，参加一次交易会需要付出较高的成本，并不是所有企业都有能力承担的。

随着人们进入互联网2.0时代，以及伴随着搜索引擎的普遍应用，网络成为贸易双方链接的桥梁，外贸营销不断出现去中心化的趋势。取代交易会、展会、经纪商的是在线可查询买家，以及发布产品资讯、求购信息的平台，例如早期的外贸黄页、"鹰眼查"等客户搜索网站。它们减少了企业搜索成本，提高了竞争力。阿里巴巴国际站类似网络黄页形式的电子商务模式，为有地域、时间限制的广交会、产品展示会提供了网络展示机会。卖家在阿里巴巴国际站上注册后，就会成为会员，也便有了自己的网页。卖家在网页上上传产品相关信息、联系方式即可。感兴趣的买家看到相关信息后有需求或意向时便会主动找卖家咨询，如果二者达成交易意向，再线下签订合同，卖家按照合同约定进行物流配送，买家则根据合约支付货款即可。双方签订合同后的一系列操作，和传统国际贸易并无二致。阿里巴巴国际站、速卖通等跨境电商平台免费给外贸双方提供线上的贸易和沟通渠道，以及发起促销活动，并以会员费、广告费、服务费等形式实现盈利。双方交易中的所有环节、售后等阿里巴巴国际站并不负责，只是作为双方信息传递的渠道而存在。早期的跨境电商平台几乎都是采用这一模式。

阿里巴巴国际站成立之初，对进口商来讲是一次大胆的尝试。因为没有线下的接洽以及正式的合约做背书，上线的产品通常以"小而美"为主，订单也体现小规模、低成本的特点，但产品种类十分丰富。虽然不是大宗交易，但交易概率大大提高，带动了很多企业转型朝外贸发展。21

世纪初,随着我国加入WTO,阿里巴巴国际站在外贸发展中发挥了重要作用。

阿里巴巴国际站的出现,有效减少了进出口商之间的交易成本,外贸流程变得简单、流畅。但是,早期的阿里巴巴国际站只是为帮助商家展示产品以及供买家搜索商品需求,但未具备线上支付、广告展示、促销活动、数据服务等个性化功能,随着进出口商需求的增多,很多需求无法得到满足。经过多年发展,通过不断完善平台和服务,当前阿里巴巴国际站已经是全球最大的B2B跨境电商平台,物流体系覆盖了全球200多个国家和地区,并基于数字化定义了全球货运标准。门到门的服务是其当前发展的主要方向,特别是收购一达通后,能为企业提供更加便利、快捷的服务。针对企业提供的"一站式"服务,有效帮助企业降低成本,提高了开拓外贸市场的效率。

(二)敦煌网

敦煌网创立于2004年,是专门致力于为中小企业提供B2B服务的跨境电商平台。其热门跨境电商产品包括母婴、数码周边、服装饰品等,平台也上线了热销榜排名、数据纵横等工具为小商家提供精确的选品和上下架信息,为中小企业开启了一条新的国际贸易通道。敦煌网和其他跨境电商平台不同之处在于,该平台创立了"为成功付费"的模式,商家需向敦煌网缴纳3%～12%的交易佣金。同时为了促使企业交易成功,敦煌网也会在能力范围内为企业提供各种服务资源促进交易成功。对很多中小企业来讲,入驻敦煌网前期没有投入太多成本,只在交易成功后缴纳一定比例

第四章 跨境电商平台站内数字化营销体系研究

的佣金，大大缓解了中小企业的运营成本，缓解了资金困难。此外，敦煌网发展的核心是帮助中小企业促进交易成功，只有这样敦煌网才有收益。因此敦煌网为交易双方提供了金融、物流等增值服务，这是敦煌网的一大优势。

和阿里巴巴国际站只为交易双方提供信息传递服务不同，敦煌网参与交易双方的交易流程。中小企业在敦煌网注册后，会在敦煌网上发布其商品相关信息，感兴趣的买家会主动和卖家联系，二者达成交易协议后，买家直接在平台上下单，商品种类、数量、配送地址都会在订单中详细呈现出来，并在线支付。卖家收到订单后会根据订单内容发货，待买家收到货后会通过平台确认。敦煌网收到买家的确认信息后，会将货款打给卖家，至此整个交易完成。传统国际贸易中，电汇、信用卡是主要的货款支付方式，支付过程中涉及银行或第四方，手续繁、耗时长。但在敦煌网中，买家下单后可以直接支付。买家基于信用卡等方式将货款转到敦煌网的PayPal账户中，敦煌网先暂为保管。待买家收到货确认后，敦煌网才将货款支付给卖家。在这一流程中，敦煌网充当了第三方担保的职责，不仅大大简化了国际贸易中的支付流程，还有效保障了买家的权益。

在物流配送方面，敦煌网基于其会员客户需求和物流公司进行议价，争取到低于市场物流价格一半的价格。在一定金额内，物流公司还办理报关等手续，帮助中小企业省去了很多麻烦。卖家发出货物后，物流信息会在敦煌网上呈现出来，买卖双方都可以随时跟踪。另外，为了提供更好的服务，敦煌网还在美国等地建立了海外分仓，通过海外分仓提供更加优质的物流服务，提升消费者的购物体验。

敦煌网的出现，帮助从事外贸的中小企业实现了越过进出口商，和买家直接交易，省去了中间环节，压低了成本；买方可以以较低的价格拿到需要的货物。这种佣金制的跨境电商，使跨境电商平台不再是单纯的发布信息的平台，而是通过一系列的服务促进对外贸易。敦煌网也存在着诸多问题，例如支付系统不兼容、外贸卖家的专业度不足、商品质量参差不齐等，这些都是不容忽视的。

（三）速卖通

速卖通成立于2010年，同样是服务于中小跨境电商公司和微型商家，为其提供产品展示以及与潜在买家沟通的平台。目前，速卖通服务范围已经覆盖全球200多个国家和地区，并在俄罗斯、巴西、西班牙、美国等国家和地区迅速发展，成为全球最大的跨境电子商务平台之一。

速卖通最大的特点是大数据应用，这也是其发展优势。速卖通构建了商务营销、物流、商品、制造企业、交易数据、售后等众多海外市场信息大数据，借助大数据处理技术，通过数据挖掘、分析，为卖家实施精准营销提供数据支持。

金融支持是速卖通的第二大特点。对很多中小企业来讲，融资和持续的资金支持是经营存续的重要保障。而速卖通会根据对卖家的信用评级结果，向其提供不同利息和金额的资金援助，以减轻小型商家经营跨境电商的压力。卖家有贷款需求时，在线操作，放款速度快，还款方便，账户中有余额时到期会自动还款。另外，速卖通在支付方面，也有自身的优势。相比其他跨境电商平台在跨国支付方面的不兼容，速卖通支持多个国家的

第四章　跨境电商平台站内数字化营销体系研究

多种在线支付方式，支付更加安全、方便。

"无忧物流"则是速卖通的另一特色。速卖通的物流承运商是阿里旗下的菜鸟裹裹，有过硬的仓储管理、包裹分拣、邮件追踪、商品检测技术，确保商品的安全、高效运输。除此之外，菜鸟平台还和邮政合作构建了万国邮联网络，拓宽国际物流配送渠道，提高物流配送效率。

为了保证平台上的货物质量，速卖通提高了认证门槛。2017年开始，入驻的卖家必须进行企业认证，个体工商户则无法再入驻速卖通。此举有效保障了产品的质量。

速卖通将卖方的产品直接销售到消费者手中，省去了中间商等诸多环节。同时通过提供增值服务改变了国际贸易流程，即便在全球范围内新冠疫情肆虐的情况下，跨境电商的存在也为国际贸易提供了新动力。

三、跨境电商平台的发展趋势

在经历了时间洗礼后，迅速发展的跨境电商平台已验证其是促进世界经济增长的新推力。新冠疫情给世界经济发展带来了冲击，跨境电商平台也在此次疫情中经历了挑战。即便如此，跨境电商也显示出其较强的发展能力。最明显的当数我国跨境电商平台，在困境中逆势而上，抓住机遇，实现了逆势增长。跨境电商的发展离不开科学技术的支持，但多年来，影响跨境电商平台发展的不是物流，不是技术，而是贸易壁垒。如果打破以海关为代表的通关贸易壁垒，相信跨境电商平台的发展活力会更加惊人。2016年，时任阿里巴巴集团董事会主席的马云在博鳌提出了eWTP（世界电子贸易平台）。eWTP一经提出，得到了众多国家的认可，并被写入《二十国集团领导人杭州峰会公报》第三十条。

eWTP融合了世界各地的代表性跨境品牌、中小型外贸企业和个体商户，以及相关外贸管理部门和行业协议。eWTP旨在规范全球跨境电商规则，为中小企业参与全球化提供支持，为跨境电商的长久、健康发展营造良好的环境，为跨境电商从业者提供资讯、技术、行政保障。当前和今后的跨境电商不再是各个地区、商家以分裂的规则、支付方式、经营模式、客服方式等独立展开，而是在相互交换资讯、数据的前提下建立统一的电商运营标准，包括定价与促销、物流配送时间与流程、电商客服的服务范畴与规范、售后问题的处理机制等规则。另外，参与国家、跨境品牌之间共享消费者网络数据痕迹和购买行为数据，共同搭建跨境电商消费数据云平台，为优化跨境电商经营提供智力支持。虽然各地的平台都有其规则，但经过协商后能得到大家的普遍认可。这也是未来跨境电商发展的主要方向。

eWTP提出后短短的几年内，各行业、各领域成员不断加入，各地区域中心持续扩张，支持了跨境电商全球业务的规模化、规范化发展。2017年，基于eWTP理念和技术框架构建的马来西亚数字自由贸易区成功落地，并投入运营。境外第一个超级物流枢纽也早已在吉隆坡机场奠基，建成后将为东南亚及全球中小企业参与全球化提供服务。国内电商物流运营商菜鸟与海外承运商合作，构建互相融通的外贸数据分享渠道，便利双边的跨境贸易；同时在多方协商的基础上，共同简化商品通关办理，提高通关效率；另外，在数据共通的基础上，能够针对每一件商品实现追

第四章 跨境电商平台站内数字化营销体系研究

踪溯源以及轨迹定位，为消费者提供准确的物流信息，减少等待的焦虑，提高跨境消费满意度。此外，包括菜鸟在内的各合作物流服务商已经引入了全自动库存信息管理和自动分拣系统，以及通过AGV机器人取代人工完成拣货作业，提高了拣货效率。借助于马来西亚的区域位置，该物流枢纽将成为中国连接世界的通道之一。

数字时代下整合型跨境网络营销体系研究

第二节 跨境电商平台的整合型数字营销应用

一、后台数据对选品的应用

随着近年来"供给侧结构性改革"以及"一带一路"等政策的持续推进，我国跨境电子商务迅猛发展，它不仅突破了国家间交易壁垒，加速了国际贸易联系，而且改变了传统的国际贸易惯例，实现世界经济的转型。在跨境电商平台上，由于海量海外商品的涌入，造成了"信息爆炸"和"信息过载"，给消费者在选择目标商品方面带来了极大的困难，使其难以明确自己的需求，甚至忘记自己的需求，无法找到最合适、最愿意为之付款的商品，这就需要电商平台为消费者提供信息过滤，根据用户的需求来推荐潜在目标商品。于是，个性化推荐功能就逐渐成为各大电商平台的标配功能。而对跨境电商平台而言，由于跨境电商市场有诸如消费者群体的特殊性、进出口商品政策的特殊性等行业特色，相应地，其个性化推荐功能与传统电商相比较而言也会有较大区别，因此为了能够更好地适应当前大数据环境下跨境电商平台用户对信息服务准确化、智能化、个性化的需求，研究基于大数据的跨境电商个性化推荐策略优化有较大现实意义。

（一）传统电商平台个性化推荐策略

电商平台的个性化推荐目的是对不同用户根据一定规则和策略来推荐不同的商品，从而实现整个电商平台的精准营销，提高消费者的购买转化率，提高平台的交易额。

1. 基于协同过滤的推荐策略

基于协同过滤的推荐策略在电商平台中使用得比较广泛，简单来说是利用某兴趣相投、拥有共同经验的群体的喜好来推荐用户感兴趣的信息，具体而言又可分为基于用户的协同过滤和基于物品的协同过滤。

基于用户的协同过滤推荐策略在电商平台中使用得比较早，符合人们对于"趣味相投"的认知，即兴趣相近的消费者往往具有相似的商品喜好。当目标用户需要个性化推荐时，可以先在系统数据中找到与该用户有相似喜好的用户群体，然后将这个用户群体喜欢并经常购买、而目标用户又没有接触过的商品推荐给目标用户。基于用户的协同过滤推荐策略更偏向社会化、大众化，其推荐结果在新颖性方面有一定的优势，但是随着用户数目的增大，用户相似度计算复杂度越来越高；而且其推荐结果相关性较弱，难以对推荐结果做出解释，容易受大众影响而推荐热门商品。

基于物品的协同过滤推荐策略是目前电商平台使用得最多的推荐策略。无论是亚马逊还是Netflix，其推荐策略的基础都是基于物品的协同过滤策略。其核心是给目标用户推荐那些和他们之前喜欢的、购买过的物品相似的商品，主要通过分析消费者的购买、收藏等行为记录来计算商品之间的相似度。该策略基于的假设是：商品A和商品B具有很大的相似度是因为喜欢商品A的用户大多也喜欢商品B。基于物品的协同过滤推荐策略更偏向于个性化，可以利用消费者的历史行为给推荐结果做出解释，让消费者对推荐的效果更为信服，但这种策略倾向于推荐与用户已购买商品相似的商品，往往会出现多样性不足、推荐新颖度较低的问题。

2. 基于内容的推荐策略

基于内容的推荐策略与协同过滤策略有相似之处，但是基于内容的推荐策略关注的是物品本身的特征，不需要通过消费者对物品的购买和评价情况，而是通过已经被用户购买、评价过的物品自身的特征来构建用户喜好特征库，再与目标推荐商品特征进行匹配，从而实现最终推荐。比如，在图书购买的推荐策略中，系统会提取出用户购买过且评价较高的图书的共性来进行分析，比如出版社、作者、主题、类别等，就这些特点与其他图书比较，找到相似度较高的图书推荐给用户。这种策略在商品及购买、评价信息较少的情况下，也可以推荐出合适的商品，但这种方法只比较适合基于文本信息的内容提取，适用于结构化的数据，对于非结构化的多媒体数据适应度较差，同时推荐范围较窄，无法发现用户外在的潜在兴趣。

3. 基于规则的推荐策略

基于规则的推荐策略中所谓的规则分为两大类别：商品之间的关联规则和用户之间的关联规则。比如，通过购物车来分析关联规则，即通过分析用户放入购物车的不同种类商品之间的关联，从而获取用户的购买喜好，然后基于该喜好推荐目标商品给用户。这种策略非常简单，易于实施，具有较强的通用性；缺点在于在交易量大的电商平台进行关联规则挖掘时会涉及海量数据的处理，耗费时间和资源。

4. 基于搜索的推荐策略

基于搜索的推荐策略，是将推荐的过程看作对相关商品的检索过程，首先提取到该用户历史购买过和评价过的商品信息，在搜索过程中构造一个搜索查询去寻找类似的其他热卖商品作为推荐结果推荐给目标用户。比如，对于书籍的推荐可以通过同一个作者或者相似的主题、关键词来进行检索。这种策略在用户信息较少时效率较高，但涉及有成百上千购买次数的用户，相关检索性能会急剧下降，而且从个性化推荐的新颖性、相关度方面来衡量，效果也较差。

（二）跨境电商平台个性化推荐策略的影响

影响跨境电商平台个性化推荐策略的因素有很多，整体来讲，主要包括相关政策、用户群体差异性、物流时效性、更高促销敏感度、相关风险控制等。

1. 相关政策影响

跨境电商自诞生以来，呈现出蓬勃的发展态势。为了规范跨境电商的发展，国家出台了一系列的政策给予支持和规范。如2012年，为了支持跨境电商发展，开放了第一批进口跨境电商试点城市，促进了进口跨境电商在我国的发展（杨单，2020）。2013年，又出台了支持出口跨境电商发展的政策《关于实施支持跨境电子商务零售出口有关政策意见的通知》。2014年，进口跨境电商开始合法化，并出台了专门针对进口跨境电商的税收政策。2015年，降低了部分进口商品关税。2016年，发布了

《关于跨境电子商务零售进口税收政策的通知》，对个人用户的交易限额进行了设置，从单笔2000元提升至5000元，年度交易限额从20000元提升至26000元。2018年，在全国22个城市新设一批跨境电子商务综合试验区，降低1585个税目工业品等商品进口关税税率，全国人大常委会通过《中华人民共和国电子商务法》，财务部出台《关于跨境电子商务综合试验区零售出口货物税收政策的通知》等。2020年，出台了《关于扩大跨境电商类零售进口试点的通知》《关于支持贸易新业态发展的通知》等。这一系列的政策为跨境电商发展提供了政策支持，规范了跨境电商的发展。但受相关政策影响，跨境电商个性化推荐策略也有新的原则和要求。根据个人用户交易限额的规定，跨境电商在对消费者进行个性化推荐时，除了基于消费者的兴趣和消费偏好进行推荐外，还应考虑到每笔交易限额的规定，不能为消费者推荐他们感兴趣但又超出限额的商品。如果出现这种个性化推荐，将让消费者在充满期望后由于无力购买又很快陷入失望，不仅没有达到个性化推荐的目的，还会降低消费者对跨境电商的信任。另外，国家对部分进口商品税率的调整，也会影响消费者的需求。跨境电商在个性化推荐过程中应考虑税率带来的影响。

2. 用户群体差异性的影响

跨境电商面对的是全球的消费者。不同国家和地区的消费者，由于文化、消费习惯的不同，对商品的喜好、认可的支付方式、物流等也需要进行本土化的适应。跨境电商营销中尤其需要重视对不同地区消费者行为、偏好、习惯的研究，确保产品和促销的推送能够刺激该部分消费群体产生反馈和转化，达到个性化推荐的目的。因此，基于用户群体差异性的影响，跨境电商应针对某个国家或地区的消费者进行深入了解。如欧盟国家的消费者，他们更加看重产品的品质和服务，对价格关注度并不高；而在东南亚地区，消费者可能更偏好性价比较高的商品，对物流服务等可能要求并不高。跨境电商既然选择做跨境营销，就需要对各个国家和地区的消费者行为、喜好进行研究分析。当前时代下，大数据技术的应用能帮助跨境电商达到这一目标。借助于大数据技术能够更便捷且高效地挖掘目标消费用户相关市场、消费行为及偏好相关数据，帮助跨境电商商家形成精准的消费者脸谱，实现消费行为的精准分析，从而为个性化推荐提供参考，提高推送转化率和响应数据。

3. 物流时效性的影响

物流时效性也会对个性化推荐策略产生影响。我国境内已经构建出完善、高效的物流体系，隔日达、当日达十分普遍，即便是偏远地区，物流时效性也大大提高。物流配送效率的显著提高、物流基础设施的不断完善、物流信息管理的智能化发展，都为近年来国内外电商发展提供了必要支持。但对跨境电商而言，物流时效性无法像国内物流一样便捷。跨境电商的保税仓设置相对较远，物流时效性差。以跨境进口电商为例，很多跨境电商都是通过国内保税仓发货。目前国内在主要的沿海、边境城市开放了海外保税仓，经由边境检查后在仓内存储，确保发货的时效。然而，尽管保税仓数量有所增加，但毕竟有限。特别是对内陆地区的消费者来说，商品经由最近的保税仓发往其所在城市仍然需要较长的时间，因物流延时引起的消费负面评价不断增加，降低了跨境电商商家的店铺数据。由于国内的消费者已经习惯隔日达、当日达，"海外购"商品的配送延时无疑会影响到他们的消费体验。基于物流时效性的影响，跨境电商平台在为消费者提供个性化推荐时，应充分考虑到消费者的需求、偏好及对物流时效的要求，尽可能地为消费者推荐物流时效性高的商品，从物流时效性角度提升消费者体验。

4. 更高促销敏感度的影响

随着个人在跨境电商平台上消费限额政策的实施，消费者不能随心所欲地在跨境电商上购买商品，他们希望在实行限额时，能买到更多、更好、更优惠的心仪商品。在这种消费心理下，消费者对跨境电商平台的促销活动的敏感度更高。特别是遇到大型的促销活动如"6·18""双11"等时，如果消费者看到心仪的商品，价格又合适，很容易花掉限额进行消费。针对这种情况，跨境电商平台在个性化推荐时，识别促销情境十分重要，应基于促销力度结合消费者的消费偏好推荐更能满足消费者喜好的商品；同时，在定价和促销活动的设计与推送时，也应结合店铺顾客的动态、静态数据，进行个性化的组合，以提高用户的敏感度与反馈度，形成更高的营销转化。

5. 平台漏洞、风险的影响

跨境电商的发展，省去了传统国际贸易中的中间环节，达到了点对点的交易目的。再加上国家对部分商品关税的调整，电商平台中不可避免地出现了代购。代购通过以低价囤积、高价卖出的形式赚取差价获得利润。我国已经明文禁止二次销售跨境电商商品，一旦发现，相关企业都需要承担相应的责任。但代购一直屡禁不止，而由此带来的风险则是传统电商平台所没有的。对跨境电商而言，在个性化推荐过程中，应通过大数据技术应用挖掘出有代购倾向的用户信息，减少由于向代购开展个性化营销而导致的代购风险存在。

（三）跨境电商个性化推荐策略优化建议

1. 目标消费群数据分析及消费者脸谱的构建

对跨境电商企业而言，"AI+大数据"的发展带来了机遇，同时也是挑战，在当前的经济大环境下，外贸电商企业如果能够充分利用"AI+大数据"开展数字营销活动，就能降低企业的营销成本，促进外贸企业的进一步发展。"AI+大数据"为外贸企业提供了市场数据分析的工具和平台，使其得以通过收集跨境外贸企业的营销和产品销售数据，运用"AI+大数据"在电商平台与搜索引擎里进行消费者行为分析，针对不同类型的消费者开展针对性的营销活动。此外，"AI+大数据"也能够不断提升数字营销的水平，通过整合消费者的消费信息，分析消费者的消费需求，实现对消费者的精准营销。

2. 优化"用户—情境因素—商品属性"的个性化推荐算法

传统电商的个性化推荐策略中，广泛采用的是基于用户的协同过滤算法或者基于物品的协同过滤算法，不管是从用户画像库中找商品还是从商品画像库中找用户，主要研究的都是"用户—商品"的关联关系。但是如前面所分析，跨境电商有其特殊性，受到各种商品和用户之外的很多其他因素影响，比如，受政策影响、受物流时效性影响，用户有着更高的促销敏感度，还要对相关代购之类的风险进行控制，这就要求在个性化推荐策略中，必须把这些特殊的"情境因素"以适当的方式考虑进去。

另外，传统的协同过滤算法仅仅是基于"用户—商品"评分来进行推荐，这种方式没有对于目标消费者在某一个商品的喜好和在某类商品的喜好进行区分，忽略了对于商品属性偏好的具体细节。比如，对于同一款运动服，有些用户可能是因为喜欢这个品牌购买，有些用户可能是因为喜欢这个颜色购买，有些用户可能是因为透气的功能购买，而有些用户可能纯粹是因为代言明星而购买，最终他们都购买了这款运动服而且给出了较高评价。为了更好地进行精准的个性化推荐，就不能仅仅针对用户评分，而要结合商品的具体属性来进行关联推荐。跨境电商平台上商品种类繁多，又涉及各个不同国家和地区的用户群体，用户对于商品偏好的区域化特征明显，所以对于跨境电商平台商品属性的个性化推荐需求就显得更加紧迫。

因此，要对之前基于"用户—商品"的传统个性化推荐算法进行优化，再结合跨境电商产生的海量数据的背景形成基于"用户—情境因素—商品属性"的个性化推荐算法，如图4.2所示。具体的关键环节有对情境因素进行识别分类、权重排序，根据商品属性进行用户相似度计算等。

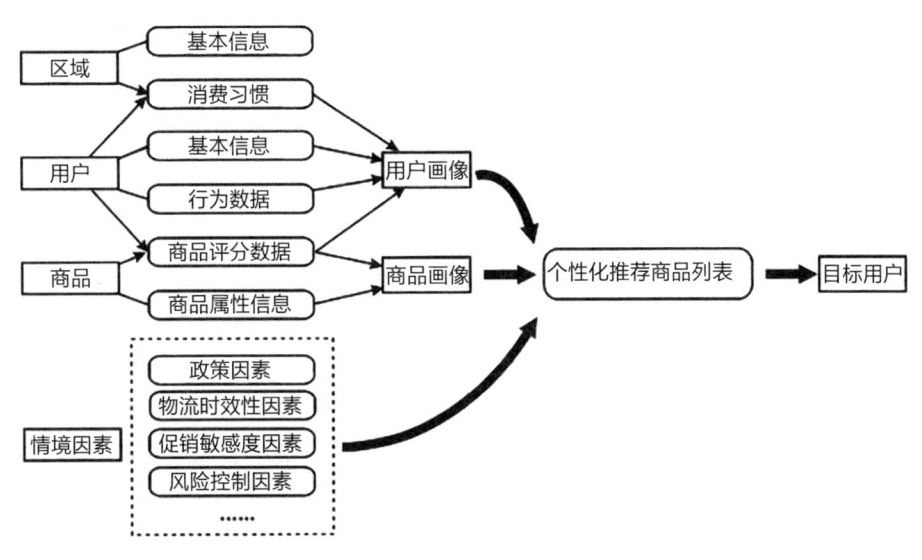

图4.2 基于"用户—情境因素—商品属性"的个性化推荐算法

3. 应用AI形成用户的精准定位和销售效率

"AI+大数据"背景下跨境电商企业的数字营销能够实现智能定位，这是传统营销模式难以达到的效果，在传统营销模式下，外贸企业难以实现对大量营销数据的整合分析。通过"AI+大数据"技术，跨境电商外贸企业可以实现数据分析、分类、筛选，进而对消费者数据信息进行全面分析，制订针对性的营销方案。"AI+大数据"在分析消费者数据时，能够对消费者的消费习惯和品牌偏好进行深层次剖析，进而在广告推送过程中更加具有针对性。如百度推广过程中，外贸企业的广告营销通过优化出价流程，能够帮助外贸电商企业以最低的成本，获取最多的客户点击，在数据分析过程中识别外贸企业的潜在客户，锁定目标客户群体，开展针对性的营销活动，最大限度提升其数字营销的投入与产出比。

另外，在"AI+大数据"背景下，外贸电商企业的数字营销能够实现智能销售。随着"AI+大数据"在外贸企业的深入应用，越来越多的人工智能客服参与营销活动，人工智能客服对消费者可能咨询的问题进行总结分析，进而针对消费者的咨询提供智能应答。这就提高了跨境电商企业客服的工作效率。同时人工智能客服在与客户的沟通过程中也能够记录消费者的消费行为与喜好，进而不断优化自身的客服质量，提高消费者的满意度。

此外，"AI+大数据"背景下，跨境电商外贸企业能够实现运营监控，通过"AI+大数据"在外贸企业遇到品牌营销危机时，能够进行企业品牌风险的预测与分析，进而制订针对性的解决措施。数字营销也是智能营销，能够采集外贸企业产品销售的相关信息。对于一些负面信息，通过"AI+大数据"技术进行收集、分析，提出预警方案，有助于外贸电商企业的可持续发展。

4. 大数据智能预测完成精准营销策划

"AI+大数据"背景下，外贸电商企业能够实现智能预测，其市场营销人员通过对海量营销信息的收集、挖掘、整理，全面分析消费者的喜好，以便更好地维护企业的客户，开发潜在消费者。通过"AI+大数据"，对潜在客户的购买力进行分析，分析客户消费行为与品牌偏好，筛选具有购买力的客户等，进而帮助跨境电商企业制定针对性的营销战略。

二、线上店铺自主营销活动

在上述跨境电商用户数据精准分析、形成店铺的消费者画像的基础上，跨境电商需要针对性地策划与上线一系列营销活动，以配合消费者所在地区的传统节日、平台的促销节等时机，来刺激店铺的销量增长，并提升品牌在海外消费者中的知名度。展开来说，店铺需要在平台促销活动机制和规则的前提下，设计符合自身消费者偏好的店铺营销活动与参与规则、优惠力度，确保对本店消费群形成参与度刺激。本文将从以下几方面进行探讨。

（一）店铺自主营销活动的形式与内容

1. 满赠活动

跨境电商店铺通常在"双11""黑色星期五"等时机上线满赠活动。例如，11月11日22：00：00—23：59：59拍下并付款的单笔订单，实付金额满2999元，赠多功能SPA仪（限量200件）；满1599元，赠黄景瑜同款小T刀（限量300件）。

2. 预售额外折扣

即在促销节前夕店铺开始预售商品，限量发售，凭借提前预购获取额外的折扣，最终在促销节当天支付尾款。提前支付定金还可以得到相比促销节当天直接购买现货的额外立减。另外，部分店铺上线了"1元预定"活动，是指消费者先在店铺内找到参与活动且心仪的商品的1元预定链接，之后在促销节、活动日当天拍下之前所拍过的商品的全款链接，即可获得参与1元预定活动所赠送的惊喜礼品。

3. 直播间专属特惠与促销节后返场

即跨境店铺和带货主播合作，在直播间提供专属优惠券和赠品，从而为店铺在促销节期间引流、带动热度和店铺各项数据的增长。在促销节结束后，对多余的库存积压等潜在问题，商家应推出促销节后的返场活动，主要针对出于种种原因错过或者还未购买到优惠商品的消费者，继续维持店铺的流量。可以通过和明星或者带货主播的合作宣传，发放优惠折扣，促进消费者购物下单。

4. 明星互动与定制礼盒

例如，跨境电商代理公司通常在促销节期间请来目标消费群喜爱的明星助阵，入手正装即送产品小样以及定制礼盒、明星语音贺卡等限量礼物，预定还加赠定制加湿器；如果下单时备注"年轻不折叠"，可附赠一只小音箱；顾客可通过店内链接限时领取店铺优惠券，或根据自己需求购买不同价位的星品礼盒，待确认收货后返券到卡包中，付尾款可抵扣使用；入会可限量以低价购买小样进行试用；此外，品牌方还与各大平台主播合作，顾客们通过直播间链接购买的产品，价格优惠力度更大且享受多重礼遇；顾客也可在直播间限量抢券。

（二）店铺自主营销活动的现状与困境

1. 商品详情页主图的优惠活动描述引起误导

第一，多数跨境电商在店铺促销活动组织中的首个主要问题在于其商品详情页对于优惠活动的图文描述存在误导或模糊，影响了访客的自助下单和购买体验。促销节期间，时常有顾客看不懂商品主图标注的优惠规则。虽然看起来标注得很清楚，但是下拉后的商品详情页面并没有对各类折扣做出说明。例如商品券，并没有说明在哪里领取，是店铺的还是平台

第四章　跨境电商平台站内数字化营销体系研究

的，因此顾客会产生疑问，这也不利于顾客自助下单。第二，"定金立减"等促销文案也会引起误导，让不少顾客疑惑其指的到底是在已经付过定金的基础上再减去相应金额，还是最终到手价不包括当初付的定金。第三，购物津贴也应说明是参加平台促销节的购物津贴活动。第四，商品详情页没有对优惠活动的具体使用规则和操作方法做出详细说明。通常在活动的详情页中，虽然有一行小字对于限时优惠价格做出解释，但仍然会令访客产生一些误解和歧义，这需要在详情页附上明确的限定说明，比如，是否存在总参与人数或者总售出产品件数上限，以及截止时间等。另外，该主图中呈现"最高优惠价格可达××元"，但其实并未对所提及的优惠券做出解释，例如，优惠券领取的位置、可以与哪些优惠券和津贴叠加使用、如何实现这个最高优惠金额等问题对顾客来说仍然是模糊的概念。因此，如果顾客没有符合某个优惠条件，最终优惠没能达到详情页规定的最低金额，就会点击客服窗口询问原因，同时质疑本店的优惠活动。遇到此类问题时，最后的结果还是由主管通知各客服，如果顾客的拍付价格高于页面标注的到手价，联系客服退差价。但这样的操作方式不但降低了促销活动和客服咨询的效率，也令顾客觉得需要主动咨询才可获得差价退还，而非属于做出明确说明、一视同仁的优惠措施。这就影响了店铺和品牌的信誉。第五，关于预售商品参与津贴使用的说明也有待明确。在店铺促销活动中，预售商品到底是用全款还是尾款来计算、是否达到津贴的使用门槛等也是顾客常提的问题。总之，这些规则并没有在顾客看得见的地方标注清楚，而是需要顾客发现问题再来找客服咨询，这极大地增加了客服的工作量。其实，只要将前期满减活动介绍写得详细清楚，这些问题是完全可以避免的。如上问题都是由于店铺在自主营销活动的商品详情页中，未对优惠券、预购、津贴等优惠活动的参与和操作具体细则做出详细说明，或文案描述得较为模糊、理解上容易产生歧义，从而引起了误导和顾客的异议，增加了不必要的客服咨询工作量，也使得部分顾客没有享受最高的优惠条件而产生抱怨；同时，大型优惠活动的文案描述不明确，将影响消费者参与活动的积极性和店铺及品牌的形象。

2. 详情页描述缺乏产品差异化卖点

跨境电商店铺在自主促销活动中的另一个主要问题在于其产品详情页上对于商品的描述过于简单，未能凸显产品在功能、材质、使用人群等方面的差异化卖点，这将减弱产品的吸引力，减少访客的下单转化，同时也降低了顾客的自选下单率。活动中时常会碰到顾客询问同类产品不同型号之间的差别，但是各商品的页面详情中又没有和其他型号商品的对比区别，更多的是大致介绍产品的性能和优点，没有让顾客做出选择的依据。访客需要在咨询店铺客服后，经过客服的推荐才能进一步决策，效率非常低。如果在各商品详情页面中明确标注出优缺点和与其他型号产品的区别，不仅顾客在选购时会一目了然，客服的工作量也能大大减少。同时，通过图文和文案告知产品的差异化也能够增加本店商品的吸引力，突出本商品与同类竞争产品的区别与卖点，提升商品定价的说服力和店铺的下单支付转化率，明确产品定位以及提升品牌形象。

3. 繁杂的促销活动规则降低参与度和体验

在店铺促销节期间，商家希望通过不断丰富活动内容、规则的设计以增加与消费者的互动，让消费者获得更多的利益，同时促进消费的增

第四章　跨境电商平台站内数字化营销体系研究

长。但是，过于繁杂的促销活动有时候会适得其反。众多跨境店铺在"双11"等促销活动中，在速卖通和天猫国际等各大平台均推出了各种各样的优惠，包括定金减免、送赠品等。但是，在各大平台的产品页面上，关于"双11"期间促销活动的描述存在一些问题：页面设计不够清晰；促销规则繁杂，让人眼花缭乱，不能做到一眼就可以读懂；对于促销活动的参与方式和操作描述得非常复杂，让访客没有耐心阅读，从而也没有兴趣参与活动，降低了促销活动的参与度和商品的支付转化率。

这一问题也导致了大量消费者选择忽略商品详情页，直接咨询客服，而在促销节期间，客服繁忙，经常不能做到及时回复和解答，从而导致客户认为客服服务态度不好、回答不够全面等。顾客原本开开心心下单买东西的心理会在一定程度上受到影响，也不乏客户因此对客服产生不满的心理。显然，这样的促销活动文案降低了用户的参与度和体验感。

4. 详情页缺乏发货、物流相关说明

开展促销活动期间，伴随发货、物流压力的增加，商品的收货时间可能会延时或需要待定，此时商家的详情页上未能提前对物流安排做出说明或显示发货、运输动态，则容易引起买家催单以及不满评价。菜鸟仓可以实现就近发货，保证货物最快送达买家，并且可以减少由于运输所造成的磕损碰坏。但是，也会因此造成另一个问题：在店铺营销活动中，同一个订单下的货物有可能从不同地方的仓库分包裹发货，从而导致买家少收到货或者以为快递中途丢失。同样，赠品也有这样的问题，部分商品的详情页没有显示赠品发出的时间，导致买家认为自己没有享受到应得的优惠。其实，这并不是不给客户发货，或者顾客没有享受到优惠，只是因为物流时间不同导致了买卖双方的"误会"。由此造成买家经常在收到部分商品或者暂时没收到赠品时立即向客服发起咨询，这不仅增加了客服的工作量，还降低了客服回复访客其他问题的效率。同时，客服查询买家剩余包裹的物流信息，需要时间与相关各方衔接，让顾客等待的时间和不够精确的结果也可能引起他们的不满或对品牌的信任度降低；甚至有买家在收到部分商品或未收到赠品时，直接写差评描述他们误以为被欺骗的非属实情况，从而又需要售后客服跟进与解释。这降低了客服的工作效率，同样也影响了品牌的形象和消费者忠诚度。这一问题的成因主要在于跨境电商店铺在促销活动期间，没有在其商品的详情页做出该期间的发货、物流的相关说明，未对其可能存在的分批发货情况提前告知，同时买家的收货页面上也缺乏各批次包裹的具体物流信息跟踪，致使用户体验在一定程度上打了折扣。

5. 赠品及优惠券的使用说明模糊和存在漏洞

营销活动免不了涉及优惠券的使用，在店铺售前与顾客沟通过程中，频频会有顾客不知道优惠券在哪里查看及其使用条件、付尾款时该如何正确使用优惠券等问题。到了大促的售后时，也会有诸多顾客反映用券付款时存在一张优惠券的优惠额度平摊到了两件商品上，可能是因为顾客在使用优惠券时，下了两笔订单，却只勾选了一张优惠券，这与商家没有阐述清楚"一张优惠券仅限使用在一个门店的一笔订单中"这一点存在密切关系。另外，赠品问询也占据较多部分，很多顾客都会在下单后前来咨询自己的礼遇，店铺告知顾客可通过"交易快照"查看，或者由店铺通过后台查询截图或文字回复顾客，但顾客收到货品后发现与交易快照有差异，就会投诉,其中就存在客服阐述不清、出现错误,或者顾客不会操作等情况,诸多情况暴露出店铺对于赠品及优惠券的说明还存在较大的问题。这类问题的主要根源在于,营销活动期间,电商为了提升优惠活动的参与趣味和新意,往往在优惠券叠加、不同等级的赠品领取等方面设置一些较为复杂的规则和细则。但由于活动中店铺未在发布赠品及优惠券时附上清晰、完整的使用说明,没能尽可能考虑到存在的疑问和漏洞而在促销文案或优惠券领取说明中做出清晰的阐述,同时,由于培训深度不足,客服人员未能对赠品领取和优惠券使用等问题给出明确的回复和操作建议,因此影响了顾客参与促销活动的体验感。

6. 客服熟练度不足,影响店铺好评率

在营销活动期间,跨境电商通常会临时聘用一些兼职客服、实习生客服来支援售前售后的在线回复工作,但由于准备时间仓促,这部分临时客服人员都是匆匆上岗,而未经过系统的产品知识、营销活动规则培训,也缺乏客服经验。例如,营销活动期间,售后客服基本会遇到有关"退差价""退换货"等问题,多数跨境电商有关"退差价"的操作是,顾客收到货且确认商品无误后,在退款页面提交相应退差价的金额,从而达到退款目的。而退换货是小家电销售中常见的问题,当顾客有退换货的需求时,部分客服无法及时服务到位,为顾客解答相应的疑惑并提供后续的操作,导致退换货时间变长或是退款时间有所拖延。有些客服不是直接回答问题,而是与顾客绕弯弯,使得顾客的体验感极差,造成跨境品牌以及店铺口碑受到了影响,也造成了销售额的损失。

（三）跨境电商实施自主营销活动的策略

1. 简化优惠活动规则，优化主图文案描述

目前的跨境营销活动中，虽然活动的图文制作精美，但是实际投入店铺中，顾客往往会因为满减公式过于复杂而咨询客服。明明店铺很贴心地帮忙算好了全部的满减，但总会有顾客不明白商品到底能不能和其他店铺的商品一起参加购物津贴的活动而反复咨询客服。所以商品主图的活动满减公式应该简洁明了，例如，在产品主图中，就应该详细写出减扣的金额是针对这一件商品可以使用的津贴，消费者仍然可以拿其他符合活动条件的商品凑到最划算的价格；而店铺券也该写清楚在店铺的哪个位置领取；至于"定金立减"更应该说明这个金额到底包不包含顾客之前已经付的定金。店铺需要优化优惠活动的文案，在提前预演和每一年大促实践的基础上，将有歧义、疏漏和易误解的内容进行清晰的说明；并将一些高频问题设置关键词自动回复。在减轻客服人员工作压力的同时，提升店铺促销活动的参与度与体验感。

2. 挖掘产品USP（Unique Selling Point，产品特殊卖点），融入详情页描述

针对店铺中的产品标题和文案不能突出其特点、差异点，影响访客购买决策的问题，建议挖掘产品的卖点，并融入店铺图片和文案中。另外，可以将同类产品规格、功能的对比图进行适当的美化，并融入每类商品详情页面中，能更好地引导顾客按需求拍下心仪的宝贝，而不会出现买家收到货后发现并不适合自己，却因为已经拆开使用而无法退换，造成投

诉的情况。商家也可以借助USP模型从商品的材料、工艺、技术、对抗同类产品的问题、解决的消费者效用,以及产品游离、适用目标人群等角度寻找本产品的差异化卖点和销售定位点。同时,把专业化的产品卖点及参数特征,描述成与消费者利益和效用相关的产品文案,放入店铺图文中,凸显该产品的差异性优势,提升访客的下单转化率,协助顾客选择合适的商品,从而优化网购的智能体验、提升品牌形象。

3. 设置礼盒包装的链接

针对顾客在大促繁忙时段提出的礼盒包装等需求的问题,店铺可以通过变相收取少量费用的形式来优化服务体验。首先,可以在促销时段发布礼盒链接。例如,某服饰配件店上线的贺卡服务链接,非常贴心,仅仅是服饰配件都可以提供适当的礼盒包装和贺卡,而其他知名跨境电商品牌店内许多热门的商品、套组都常常占据着作为礼物送家人送朋友榜单的第一名。另外,还可以统计顾客的需求,增加产品的SKU(Stocking Keeping Unit,库存量单位)选项,设置一些带包装、礼盒、卡片等附加产品的选择,让顾客自行挑选自己需要的包装等级和形式。这样既覆盖了成本,也可刺激原本没有该需求的顾客支付更多的价格来提升产品相关服务;在提升潜在销售收入的同时也提高了店铺的服务多样性,维护了有相关需求的客户满意度;因为有了既定的价格,也不会再有大量顾客向客服索要免费服务。

4. 简化促销规则,设置活动常见问题自动回复

众所周知,如今各类电商营销活动、大促已经是家喻户晓的消费狂欢日,卖家需遵守电商平台的促销基本规则,再加上卖家自己的促销活动,

使得优惠让人眼花缭乱，不易于理解。所以针对该问题，应当采取不同大类产品有不同的页面通道的措施，并在页面通道里写明不同产品的活动价格和优惠方式，以免客户产生歧义。同时，优化促销活动页面的文案描述，考虑到买家时间有限、未必有耐心详细阅读规则的实际情况，尽量简化促销玩法，使操作和参与方式一目了然，才能扩大客户群。而且，在活动页面发布前，寻找测试用户来审阅促销活动的规则文案，经过实测调研，确保清晰明了、可操作后再发布。另外，大促当天，客流量相较于普通时间段非常大，应在活动发起前进行访客调研和收集对本期的促销页面描述上可能产生的顾客咨询等问题，同时提前设置好相关回答，在客服页面设置常见问题自动回复，并根据实际过程中常见问题更新自动回复，一来顾客可以得到及时有效的回复，二来一定程度上减轻了客服的工作量。如此可以提升访客对促销活动的参与和体验。

5. 进行访客量预测，预备爆点客服支援团队

店铺可根据前几年的数据对今年的访客量进行大致估计，制订应急方案，最初大家会处于一种亢奋的状态，情绪高涨，但超负荷的接待量维持一段时间后，就会出现工作疲惫的情况。所以跨境电商可将大促销当天0点、10点、23点后，以及参照往年流量的最高峰作为关键节点，将有丰富接待经验、面对各种突发状况能够随机应变的老客服安排在流量最爆发阶段，并安排老客服与其余较熟练客服组成1~2个临时机动的客服冲锋小队，如果店铺在某个时段因活动流量比预期大很多，这个应急小分队可以灵活调整，补充客服团队的力量。

（四）参与平台营销活动

跨境电商平台中经常会利用重大节日举行营销活动。对线上店铺来讲，参与平台营销活动也是营销的一种，而且能提高其知名度。众所周知，平台的营销活动一般是大型的，如每年的"双11""6·18"活动，国外的"黑色星期五"、圣诞节等，这些节点关注度高，客户点击率高。对线上店铺来讲，参与平台营销活动，能够吸引较高的流量，提升知名度。特别是对处于萌芽期的品牌而言，通过平台营销活动增加曝光率十分必要。如Lazada平台的促销活动十分吸引人气，很多东南亚消费者都会在该平台消费。因此，Lazada平台每次举办的促销活动都引起线上店铺的广泛参与。如Lazada平台的"双11"活动，24小时内的访问量大约有1000万，销售量也是非活动时期销售量的10倍之多，因此线上店铺应积极参与平台营销活动。平台营销活动一般对卖家评级、以往活动效果、日常运营表现等有一定要求，线上店铺应在活动前积极了解参与平台营销活动的要求和条件，报名参加平台营销活动。参与活动过程中，卖家应选择一些爆品、销量好的商品，结合平台的营销活动吸引消费者的兴趣，达到增加点击量、提高销量的目的。

三、店铺粉丝管理应用

粉丝是善变的，他们今天可以是这家店铺的粉丝，明天也可以是另外一家店铺的粉丝。但如果店铺能从细节入手，做到让粉丝信赖和满意，粉丝又是忠诚的。在当前流量与粉丝经济时代下，线上店铺开展自主营销活动时应借助粉丝管理进行粉丝营销，发挥出粉丝经济的效应。经营创意零食品牌的"三只松鼠"，将大学生当作目标客户，通过原创内容、持续互动、贴心售后等赢得了大批粉丝的信任，并针对粉丝开展精准营销，取得良好的效果。其创始人深谙网红品牌优势，将"三只松鼠"的动物形象拟人化、打造成网红萌宠，充分利用网红的优势实现和粉丝的持续沟通互动，拉近和粉丝的距离，提高粉丝对"三只松鼠"的好感与信任。在粉丝运营中，"三只松鼠"做得比较成功，它不断搭建和扩张各类粉丝社群，各粉丝群有专属的"小松鼠"客服，以萌宠的口吻与粉丝互动，不断推出粉丝福利，也通过维护好和粉丝的关系，加强和粉丝互动沟通，促进了其店铺的发展。

粉丝经济的发展和壮大，并不是偶然的，代表着一种新型社会关系的诞生。根据组织行为学的观点，粉丝群体规模越大，越需要加强管理，通过高效的管理发挥出粉丝的作用。

四、直通车和广告位推广应用

淘宝直通车的优势主要体现在多、准、好、省这四方面。

多：通过淘宝直通车推广宝贝，它将多维度、全方位地提供各类报表以及信息咨询，只要到淘宝想买此类宝贝的消费者就能够看到，大大提高了宝贝的曝光率，如此就带来了更多的潜在客户，为推广宝贝打下坚实的基础。

第四章 跨境电商平台站内数字化营销体系研究

准：淘宝直通车是快速、便捷的批量操作工具。只有想买此类宝贝的消费者才能够看到宝贝的推广广告，这使得营销更具有目的性和准确性。在推广单个宝贝的同时，也能带动买家进入店铺购买其他宝贝，产生连锁反应，让宝贝销售流程更方便、更高效。

好：顾客使用淘宝直通车可以参加更多的淘宝促销活动，在使用的过程中还能够不定期地享受一些促销活动，使得制订宝贝优化方案时更胸有成竹，信心百倍。

省：在后台管理中可以清楚地看到使用了淘宝直通车的用户的购物行迹，如每个用户是通过什么途径来到店铺进行购物，同时还可以清楚地了解近期的销售数据。直通车还对数据进行了统计，可以方便地为销售商提供所需要的信息，在获得准确数据的同时既节省了人力和物力，也大大减少了分析数据的时间。

分析了淘宝直通车的优势，我们也来分析一下使用淘宝直通车过程中存在的不足，可归纳为以下几点。

费用：在对网上用过淘宝直通车或者听说过淘宝直通车的用户进行了解以后，我们发现，有相当一部分人对它的印象是"烧钱"，这个词不免让我们想到它的费用比较高。其实，淘宝直通车就是通过竞价的方式来对使用它的用户进行产品位置的排列，然后以点击计费的方式进行收费。这不免让大多数的用户用不起这种营销方式，同时也让一部分用户直接放弃这种营销策略。

效果：一种营销策略所能达到的效果是使用者最关心的。电子商务的发展越来越普及，网上开店的人越来越多，这必然使得销售商之间的竞争越发激烈。淘宝直通车固然是一种好的营销策略,但是当选择使用这种方式的群体增多的时候,直通车推广的摊位个数有限,导致有些商品的推广并没有想象中的理想,这必然是使用者不愿看到的。所以有一部分群体不会在刚起步开店的时候直接选择这种营销方式进行店铺和商品的推广,因为在需要使用淘宝直通车作为营销策略时所要承受的成本和后期得到的营销效果还是个未知数。

结合目前通过C2C电子商务平台进行营销的销售商选择营销策略或制定销售策略时存在的问题,我们提出相应的策略。

(一)把握市场定位

销售商制订营销策略的第一步是对市场的需求和方向做出正确的定位,市场定位的正确与否将影响后期所做的营销策略和销售效果。

1. 明确市场对自身销售产品的需求

市场定位并不是对自身销售的产品本身做些什么,而是去挖掘、把握消费者的需求,使产品在目标顾客的心理上占据一个独特的、有价值的地位。

2. 确定产品所要推广的对象

通过市场的调查和大量消费者的购物信息,通过分析和关联寻找出消费者可能存在的购物动机,从而挖掘出潜在用户,有针对性地将产品推给这些消费者。

第四章　跨境电商平台站内数字化营销体系研究

（二）了解消费者购物心理

随着网络的逐步发展，人们对网上购物的倾向度越来越大，尤其是淘宝用户。从购物网站运营的模式来看，C2C网店云集了各类销售商，商品的种类也是丰富多彩，使得竞争越发激烈。由于淘宝网处于用户市场绝对的主力地位，淘宝单一用户和非单一用户在各家网站的流动会影响各个网商的市场份额，淘宝用户也因此成为影响网络购物市场未来发展的主流群体。好的购物环境和与众不同的购物方式可以吸引消费者的眼球，因此了解消费者的购物行为和消费心理是营销策略的另一个突破口。

1. 追求自我表现的消费心理

当前网络环境下进行网购的消费者以年轻人为主，他们追求并容易接受新奇的思想和事物，网络的互动性和低成本增加了这些消费者参与的主动性，使得消费者能够更真实地参加整个的营销过程。例如淘宝网，买家和卖家通过阿里旺旺这个即时通信软件保持零距离的沟通和交流，消费者按照自己的意愿向商家表现自我，根据自己的喜好、消费意向和情感进行消费过程中的沟通，实现自我意识。

2. 追求文化品位的消费心理

因为网络营销打破了地域销售的束缚，让贸易更具全面化和全球化，因此不同文化背景下的消费者会有不同的消费心理。文化的多样性带来消费品位的强烈融合，冲击着人们的消费观念，青年人对以文化为向导的产品会有更强烈的购买动机。

3. 追求物美价廉的消费心理

价格是所有消费者最敏感的因素，大部分消费者通过网上购物，在省时方便的同时看重的是商品的价格要低于线下的实体店铺，网上的商品价格折扣大并且性价比高，让更多的年轻消费者热衷于网上购物。在选购商品的时候，消费者会通过大范围的搜索找到最优惠的价格，这就体现了那些对价格敏感的消费者最明显的一个消费心理特征，所以在营销过程中，价格定位是吸引消费者的一个营销策略。

4. 追求时尚商品的消费心理

时尚消费处于比较感性的阶段，它更新速度快，更强调感官的满足，所以时效性比较强。商家应该抓住时下流行的事物、语句、代名词等修饰，结合自身的产品进行营销和推广，通过时尚来包装销售中的商品，制订最时髦的营销策略，吸引追求时尚的消费者的眼球，达到理想的营销效果。

（三）设计创意策略

销售商根据市场的需求，建立一个有创意的营销体系，将给店铺带来意想不到的营销效果。具体措施如下。

1. 独特的店铺风格

根据商品的特征和市场的需求把握店铺的整体风格。一家店铺的布置风格将给消费者带来购物时的舒心和安心，让消费者在购物过程中具有一种享受的心情，这将让消费者驻留在店铺选购商品，大大提高商品的成交量，降低店铺的跳失率。

2. 易记的店铺名称

一个好的网店名不仅与产品有一定的内涵关联,而且让消费者听到这个名称就能够联想到某种商品,吸引消费者的同时让他们记住了店铺的名称,提高了店铺的知名度。

3. 个性化的营销服务

从售前到售后,始终围绕"以顾客为中心"的原则,给顾客提供更好的服务,以吸引顾客下一次惠顾。

五、利用跨境电商平台做品牌营销

(一)利用跨境电商平台做网络营销的关键点

各类跨境电商平台不仅可以作为跨境品牌销售的渠道,也是各外贸品牌引流、获取潜在客户、发展粉丝关系的重要依托。因此,跨境电商需要合理应用平台的功能和营销活动,提升品牌的知名度,不断发展用户群。

1. 具体策略

(1)转变营销思维。外贸电商企业在开展营销活动中的首要工作是转变营销思维,在互联网背景下,销售渠道也发生了很大的变化,从传统电商向直播电商发展,各类购物App也成为外贸企业的重要销售渠道。作为外贸企业的营销人员,需要及时地转变营销思维,认识到"AI+大数据"对外贸企业数字营销的意义,通过跨境电商平台收集消费者行为及对消费品牌和偏好进行分析,帮助企业制订针对性的营销方案,提高跨境电商企业的营销效果。

（2）传统营销与数字营销相结合。跨境电商企业在应用电商平台开展营销活动中要坚持传统营销与数字营销相结合，针对不同的消费群体及消费者消费习惯，制订针对性的营销策略。不同的消费群体对营销模式的接受程度不同，传统的营销模式更受老年人欢迎，而中青年群体一般接触数字营销比较多。这就要求外贸企业要将传统营销与数字营销相融合，提升营销的精准度。

（3）引入人工智能提升营销的精准度。跨境电商企业在跨境平台开展营销活动时，可以利用"AI+大数据"技术提升数字营销的精准度，点击量、观看次数往往就会产生营销成本，因此提高数字营销的精准度能够有效地降低外贸企业的营销成本。通过"AI+大数据"技术，对互联网数据进行分析与筛选，确定客户群体，进而开展数字营销，提高数字营销的精准度，提升B2B、B2C外贸企业的产品销售额。B2B外贸企业通过转变营销理念、加强传统营销与数字营销的融合、提升数字营销精准度等措施，能够有效地提升企业的营销水平，推动销售与品牌的长远发展。

2. 具体措施

（1）优化标题。标题是营销活动的灵魂，在电商平台SEO中也是最有价值的。利用跨境电商平台进行营销时，首先需要优化标题，突出营销活动的亮点和主题，因此关键词的选择十分重要。在eBay上，支持80字符以内的内容空间，但也有很多电商平台标题短小精悍，如亚马逊。因此优化标题时应突出重点，凸显关键词，为营销活动奠定基础。

（2）商品分类。电商平台上产品种类丰富，消费者在搜索所需要的

第四章 跨境电商平台站内数字化营销体系研究

商品时一般会输入关键词，电商平台根据用户输入的关键词搜索出相关的商品信息。对跨境电商平台来讲，进行营销时，应根据其产品属性合理分类，当消费者有相关需求时输入关键词就能够搜索到产品。如果商品分类不准确，则无法根据消费者输入的关键词弹出相关信息。如插在鸡尾酒上的小纸伞，如果将其归为配件类别，可能消费者搜索不到有关小纸伞的信息；但如果将其划分为酒吧酒具类别，消费者输入酒吧酒具关键词，除了弹出酒具相关商品外，小纸伞也会弹出。

（3）搜索词条。很多消费者在购物时，为了搜索到自己想要的商品，会在跨境电商平台上的搜索功能中进行搜索。搜索功能简单、高效、便捷，能够很快找出消费者可能需要的商品。商家在营销时，可以为商品设置关键词，只要消费者输入关键词，就能搜索到相关的商品。在设置词条时，应设置一些没有用过的关键词，如选择同义词，避免消费者看到的商品词条都是一样的。

主流的跨境电商平台都通过提供搜索数据、热度等帮助商家优化关键词的设置。例如，在速卖通、兰亭集势等卖家后台的营销中心功能模块，商家都可以查询到本产品关键词的热度、搜索量、浏览量，以及相关广告词的排名，同时可以了解同类竞争品牌的关键词选用及其浏览量等流量数据，从而为商家不断更新和调整详情页和文案的关键词提供有效支持。

（4）商品属性。商品有属性，是其特征的表现，如很多浴室产品可以添加"铜"的属性，如果有消费者输入"铜、浴室用品"时，就会将相关的商品信息弹出。商品属性明确了商品的性质，实现了商品的精准搜索，同时还能够展示商品的规格、功能、卖点。

（5）详情描述优化。详情页中明确物流安排及常见问题的处理机制能够支持店铺营销活动的顺利开展，减少顾客疑问和负面评价。例如，在"双11"等大促期间，物流与客服的压力是非常大的。一般的买家都是希望越早收到货越好，所以与菜鸟仓合作本身是一个很明智的决定。但是随之而来的分包裹发货的问题，虽然可以通过咨询客服查到每个包裹的具体发货信息以及物流信息，但是，这在无形中给客服增加了巨大的工作量，所以，针对该问题应该有一个相应的具体说明。例如，在店铺主页专门设计一个关于物流运输方式的通道，明确且清晰地告知消费者具体的发货方式；关于一个订单分批发货、物流时效等问题，应当可以让顾客查到每件商品的发货信息以及物流单号，以免顾客产生误会，而导致客服人员受到责骂。这么做还可以避免客服多次遇到同一个问题而导致服务态度有所下降，避免了客户不良的消费体验。

（二）跨境电商平台营销的效果分析

随着跨境电商消费者中年轻一代比例的上升，跨境电商平台可以结合数据来对消费者画像、评估消费喜好等，进而针对跨境电商自身特点，做好电商平台的运营工作。笔者结合数据对跨境电商运营做了相关分析。

从消费者的维度看，千禧一代的跨境电商消费者一出生便已经习惯网络购物以及从网上获取信息；另外，随着生活水平的不断提高，新生代消费者对进口产品的接受度也在不断提升。在此基础上，新一代的市场消费主体热衷于接受个性化的营销信息，并在各类跨境电商平台海淘、购物。

2020年中国跨境电商交易额达12.7万亿元，海淘用户数量达2.11亿

第四章　跨境电商平台站内数字化营销体系研究

人；试点城市增加后，各地正大力兴建跨境电商公共服务平台，更好地服务商户、顾客。

受到疫情影响，进口跨境电商交易规模逆势增长，2021年部分关税区的1—2月销售额同比增长明显，尤其是民生类跨境商品的销售额。其中，服饰鞋包、美妆个护、食品饮品仍是销量占比最高的品类，同时，宠物、家居、母婴产品等类目的跨境商品购买量也占据了重要份额，体现了跨境电商消费的新趋势。

全球疫情形势好转后的接下去几年，跨境电商依旧会随着政策的加持、市场的推动、消费的追捧而继续稳步迈进。伴随着全球消费市场需求的不断增加、各地跨境电商基础设置配套的不断完善，以及电商类法律规定的日益健全、世界范围内消费者数据的互相融通，跨境电商销量会迎来进一步的飞速增长。同时，在以"元宇宙"、ChatGPT等人工智能交互和各类大数据为代表的新技术的加持下，跨境电商场景和消费体验也将出现质的飞跃，数字化营销将以新模式继续赋能跨境电商销量增加。

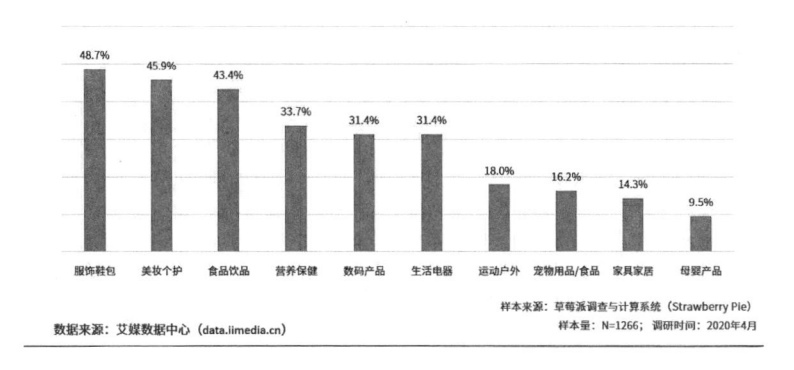

服饰鞋包	48.7%
美妆个护	45.9%
食品饮品	43.4%
营养保健	33.7%
数码产品	31.4%
生活电器	31.4%
运动户外	18.0%
宠物用品/食品	16.2%
家具家居	14.3%
母婴产品	9.5%

数据来源：艾媒数据中心（data.iimedia.cn）
样本来源：草莓派调查与计算系统（Strawberry Pie）
样本量：N=1266；调研时间：2020年4月

图4.3　2020年中国跨境电商用户购买商品数据分析

另一方面，作为新兴渠道，跨境电商在产品特性与价格弹性上都与本土电商渠道有着显著的差异。商家应该借助跨境渠道的特点，通过差异化的营销体验、更精准的消费者数据，来提升海外消费市场的反馈，加强与海外用户的互动，有效应对跨境电商的挑战。

1. 平台占据的市场分布约90%

截至2022年底，中国跨境电商进出口市场规模首次突破2万亿元人民币，用户规模达1.5亿，其中跨境电商线上购物者渗透率达21%。其中，一线城市渗透率最高，为22%；二线城市为15%；三至五线城市为10%。

从品类看，线上渗透率排名前五的品类分别是保健品（32%）、化妆品（21%）、个人护理（17%）、母婴（9%）、箱包饰品（5%）。

跨境电商平台阿里巴巴国际站、天猫国际、网易考拉海购、京东全球购、唯品会、聚美优品占据了90%的跨境进出口电商市场份额。

2. 跨境电商消费者更追求品质

与国内电商消费者对比发现，跨境电商消费者更年轻，也更加富有。跨境电商消费者中月收入8000元以上的占据60%，而国内电商消费者的这一比例仅有39%。

从年龄上看，55%的跨境电商消费者在18～30岁之间，而国内电商消费者中31～40岁的比例为51%。以美国的电商消费者为例，其43%的电商用户年龄不足35岁，代表他们更愿意尝试、接受海外新商品，以及更多的海外购买渠道、数字化新体验等。另外，中高收入人群占65%，这为我国跨境电商出口带来良好的购买力基础。

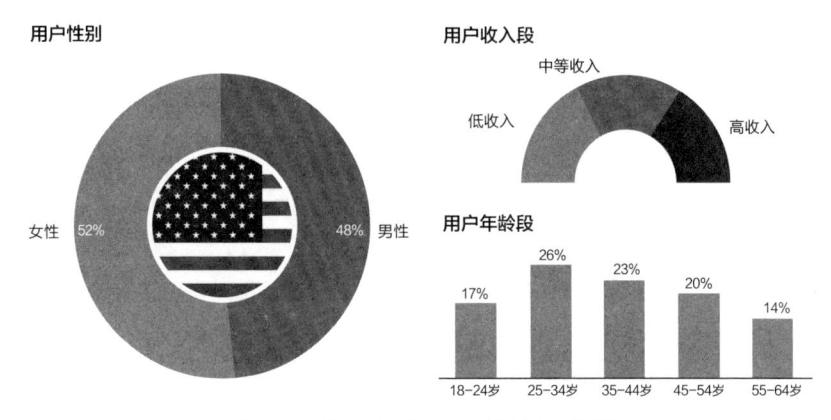

图4.4 美国电商用户属性统计图

从跨境电商不同消费者的购物动机看，16%的消费者追求高性价比，更加看重价格优势，31%的消费者追求高品质，对跨境渠道有着极大的忠诚度并且愿意付出更多溢价，这部分跨境电商购物者的消费行为可能蚕食国外品牌在国内电商平台的份额。

23%的消费者属于国外产品追随者，相比国内产品而言，他们愿意花费更多钱购买国外产品。30%的消费者追求产品的多样性，更加看重在中国不容易找到的新事物。这些跨境电商购物者可为国外品牌在中国的跨境电商业务贡献增量。

54%的跨境电商消费者认为质量和国际化比价格重要，因此，与国内电商平台上的同款产品相比，他们愿意多支付11%~30%的价格以确保高品质。

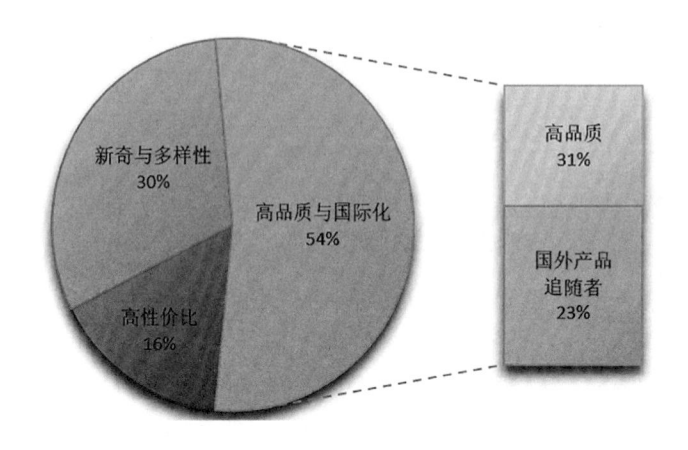

图4.5 跨境电商消费者购买动机统计

3. 提升线上购物体验

79%的消费者觉得，跨境电商平台上的一些品牌没有实体店，这使其对产品的实际体验很差。74%的消费者认为，跨境电商平台上的选择很多，但是缺乏具体的品牌介绍与宣传，这让消费者在做决定时比较困难。因此，建议跨境电商平台在市场营销方面通过接入实体店和加强品牌介绍来提升跨境电商购物体验。

4. 数据分析源

了解Google搜索引擎排名机制和优化规则，熟悉搜索引擎"蜘蛛爬行"的规律规则及原理；对境外SEO、论坛、链接、软文等网络推广方法和手段有深入了解；制定店铺SEO推广运营方案；站内优化及网站关键词排名优化，网站主页及各页面的自然流量增长。长期的被动营销，对海外买家来说，"陌生卖家=SPAM，产品不相关=骚扰"。一个专业的海外买手，往往会通过不同的渠道搜集意向供应商的各种信息，并用Excel记录

第四章 跨境电商平台站内数字化营销体系研究

和跟踪，以此辅助决策。

5. 谈单转化细节

询盘：分析客户需求，与同行对比，获得客户信任。回盘：注意邮件的表达方式，不同的表达方式会产生不同的结果。报价：与客户讨价还价；结合心理学，不可以一次性给予很大优惠，让客户对首次报价产生怀疑，应徐徐图之。生产前：一步一脚印，防止被骗，订单确定有效再进行下一步操作。下单生产：实时更新，每一个步骤都拍照，发邮件给客户，让客户对公司的专业性更为信任，为以后交易建立基础。生产完成：提前通知客户付尾款，然后让客户安排验货；如果客户不来验货，自己验并拍照发邮件。交货装柜：联系货代，拍照，了解大概到港时间，随时与客户联系跟进。

6. 利用SNS分享营销

利用好SNS分享营销，能让流量不只来自内部平台。

通过分享旺铺页面到海外社交平台，以获取更多阿里巴巴网站外的流量和曝光。可以将旺铺页面一键推广至Facebook、LinkedIn等多个海外平台，操作简单、轻松，业务询盘不放过任何一个商机。

平台商品赛道：RTS直接下单，简称阶梯价格，有商家设定的阶梯价，不同阶梯不同的价格。海外消费者拍单后，需要商家后台进行人工确认，确认后订单即生效。物流需要走平台指定的物流，不能走第三方物流。定制赛道：海外用户需要做自主贴牌定制、包装盒定制、颜色定制等。

7. 粉丝通引流

粉丝通引流虽然有一定门槛，星级客户才能使用粉丝通引流，但能收到良好的效果。

目前为止只能发布三种动态，每天上限4条，每月发布不少于15条，包括产品特点描述、关键参数、MOQ（Minimum Order Quantity，最小订单量）、价格变动、优惠信息等。

在无线端和PC端搜索店铺的产品或者访问店铺时，只要关注相应的店铺，相应店铺就出现在了对方的feeds栏里面，实现店铺的自营销。

（三）跨境电商平台营销的问题研究

1. 平台营销问题

平台营销问题是跨境电商平台营销过程中面临的一大问题。如亚马逊、敦煌网，虽然已经形成了规模，但平台营销问题依然存在，如客服个性化特征不明显，缺乏和消费者的有效沟通。很多跨境电商平台和消费者的沟通大多通过邮件、电话实现，缺乏新意，一味强调活动、价格，使很多消费者过于关注商品的价格。很多大型活动也是通过价格战吸引消费者，长此以往如果消费者没有感受到实惠，将直接影响到消费体验。虽然也有店铺或跨境电商平台利用网红、推文等进行营销，但相比邮件、电话等，这类营销成本高，并不是普通店铺所能承担的。当前跨境电商营销过程中存在的问题，都会影响到营销效果。

2. 跨境物流问题

跨境电商的发展离不开物流的配合。但跨境物流却存在着很多问题，

第四章　跨境电商平台站内数字化营销体系研究

这成为影响跨境电商营销发展的一大因素。当前跨境电商应用最多的物流形式以邮政小包、国际快递、跨境专线物流为主。每种物流形式都有其特点，也有不足。邮政小包对重量有要求，2kg以内的商品都可以通过邮政小包寄到境外，寄到境外的邮政小包也叫国际小包。在速卖通上，有90%的卖家都会采用邮政小包。但邮政小包存在配送时间长、难以跟踪物流、丢包率高、价格变化大、对运输产品的种类限制大等问题。国际快递主要包括TNT、UPS、FedEX、DHL，这四大国际快递公司的物流体系覆盖全球范围。这几家快递公司的优势是基于全球物流体系采用航空发货方式，极大地提高了物流时效。但航空快递成本较高，对普通跨境电商来讲，经常采用航空快递也不太现实。跨境专线物流是将货物通过航空、铁路的形式输送出境，然后由当地合作的物流公司进行配送。黑龙江在发展跨境电商时，专门出台了有关物流创新的政策——《哈尔滨市开展现代物流创新发展城市试点实施方案》《哈尔滨市推进现代物流创新发展城市试点三年行动计划（2016—2018年）》，主要围绕集装箱中心站、完善铁路和航空物流网络等方面促进国际物流发展。跨境专线物流的成本、时效位于邮政小包、国际快递之间，但需要在规定时间内完成大批量货物的集中才会出境，且出境后专线物流配送时效无法得到保障，无法退货，这是跨境专线物流的主要缺点。对电商来讲，物流配送是基础。但当前境外物流配送时效得不到保障、成本高，是普遍存在的问题，这些问题导致了跨境物流问题成为影响跨境电商营销的因素。

3. 缺少跨境电商复合型人才

传统电商主要面向国内市场，而国内电商市场发展相对完善，对从业人员的要求并不高。跨境电商有很大不同，对人才的需求也较高。当前跨境电商人才层次结构开始朝着多元化方向发展，不仅要求人才应具备国际贸易专业知识，还要懂得互联网、外语、电子商务、物流等相关知识，具有综合性要求。也只有满足这些需求的人才，才能更好地推动跨境电商的发展。但当前现实是跨境电商的从业人员主要从传统电商中发展而来，复合型人才较为缺乏。对大部分跨境电商来讲，他们对第三方公司、孵化基地的依赖度较高，营销活动同质化问题严重，再加上高成本的物流配送服务，很多卖家都无法形成自己的特色。高校作为人才培养的基地，电子商务专业培养方案和课程设计却跟不上时代发展，学生缺乏实践机会，很多实践活动都是基于虚拟环境实现的，与现实脱节，使得培养出来的学生无法满足跨境电商复合型人才的需求。

（四）跨境电商平台营销的趋势与对策

1. 引入O2O+社区跨境电子商务营销模式

引入O2O+社区跨境电商模式实现对社区用户的营销。跨境电商可以打造出其社区，在社区内开展适当的营销活动，如发布产品测试推文、评测视频等，让客户看到营销广告时有耳目一新的感觉。培养社区营销人才，通过专业人才提高社区营销的影响力，并在线下开设体验店增强客户体验感。鼓励客户在社区内分享购物心得，通过客户达到营销目的。通过客户的口碑宣传，提高品牌的影响力和知名度。

2. 建立海外仓与海外体验店

构建海外仓与海外体验店，打造出跨境电商的品牌。结合跨境电商的目标市场构建海外仓与海外体验店,为消费者提供体验化的服务。同时海外仓实现了境外产品的存储管理,有效降低了境外物流配送成本,提高了配送时效。建立海外体验店则能为当地消费者提供实体体验,增强消费者的体验感,逐渐树立起自己的品牌,提高知名度,为跨境电商发展助力。

3. 跨境电商人才培养策略

高校作为电子商务人才培养的基地,应积极加强和政府、跨境电商的沟通、合作,了解当前跨境电商市场对人才的需求,制订合理的人才培养方案,并通过校企合作等形式为学生提供实践机会,在实践中开阔学生视野,为复合型人才培养奠定良好基础。

第三节　跨境网店站内整合型数字化营销研究

一、数字化选品与定价

数字化选品即通过数字化手段分析、总结消费者购物数据，生产售卖符合消费者偏好和需求的产品。随着我国跨境电商井喷式发展，越来越多的企业入驻跨境电商平台。由于对国外消费者缺乏分析调研，导致当前跨境电商选品存在同质化严重、恶性竞争、运营效率低下等问题。

针对以上问题，首先，应分析不同的跨境电商平台的差异，根据平台特点和销售市场针对性地进行选品。例如，亚马逊平台主要的客户群体在美国和加拿大，从图书运营扩展到电子产品、日用品、食品等。其次，调研海外市场客户需求，精准把握消费者的痛点。例如，可利用Google Trends、速卖通的数据纵横等功能分析消费者不同季节和不同年龄的需求。最后，优化产品供应链，提高产品品质，建立产品品牌。从源头上把控产品质量，实现数字化选品的优化。

跨境产品定价主要分为成本定价法和竞争定价法。竞争定价法是根据同行竞争情况来调整产品的价格。当前由于同质化严重，往往出现价格战等恶性竞争，导致产品质量参差不齐和企业亏损等情况。在实际运营中，跨境电商卖家可通过设置批发价、物流优惠、同价销售等技巧调整产品价格。

二、大数据优化标题、详情页与图片设置

产品的标题是消费者能搜索到该商品的关键，标题中一般包含核心词、属性词、流量词。核心词就是产品的具体分类，优化标题时需要考虑不同网站的分类设置，例如，速卖通女鞋中"sneakers"归类于运动鞋。属性词即产品的颜色、尺码、型号、功能等。优化标题时须充分考虑产品的核心卖点、突出产品的特殊属性。流量词随着流行趋势和数据化搜索而不断改变，在优化标题中需要不断地进行更新替换来满足消费者的搜索需要。

详情页与图片设置是产品的进一步解释说明，不同平台对于产品图片设置的要求不同，例如，速卖通要求产品主图为800px×800px的规格，而wish平台以手机客户端为主。优化产品详情页和标题有利于提高产品listing转化率，进而打造产品品牌。

三、店铺数字化营销工具的分析

数字化营销是当今营销理念和数字化工具相结合的新模式，有利于改

善企业营销手段、优化产品供应链、拉近消费者和企业距离。

营销工具通常分为网站自有工具和站外工具。网站自有工具是跨境电商平台自有的营销推广工具，例如，速卖通的数据纵横作为自有工具，为商家提供每月热销分类、店铺装修效果、促销优惠等功能，商家可以通过购物车的收藏浏览等数据进一步对商品进行降价优化。站外工具有TikTok、Facebook、Twitter、Instagram等工具。商家通过站外引流工具、关联营销等方式提高产品的曝光率和转化率，提高产品知名度。站内引流则主要关注商家借助所在跨境电商平台本身的推广和数据分析工具以及站内的促销节活动等，促进店铺流量的增长和销量、粉丝量的增加。

（一）速卖通站内店铺营销工具分析

跨境电商主流平台之一的速卖通是跨境商家展开促销活动的主要渠道，笔者在结合调研与实际经验的基础上提出速卖通店铺促销策略分析。速卖通平台具有丰富的营销工具和促销活动，主要有店铺自主营销、平台活动、客户管理营销、联盟营销、直通车等。速卖通的店铺自主营销活动包括限时限量折扣、全店铺打折、店铺满减宝、店铺优惠券、金币兑换优惠券、聚人气和秒抢店铺优惠券、卖家互动活动、购物券等。

访谈过程中商家反馈，限时限量折扣和优惠券的设置在所有的速卖通促销方法中对销量刺激最为有效，且能帮助清除库存和推出新品。另外，限时限量折扣有助于跨境电商卖家吸粉养粉，可针对不同人群设置额外折扣，并将图标推送给特定的潜在买家；同时，设置满减条件，确保首次买家获取"多梯度满减"，而收藏店铺的买家可以获取全店铺满减。

第四章 跨境电商平台站内数字化营销体系研究

图4.6 速卖通限时限量折扣设置

另外,速卖通联盟是帮助商家做站外推广引流的营销平台,按成交计费(CPS),即若有买家通过联盟推广的链接进入店铺购买商品并交易成功,商家才需要支付佣金。首先,免费曝光,成交收费。联盟推广是按照CPS成交计费的推广方式,只有买家购买了商品才需要支付费用。不需要先充值,也不需要前期投入资金。其次,费用可控,效果可见。可自主选择推广的商品,设置不同比例的佣金,预算灵活可控。推广后效果清晰可见,为店铺带来多少流量、流量转化了多少订单、预计要支付多少费用,都清晰可查。此外,能够实现海量买家,精准覆盖。加入联盟的商家可获得在不同国家、不同App、不同社交或导购网站等站外渠道的海量推广资源,提升店铺销量及市场占有率,帮助跨境电商优化促销节活动的设计和带动流量的增长。

209

（二）亚马逊站内店铺营销工具分析

调研访谈结果与店铺运营实务分析结果显示，亚马逊平台的店铺促销特色相比于速卖通，主要体现在付费广告功能与促销模块的相互结合。"广告"模块是指在产品没有进行额外折扣的情况下进行的CPC关键词付费点击，能够帮助卖家的店铺和产品获取曝光度与流量；而"促销"是帮助卖家通过一定的折扣让买家快速下单，提高成交量。亚马逊自主促销（Promotion）包括免运费（Free Shipping）、满减及折扣（Percentage Off）、买赠（Buy One Get One）、买满再买优惠（External Benefits）、亚马逊抽奖（Giveaway），与速卖通相比，促销方式更多样化，但组合缺乏变化和新意。若同时结合两个平台的促销活动，则更能满足用户趣味互动和优惠购物的双重需求。

另外，在亚马逊平台促销活动中，最具特色和符合年轻消费者购买心理的策略之一是秒杀（Lightning Deals）。亚马逊秒杀是一种限时促销活动，参与秒杀的商品会在亚马逊"Z秒杀"页面（亚马逊上的热门页面）特别展示几小时。秒杀只需少量的费用，却能够很好地帮助买家发现商品，提高店铺销量，因为买家更有可能购买促销的商品。

此外，亚马逊平台的另一促销特色是卖家可以购买CPC广告，来增加产品在平台促销活动和用户日常搜索时的展示量，以获取潜在订单。广告设置时，须确定出价（Keyword bid），出价一般比每次点击费用高0.2～0.5美元。点击费用是由"第二名的出价+第一名与第二名之间差价的百分比+店铺表现"综合得出的，也就是说有一定额度的上限，并不是出价越高越有竞争力。广告投放中的关键词写法有两种。第一种就是在每一个"search term"里只写一个关键词，或者词组。为了完全匹配买家搜索的关键词，需要卖家们从词海里找到搜索量最多、转化率最高、点击最优的关键词。第二种方法就是在"search term"里填上大量的关键词，关键词之间用逗号隔开，达到模糊匹配的目的。同时，平台提供关键词优化工具，卖家在输入产品关键词后，可检索到同类指数词、长尾词等，并可获取"搜索量、趋势、单次竞价价格、竞价难易度"等信息，辅助合适的竞价关键词选择（见图4.7）。

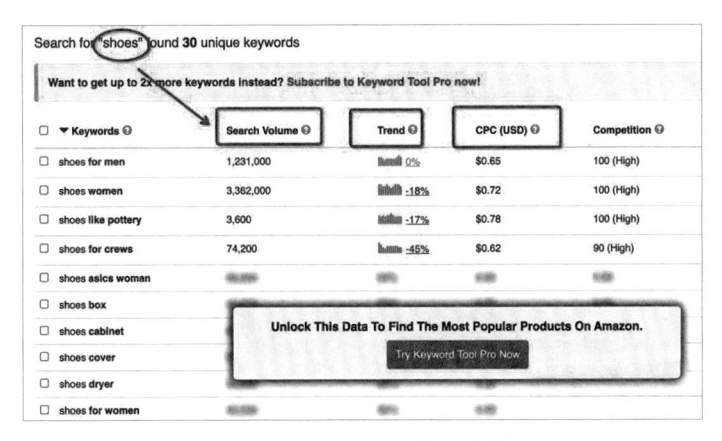

图4.7　亚马逊平台关键词选择工具

四、用户数据驱动精准店铺促销活动

（一）店铺促销活动的基本体系

跨境网店促销活动是跨境电商卖家在短期内刺激销售额、为店铺增加粉丝量和流量数据的重要策略之一，尤其对于销售电子产品、数码周边、服装、配饰等需求弹性较高商品的B2C卖家，通过微小的价格让利不仅能够带来销售量的大幅度增加，提高商家收益，也是品牌与海外消费者互动、融入海外节日文化、提升知名度与品牌形象的契机。

当前的跨境电商网店的促销活动不应再是简单的优惠促销，而应该是一个完整的售前售后系统，在刺激短期销量的同时还能与社交营销和社群营销相结合，发展产品的海外粉丝群，从而形成长效激励。因此，跨境店铺促销活动应该是包含策划、预热、组织实施、活动后舆情管理、粉丝社群维系等过程的完整体系。体系具体包含如图4.8。

> 店铺促销活动策划 ▶ 活动预热与信息发布 ▶ 活动的组织实施 ▶ 活动后的舆情管理 ▶ 社群粉丝维护

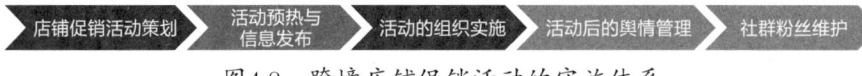

图4.8 跨境店铺促销活动的实施体系

第一步，店铺促销活动策划。商家的营销团队需在店铺用户消费数据分析的基础上，制定符合本店消费人群偏好和购买行为的促销活动组合；同时，结合各类促销活动的新玩法不断调整活动的设计。

第二步，活动预热与信息发布。做好促销活动的预热是促销活动具备参与度和粉丝量的关键步骤，跨境电商卖家需要至少在活动上线前的1~2个月将促销消息、活动时间、活动内容、优惠力度、参与方式等推送给目标人群，并不断为活动吸引参与者和推高热度。具体的方式可以包括：向店铺的历史消费者和平台上的潜在目标人群针对性地精准推送符合其消费偏好与心理的促销活动站内信，或给客户发送E-mail并附上不同等级的优惠券；同时，在品牌的社交App例如Facebook、TikTok等的主页，以图文、视频等多种形式不断发布促销活动的细节，并可在社交平台上线游戏小程序，通过病毒式营销推送，不断吸引用户加入游戏并获取可在本

第四章　跨境电商平台站内数字化营销体系研究

次促销活动中使用的优惠券、代金券、礼品等，为店铺的促销活动造势。另外，资金预算充足的品牌也可选择在地铁站、公交、电梯内、商城、写字楼外墙LED屏幕等户外宣传本次促销活动，或提前在跨境电商平台的首页购买广告位，为活动预热。

第三步，活动的组织实施。等活动细则和前期宣传落地后，跨境电商商家可以按照计划在平台设置各个促销活动，并调整店铺的类目、结构、文案、美工等匹配活动的呈现。同时，做好服务器扩容、24小时客服团队、仓库与物流管理对接等多项工作，保障促销活动的实施。

第四步，活动后的舆情管理。一方面，由于促销活动的订单量大、规则复杂，难免产生一些客诉和不满情绪；另一方面，促销活动的目的还有推高品牌在海外的知名度与形象，因此，促销活动后的舆情管理尤为重要。商家可以通过留言和包装上的宣传等多种方式引导海外买家将舆情反馈至品牌粉丝群、品牌的社交账号留言处理专区、售后邮件和留言等渠道，并有专人负责售后舆情的处理，以防止对本次促销活动的不利评论外流至网络平台，影响品牌形象。除了防止负面舆情外流，跨境商家还应主动宣传正面舆情。例如，将本次促销活动的获奖名单、促销让利情况、消费者的晒单评价、盈利的慈善捐助等主动以宣传软文、图文、短视频等形式发布在品牌的社交账号、店铺公告、粉丝群等渠道，并购买推送加以传播，为下一次活动造势。

第五步，社群粉丝维护。促销活动针对的是跨境电商平台的消费者，而对店铺粉丝而言则需要策划更多的福利，以维护粉丝群黏度。例如，针对店铺的粉丝推送特别版产品链接、粉丝专享的红包和优惠券，寄送粉丝专享礼包等，或在促销节后组织线下互动活动，维系与社群粉丝的关系并不断壮大社群。

（二）数据驱动店铺活动推广的创新方法

1. 精准视觉营销策略

由于跨境电商平台促销活动的趋同化，跨境电商公司单纯地依靠传统站内营销策略和平台营销方式已经不足以在促销活动中有效地为店铺引流和刺激销量，跨境店铺急需优化促销活动的推广与预热策略，以在激烈的同质化竞争中吸引潜在访客。

首先，商家应针对本次促销活动的主题、近期的节日、目标消费群体、产品推广的区域、对应的季节等特征相应地策划主图、视频、文案、背景、色彩、音乐、网店的导航和结构等，提升访客的视觉体验和店铺的点击率以及直通车产品的转化率。其次，提高视觉营销中的交互性元素，激发用户的兴趣并提高参与度。例如，利用综合动图、短视频、小游戏等为潜在消费者提供趣味、利益以及产品信息、模拟产品使用场景、能够解决的用户痛点、分享历史用户的评价，以及介绍产品的生产工艺、原材料、文化历史内涵等，有效提升消费者的心理认同和店铺促销活动的吸睛度，缩短购买决策时间，从而带动促销产品的销量和店铺的流量数据。

2. 递进式打造兴趣点

在店铺站内促销活动的营销中，也如同站外的软文营销和社交媒体营销一样，需要递进式地打造兴趣点。首先，通过贴合近期热点流量词和促销节主题的主图与文案策划，将产品形象故事化，打造卖点，吸引顾客。

其次,借助详情页的图片及短视频营造审美兴趣。同时,在详情页的描述中实时更新能够引起潜在消费者关注度的热点流量词,激发用户的"共鸣兴趣"。继而不断在促销活动页面中向用户呈现优惠兴趣、互动兴趣、服务兴趣、礼品兴趣、社交兴趣等,提升店铺促销活动的参与度与销售转化。

3. 情绪营销策略

跨境电商卖家在平台促销中抢占先机的重要策略之一就是与网站访客建立情绪交流,提升访问用户的体验,促使访客产生购买冲动,提升促销转化率与店铺的流量排名。首先,在建立网店用户画像、标签的基础上,针对性地选择匹配目标消费群偏好以及能刺激购买行为的音乐;同时,根据不同的促销主题定期更换背景音乐,并相应地调整音乐播放时长、音量、播放次数等,以及确保音乐的选择符合店铺的品牌定位与风格,能够营造促销节式的购物氛围和情绪,给予潜在买家惊喜和再次进店的期待。例如,卫龙辣条的品牌定位是年轻、趣味,其品牌旗舰店于六一儿童节促销期间在店铺的首页配上《射雕英雄传》主题曲《铁血丹心》,激起"大儿童"们的情怀与情感认同。其次,除了首页的背景音乐,跨境电商卖家还可以在产品详情页配上实时的动作声音,融合AR/VR技术演示产品操作和适用场景,带动消费者产生跃跃欲试的情绪,促成下单转化决策。最后,定制化的促销节产品包装与赠品能够提升消费者对品牌的认同情绪,发起正面的晒单、晒图,刺激其他访客的下单情绪。例如,英国的Molton Brown会在"黑色星期五"促销节提供定制化主题的包装,同时给买家寄送有品牌特殊芳香气味的赠品,通过感官刺激形成情绪价值,培养消费忠诚度,提升网店的复购率。

4. "元宇宙"交互式营销策略

随着各国进入互联网4.0时代，VR/AR等交互技术不断深化应用，网络购物等虚拟场景开启4D新纪元，彻底消除电商与跨境购物不能接触实物的壁垒，能够给予用户接近于线下场景的真实选购、试用、接触产品、接受服务、与场景中其他用户动态交流等交互式体验，在跨境电商卖家中形成差异化优势，提升潜在买家的购买信心，缩短消费决策时间。由Facebook等社交应用公司提出的"元宇宙"概念已经开发完成并开始接受市场检验，"元宇宙"式的交互式功能能够助力打造跨境电商的虚拟现实体验。例如，打造仿真的卖场式选购场景，用户以买家角色选择个人喜好的皮肤进入，NPC导购角色将根据用户的平台历史数据为买家精准推送产品，买家可以随意点击选择读取产品详情、操作演示以及进入试用场景，还可以切换语言，实现与世界各地其他买家的交流与社交。利用虚拟现实技术实现的交互式跨境电商体验与场景能够优化网店的响应速度、培养粉丝群，结合电商的便捷、服务、信息透明与线下购物的真实触感，有效提升跨境电商网站的访问流量与各项销售数据。

图4.9 "元宇宙"式社交电商概念图

第五章
跨境电商平台站外整合型数字化营销体系研究

第五章 跨境电商平台站外整合型数字化营销体系研究

第一节 境外社交App营销研究

一、SNS营销的含义与优势

SNS是互联网发展的产物，在2003年被提出，最初是指线上社交网络。随着人们对社交网络的不断研究，SNS在2006年形成完整的网络定义，即利用互联网实现与他人交流分享的网站。随后学者对社交网络进行了深入研究，最终得到两种被人们认可的SNS定义。一种是学者Boyd和Ellison提出的SNS定义：在网络中搭建个人空间，采用权限管理方式向他人展示自己的信息，网民可根据公开的信息进行分享。另外一种是维基百科提出的定义：社交网络是用户通过注册方式开创个人状态并能够与他人分享的网站；SNS是一种软件，这种软件是一种网络软件，可在局域网、广域网中使用。两种SNS定义都是被很多人认可的，然而互联网和数字技术不断发展，SNS的互动模式也在不断更新、变革。但是SNS无论如何发展都是一种网络服务，即网民都有自己的虚拟空间，能够与其他网民进行互动。在虚拟网络中网民之间都有一定的共同兴趣、社交关系或者其他能够聚集在一起的信息，互动过程中双方能够感受到彼此的真实存在，不像在聊天室那样是临时访客。相比国外，国内SNS社交审查比较严格，在注册中需要提供手机号、身份证等信息。

SNS分类可分为两种。第一种是按照社交网站中用户采用的媒介数量多少来分类的，按照数量的从少到多将网站分为局外人型、精选型、蝴蝶型、行家型等四类。局外人型，顾名思义，即为使用较少的社交媒体，并且主体介入不深；精选型也是采用较少的媒体，但比局外人型投入更多；蝴蝶型采用七种以上的媒体，与局外人型在投入程度上是一致的，即投入程度不深；行家型使用的媒体多且投入程度高。第二种是根据网站的功能分类，社交网站分为综合型和专业型。国内的开心网等SNS一般都属于综合型；专业型是指那些专门为某一部分人、某一目的而设立的，比如交友、校友、工作等。随着SNS的不断发展，其类型在不断地丰富，简单的分类已经不能满足现实要求，学术界正在探索更加综合的、更加合理的分类方法。

国外的SNS网站如Facebook的营销作用越来越受到企业的重视，企业在社交网站上投入大量人力、财力来强化营销效果，获得经济价值。SNS网站以真实的人际关系作为支撑，用户每天都会多次登录来了解好友状态、信息，他们积极访问SNS网站的情况，使得Facebook等SNS网站具备SNS营销的条件和可能。人人网等SNS平台通过个人状态、新鲜事、虚拟礼物、公共主页、广告位等模块实现对购物网站的广告宣传。SNS营销比一般的营销方式更加亲近受众，更加精准，在吸引消费者方面有先天的优势。在国内的SNS营销刚刚起步时，分析购物网站的SNS营销对消费者态度的影响机制具有重大意义。

二、Facebook营销的方式与步骤

从事跨境电商企业使用社交媒体平台最多的是Facebook和Twitter。其中Facebook是众多社交平台中客户使用频率最高的，是一个品牌效应很强的平台。自从2004年运行至今，Facebook已经有超过10亿用户，已经逐渐成为人们生活的一部分。Facebook与其他社交平台的关键区别在于，其用户采用实名制，这在社交中降低了社交欺诈事件发生。此外，有学者研究发现，在社交网络中都会存在一定的"能见性"，这种能见性是指用户在平台上发布信息能够与其他用户进行关联，从而体现出的一种密切关系。随着Facebook功能越来越强大，使用的人数也越来越多，从App开发人员、广告推广人员、职员到政府官员都在使用Facebook。

（一）Facebook几种主要营销方式（营销策略分析）

Facebook已成为当前跨境电商中功能强大的营销工具，目前Facebook提供的营销功能包括Facebook Business Page、Facebook群组、Facebook广告等，使用Facebook能够进行产品推广，帮助企业实现产品销售。由于Facebook有庞大的用户，加上Facebook开发人员技术精湛，使得Facebook具有强大的营销功能。

本书将分析Facebook的主要营销渠道以及如何进行营销活动，从而帮助读者制订Facebook营销策略。

1. Facebook营销如何运作

Facebook营销方式有两种，一种是自然社交营销，一种是付费社交方式。自然社交，通俗地讲是一种免费社交策略，主要是通过社交的帖子、社交广告、社交评论以及聊天等让用户关注到产品。付费社交方式是指Facebook中提供了Facebook Ads Manager管理、广告优惠等，能够让用户在短时间查看到广告，企业也在短时间内能有营销效益产生。

在Facebook上进行自然社交营销，首先用户需要在Facebook登录界面进行账号注册。用户可在电脑网页上或者手机App上进行注册，本书选择在电脑网页上进行账号注册。用户打开Facebook主界面，点击屏幕右下角的下拉选项，选择"Create a Page"，即可创建一个商业页面。用户在界面中发帖，利用Facebook中提供的用户共享功能可提升企业关注度。

如果商家需要在Facebook上投放广告，可在Facebook的导航栏目中选择商业页面，点击屏幕右上角的下拉键，使用"Manage Ads"功能，接着使用"Create"功能键可进行广告活动。这一栏目中提供了广告类型、营销目的、广告文案等说明。

为了节省企业投资，大部分企业使用Facebook进行营销活动时综合使用自然与付费两种模式。这是因为Facebook自然社交中有大量活跃的用户进行付费，而付费模式中Facebook提供了强大的广告推荐功能。

2. Facebook的5个营销渠道

Facebook拥有庞大的用户群体，因此可挖掘的商业营销机会比较多，通过归纳得到Facebook营销方式有Facebook Business Page、Facebook旗下的Instagram平台进行广告运行、Facebook Groups（Facebook群组）、

Facebook Marketplace以及相应的联合营销。

（1）Facebook Business Page——适用于与用户建立联系。Facebook中的商业页面Facebook Business Page提供了个人资料，包含信息有聊天位置、聊天信息、服务中心、用户评价信息等。用户可在添加选项中选择CTA选项，使用立即预订（Book now）或Facebook Shop。若用户在界面中需要创建Facebook广告，必须拥有一个Facebook商业页面。查看有关商业页面可使用Google浏览器，也可在Facebook上查找。一般情况下，商业页面用于企业建立品牌知名度，快速进行产品宣传。拥有Facebook Business Page也是利用Facebook广告和Facebook群组等其他营销工具的先决条件。图5.1为Facebook Business Page主界面。

图5.1　Facebook Business Page主界面

（2）Facebook广告——适用于快速向目标受众传递特定信息。Facebook提供的广告服务为企业提供了一种直接向用户展示产品的渠道，这些广告信息能够提升企业商品的知名度。Facebook提供的广告业务采用点击付费方式，这种点击付费主要针对视频观看、帖子转发等。企业拥有

Facebook商业页面后可在Facebook Ads Manager处设置广告。Facebook广告特有的功能是它为企业提供了一种能够接触目标群体的方式。利用Facebook可让企业实现特定营销目标。图5.2为Facebook广告界面。

图5.2　Facebook广告界面

（3）Facebook Groups（Facebook群组）——适用于品牌知名度的自然增长并接触目标受众。Facebook群组是由有共同爱好、兴趣、业务等的用户建立起来的社区。企业可参与到这些群组中，或者自己创建群组进行营销，这样企业能够获取自然关注，并且能够积极参与到用户的社交中。Facebook群组不是一种直接广告营销，而是通过共同的兴趣、爱好等建立的社交圈。图5.3为Facebook兴趣群组界面。

第五章　跨境电商平台站外整合型数字化营销体系研究

图5.3　Facebook兴趣群组界面

（4）Facebook Marketplace——适用于扩大额外的销售渠道。Facebook Marketplace模块主要用于分类信息管理。尽管Facebook中的用户大多数是个人，但是企业可使用该平台进行产品销售，利用Facebook Marketplace模块能够实现产品信息展示。该模块不是企业营销重要渠道，主要是让企业在客户面前有一定的知名度，提升销售量。图5.4为Facebook Marketplace界面展示结果。

图5.4　Facebook Marketplace界面

（5）联合营销——适用于口碑营销和提高品牌知名度。联合营销概念上是指有多家企业共同推广彼此产品，该过程中多家企业彼此进行产品交叉销售。这种合作方式是一种免费的策略，能够提升企业的信誉和知名

225

度。目前社交传媒营销中流行的是网红联合营销。企业可与网红直播进行联合营销，从而提升企业的曝光知名度。图5.5为Facebook联合营销界面。

图5.5　Facebook联合营销界面

（二）Facebook营销成本

Facebook是一个社交平台，拥有众多的用户，自然能够成为营销渠道，为企业提供免费的营销工具，例如商业页面、群组。目前Facebook的广告付费为每天最低1美元，属于比较低的广告成本。企业在使用Facebook的营销工具或者营销服务时，会产生一定的额外成本。如下为Facebook的五大营销成本。

1. 人工相关费用

尽管Facebook中提供了相关的免费营销业务，然而企业会安排人员在Facebook上进行营销活动运行，会有大量时间投入，企业应该考虑Facebook人工、时间成本问题。

2. Facebook广告费用

调查数据显示，Facebook的广告平均点击成本是1.86美元。目前

Facebook没有按照每月最低消费收费,而是按照每天广告活动中最低支出进行收费,这样客户可自行选择在Facebook上进行消费。统计表明,中小型企业在Facebook上平均每月消费在1000美元,能够产生540次点击。

3. 在Facebook上销售

Facebook上提供的商业页面中企业可添加购物标签,或者使用Facebook Marketplace进行销售。统计表明,企业使用Facebook销售后,每完成一笔订单会有5%的销售费用产生,对于销售额不超过8美元的产品固定收费为0.4美元。

4. Facebook工具

部分企业会选择使用第三方开发的Facebook工具进行营销,所使用的第三方工具能够帮助企业快速进行主界面创建并且带来更多的销售。但是这样的第三方工具往往会收取一定的费用,有的是按月结账,有的是一次性付清。

5. 社交媒体管理服务

部分企业由于没有专业人员,而希望使用Facebook进行销售,此时可以使用社交媒体管理机构进行管理,这样的机构主要是进行Facebook营销活动策划管理。社交媒体机构管理收费区别比较大,这与机构的知名度、服务内容等有关。

(三)Facebook营销的步骤

1. 建立Facebook商业页面

前面已经总体概述了Facebook营销活动,下面将介绍Facebook营销活动的创建。Facebook营销活动的第一步是进行商业页面创建。商业页面可作为企业、个人资料，也能够在Facebook上搭建付费广告。用户要创建商业页面，需要登录系统账户，从页面顶端中选择"Create"按钮，在该按钮中选择Page，这样能够实现业务信息填写。图5.6为Facebook商业页面创建示意图。

图5.6 Facebook商业页面创建

用户在该页面中填写页面的名称、企业业务类型，在页面中选择"Continue"按钮上传企业商标或者头像。接着选择商业页面中左侧的"About"按钮，此时用户需要在页面中完整填写信息，例如企业业务指南、企业官网、企业地址等信息。图5.7为用户添加信息页面。

图5.7 Facebook用户添加信息页面填写

第五章　跨境电商平台站外整合型数字化营销体系研究

完成业务页面中所有信息后，用户单击右侧的"Add a Button"按钮符，选择"CTA"按钮。用户在界面中选择相应业务。图5.8为营销信息录入页面。

图5.8　Facebook营销信息录入页面

在页面中选择添加或者删除按钮，用户点击主页面中的"Settings"，此时页面左侧有"Templates and Tabs"，用鼠标滚动标签到"Tabs"部分，这样就可以查看到页面中所有标签。用户在右侧的"Settings"按钮中可以选择"Settings"进行标签更新或删除。用户如果添加新的标签，就用鼠标滚动到页面最底部，使用"Add a tab"按钮实现标签添加。图5.9

图5.9　Facebook营销页面标签添加

为营销页面标签添加图。

2. 创建Facebook内容策略

当用户完成Facebook商业页面创建后，需要对商业页面内容进行完善。每个企业、用户的需求不一样，但是商业页面会为企业提供营销机会，用户在页面中输入信息完成客户资料填写，最终能够完成商业页面信息保留功能。以下是Facebook的5个常见策略和目标。

扩大受众群体：Facebook中庞大的使用者能给企业产品宣传提供信息链，使企业容易实现品牌推广。企业品牌推广主要有自然社交与付费社交两种模式。目前Facebook的用户已超过10亿人，众多的用户为产品推广提供了机会。

持续关注：利用Facebook的庞大功能为客户提供新的接触点，这样能够与受众群体建立持久关注。这对于企业的发展以及忠实客户的培养有很大益处。

挖掘潜在客户：企业使用Facebook中提供的CTA功能可在Facebook界面中建立Facebook Messenger、Facebook群组和付费广告来生成潜在客户，利用先进AI技术实现潜在客户挖掘。用户在Facebook上支付费用后，Facebook中提供了相应的推荐功能，能够将用户的产品推荐给客户。企业利用构建的数据挖掘系统进行市场营销。

推动再营销：Facebook拥有庞大的用户以及研发的广告业务能为企业提供营销活动。这些活动是将企业产品推广给用户，例如，用户点击广告可链接到企业官网、用户点击广告产品了解到企业产品。这种设计能够吸引大量用户了解企业产品。

品牌建设：Facebook用户数量大，企业应该利用这样的资源创建企业品牌，利用Facebook信息公开透明的功能提高企业信誉。

3. 使用Facebook群组

Facebook中群组可看作俱乐部，用户根据自己的需求加入相应群组中。企业可根据自己的业务加入群组中，也可根据自己的需求建立相应的群组，利用群组提高品牌知名度。Facebook群组服务范围比较广、区域也广，能够满足任何业务和全球范围。

4. 尝试投放Facebook广告

Facebook提供的广告相比其他广告费用比较低、效果显著。Facebook中广告收费是根据客户点击率以及转化率进行收费的，统计结果表明，每次点击花费大概需1.86美元左右。用户需要创建Facebook广告，则首先要登录Facebook，在Facebook主界面中选择"Facebook Ads Manager"进行账户创建，接着在首页中选择"Create New"广告活动按钮，这样可实现新的广告活动创建，最后根据提示完成账号创建。目前Facebook提供广告投放位置有九种，分别为Facebook & Instagram Newsfeed、Facebook Right-Column Ads、Facebook In-Stream Videos、Facebook Search Results、Sponsored Facebook Messenger Messages、Facebook Instant Articles、Facebook Marketplace、Facebook & Instagram Stories、Facebook Audience Network。图5.10为广告界面分布图。

图5.10　Facebook广告界面分布

5. 在Facebook上保持活跃并吸引受众

使用Facebook具有较高的活跃度是吸引用户的一种方式。Facebook不是一种一成不变的社交工具，而是需要Facebook用户以发帖、互动等方式积极参与。

最后一步是在Facebook上保持活跃。Facebook并不是一种企业可以一劳永逸的社交媒体渠道，而是需要企业在社交网络上保持活跃，才能继续扩大受众群体并保持受众参与度。以下是企业在Facebook上保持活跃的主要方式。

经常发布内容：生成内容是在Facebook上保持活跃状态的好方法。建议可以每周三天或每天的任何时间在其feed上发布内容。一般来说，企业和受众规模越大，发布的频率就越高，但仍需要考虑其行业和受众。

参与Facebook群组：在Facebook上保持活跃和吸引用户的一个简单方法是参与Facebook群组。一定要选择一个与行业相关的群组。例如，瑜伽垫品牌可以加入瑜伽群组。但须记住，群组是一种与目标受众互动的方式，而不是推销的场所。

使用Facebook Messenger：企业可以使用Facebook Messenger（Facebook的实时聊天功能）与页面访问者联系。许多人甚至使用Facebook Messenger作为客户服务工具。企业可以设置自动消息以显示给那些访问页面的人。

发布故事：在Facebook上发布故事是一种与用户互动的有趣方式。它以一种有趣、个性化的方式向受众展示当下正在发生的事情，从而建立彼此的联系。企业通常使用故事在后台分享照片和视频、展示业务更新或趋势等等。

6. Facebook相关政策

创建安全的社区：企业必须在各方面维护用户安全，不能宣传任何可能被视为危险或非法的事物，例如引发仇恨，宣传犯罪，出售非法产品或服务，发布性骚扰、霸凌、仇恨言论，虚假陈述等内容。

如果要收集用户数据，请提供隐私权政策：如果使用Facebook收集潜在客户（例如通过号召性用语）将需要提供一个隐私权政策，以分享你如何收集信息以及打算怎么处理所收集的信息。

明确陈述促销赠品或内容的规则：尽管Facebook是宣传和推广赠品、开展活动的好地方，但必须通过提供明确的规则和条款来遵守Facebook的政策。

仅使用有权使用的版权：侵犯版权是一种严重的犯罪行为，所以企业必须确保只发布自己有权发布的照片和视频。

必须遵守Facebook广告规则：所有Facebook广告都要经过广告审查程

序，以确定广告是否符合Facebook的广告政策、是否符合Facebook社区标准以及是否包含广告禁止的内容，如非法产品或服务、烟草制品、酒精或赌博信息等。

Facebook并非企业可以一劳永逸的站外推广渠道，企业需要不断监测广告效果，深入了解目标受众，制订长期的营销策略才能保证站外营销富有效果。

三、Instagram营销的优势与技巧

（一）交叉推广Instagram的账户

客户可能使用其他社交网络，如果是这种情况，则可以利用它来发挥自己的优势。在其他平台上向关注者提及企业的Instagram账户。可以使用CTA功能，例如，分享Instagram个人资料中的链接，或共享最新的Instagram营销照片和视频。由于许多人都活跃于一个以上的社交网络上，因此可能也可以说服一些人在Instagram上关注企业。

（二）借助家人和朋友

如果企业刚刚开始在Instagram上产生影响力，利用员工家人和朋友的方法就特别不错。与家人和朋友保持联系可以鼓励他们向他人指明相关企业的方向。另外，当他们因为喜欢或通过评论与企业互动时，他们的关注者可能会发现企业账户。

（三）优先参与

互动越多，为企业带来的曝光就越多。首先，应该与当前和潜在的追随者互动。尽可能多地回复评论，甚至可以回复或赞扬支持者的帖子。

此外，抓住机会与其他企业和影响者互动。这不仅会让企业有机会接触更多人，还将为可能带来更大利益的潜在合作伙伴关系铺平道路。

（四）请求和共享用户生成的内容

分享关注者创建的内容也是推广Instagram账户的好方法。确切地说，这是吸引关注者进行推广的好方法。共享了内容的人可能将其转发以供其关注者查看，从而给企业带来更多的曝光机会。

同样，请求用户生成的内容可能导致关注者标记尚未关注但可能想要提交照片或视频的其他人。在此过程中，许多其他人也可以接触到企业的业务。

（五）利用"Ins趋势"

趋势确实时有发生，当它们流行时，可以为您提供强大的工具。人们转发企业的Instagram内容，从而使企业的名字露面时，幽默的方法特别有用。另外，使用相应的标签可以极大地扩大企业的覆盖范围。

（六）始终使用#主题标签

主题标签是Instagram营销成功的重要组成部分。在每个帖子以及故事中使用它们可以吸引感兴趣的人并提高受关注度。

无须为每个帖子使用30个标签。最具相关性的受众群体会做到这一点，并且最终他们将吸引更高质量的受众。同样，最好避免使用像"#followme"和"#like4like"这样花哨的标签。这些标签不会吸引目标受众。实际上，这种方法可能会令想吸引的人讨厌。

（七）更新促销产品

要进行在线销售还是实体店销售？热门商品有现货吗？要介绍全新的产品或服务吗？这些都是可以在Instagram上分享并能够引起客户兴奋的东西。兴奋会产生参与感，并导致转发，这两者都会增加曝光率。

定期共享这些更新可能有所帮助，但请注意不要"轰炸"听众。不要让人们对购买感到有压力，或者认为企业只关心销售。要平衡促销内容与其他类型内容的发布，包括有用的信息或有趣的帖子。

四、跨境SNS营销的进展和趋势

（一）我国SNS营销研究进展

1. 营销工具

当前SNS营销工具很大部分集中在社交服务营销方面以及其他数据分析软件方面。社交服务营销方面各种研究比较多，可以说已经成为市场营销的重要基础理论。数据分析软件核心算法是数据挖掘算法，通过采集社

第五章　跨境电商平台站外整合型数字化营销体系研究

交服务运营数据，利用编写好的数据挖掘算法进行数据分析，从海量数据中挖掘有价值信息。社交服务营销工具按照互联网发展可分为Web1.0、Web2.0、Web3.0三个时期。Web1.0是互联网发展初期（2003年之前），该阶段是以BBS论坛为主，中心特征是用户被动地接受内容，此时的代表是精英文化的论坛营销，也是虚拟社区营销发展的基础。Web2.0时期（2003—2010年），可分为用户写作内容（2003—2005年，博客）和用户分享交流内容（2006—2010年，社交网站以及微博）两个阶段，此时的代表是草根文化的博客营销及微博营销。Web3.0时期（2010年至今），各类SNS营销工具（比如微信）开始跨界整合，类型呈现明显的多元化，此时的代表是个性文化的微信营销。随着SNS营销工具的不断发展，用户与企业的信息发布和获取成本都大大降低，为SNS营销提供了越来越丰富的可能性。数据分析工具利用社交服务营销工具深入挖掘现有客户的特征，将其分类，进行分类营销。其更具有精准性，便于市场定位。常用数据分析工具有百度指数、统计软件工具、关键词挖掘工具等。举例来说，一是百度指数，它是以百度海量网民行为数据为基础的数据分享平台。可以研究关键词搜索趋势，把握市场动向进而了解搜索背后的真正诉求，定位人群特征，分析市场特点。二是统计软件工具，利用统计软件对用户数据进行数据分析，常用的统计软件有SPSS。三是关键词挖掘工具。关键词挖掘的基本目的主要有以下三个：首先是保证目标关键词具有一定的搜索量，其次是保证关键词排名优化具有可操作性，最后是保证提高网站来访流量的转化率。只有将三者有效结合起来的关键词才是我们认为的精准关键词。

2. 营销策略

SNS营销策略主要集中在宏观层面和微观层面，其中宏观层面研究比较多。微观层面研究主要体现在体验式、互动式、数据库式三方面。SNS社交平台体验式营销的常用手段包括虚拟礼物和游戏植入两种，SNS社交平台的常用互动式营销方式包括视频营销、兴趣营销、口碑营销，最终达到病毒性营销。SNS社交平台用户资料的真实性和完整性为企业进行数据库营销提供得天独厚的条件。例如，Facebook建立了强大的数据库，利用用户的数据库信息，为企业提供人口统计、市场调研、投票等服务，实现数据库广告营销。宏观层面研究主要体现在管理策略、目标策略、平台策略、预算策略四方面。一是管理策略。管理策略主要体现在SNS营销是自营还是外包的选择。艾瑞建议在团队建设和能力水平欠缺的阶段，应依托专业代理公司进行SNS营销，同时企业内部需要搭建起专业的SNS营销团队，并且随着企业SNS营销水平的提升，持续优化组织结构；随着企业SNS营销体系完善，基础SNS营销活动可以让企业自运营和用户进行交流，维护企业在SNS中的形象。二是目标策略。不同类型企业的SNS目标设定不同。传统企业类型，SNS营销目标是提升品牌知名度、市场占有率、年度销售额、销售毛利率；电子商务类企业，SNS营销目标是提升潜在客户数量和品牌知名度，维系老客户以及降低客户流失率等反向指标。综上所述，企业通过SNS能实现的主要有品牌提升、客户经营、流量转化三大目标。三是平台策略。艾瑞认为平台选择的核心策略是以用户和企业营销目标为导向的。每个SNS都具有自身的特点和核心优势，平台的选择不能盲目跟风，需要根据企业的最终营销目标选择最佳组合。四是预算策略。当前SNS营销代理公司服务水平差距较大，价位也从几千元到几十万元甚至上百万元参差不齐。根据行业经验，月均15万~20万元是当前企业有效开展SNS营销的大致费用水平。通常情况下需考虑基础运营费用、Campaign和App费用及社会化广告投入等方面。

3. 营销评价

SNS营销相关指标评价对SNS发展有重要作用。目前有大量学者进行了SNS营销评价指标研究。主要体现在以下几方面。一是行为科学视角。有学者采用技术接受模型为基础模型，在该模型基础上增加问卷调查，利用SPSS统计分析软件进行结构回归分析，对影视文化产品SNS营销进行实证研究；周蓓婧等以TAM和IDT（创新扩散理论）为理论基础，以我国微博用户为样本，通过结构方程模型对消费者参与意愿进行研究。二是评价指标视角。方琼等根据SNS营销特点，建立相应的评价指标体系，并利用模糊综合评价法建立评价模型；赵爱琴等结合我国企业微博运营现状，提出评估企业微博营销效果的模式与指标，并试图为企业微博营销效果评估的应用提供理论与实践支撑。三是评价方法视角。田广等基于互联网时代下消费者行为模式，对微信客户转化率指标进行AISAS模型的构建优化，以帮助企业通过对微信客户转化率的分析，来评估微信营销的效果，从而使企业实现营销投资回报最大化。毕凌燕等基于用户行为视角，根据微博传播信息流，结合PageRank算法思想和用户行为权值，提出一种评价企业微博博文营销效果的量化方案。以当当网发布的微博博文及其转发与评论作为研究样本，依据评价方案筛选出营销效果排名前八的博文并做进一步分析，进而给出提升企业微博运营效果的策略建议。

（二）我国SNS营销发展趋势

通过对我国SNS营销工具、策略、评价等方面的梳理，发现该领域在理论上取得了丰富的研究成果，具体呈现了SNS营销认识动态化、商务智能方法和社交平台结合深入化、营销策略微观化、评价思路多元化的发展趋势。一是SNS营销认识动态化。从互联网早期的BBS论坛，到后面的博客、微博、微信的社交平台形式的递层发展，人们在不断深化意识、充分利用现有的客户资源、深入挖掘潜在市场中加深对SNS营销的认识。二是商务智能方法和社交平台结合深入化。针对不同的营销平台（比如微博、微信等）用户、不同的浏览和消费习惯，对用户的数据进行挖掘和分析，便于细分市场和市场定位。但目前针对用户文本数据的智能分析有待加强，比如，对用户的互动文本和商品的用户评价的分析。三是营销策略微观化，主要表现为用户的行为和技术的紧密结合，从宏观层面的管理策略、目标策略、平台策略、预算策略，向体验式、互动式、数据库式SNS营销转化，特别是要注重用户个性化和社交化的需求。四是评价思路多元化，以更好地监测SNS营销实践。不同学者从行为科学、评级指标和评价方法视角积极尝试利用相关领域（信息系统、系统工程、管理科学）等对其进行研究，丰富了SNS营销评价领域。

第五章 跨境电商平台站外整合型数字化营销体系研究

第二节 SEM搜索引擎营销研究

一、搜索引擎营销的概述

在当今的网络经济时代，消费者的行为模式发生了一系列显著的变化，搜索成为互联网时代消费者行为模式中的重要环节（Huang等，2009）。搜索引擎技术的不断完善大大降低了人们的搜索成本。只要消费者键入关键词进行搜索，就意味着由消费者驱动的需求开始生成，正好符合现代拉式营销理念。同时，搜索引擎营销在控制成本、品牌推广、挖掘潜在用户、针对目标客户群等方面拥有得天独厚的优势。在这样的背景下，搜索引擎营销成为企业产品营销的重要方式和渠道。1994年，Yahoo等分类目录型搜索引擎的出现标志着搜索引擎营销（Search Engine Marketing，简称SEM）的诞生，而2000年点击付费模式的产生让搜索引擎营销获得了长足的发展，之后，随着互联网的发展及互联网使用人数的增加，搜索引擎市场迅速扩张。有关数据显示，有4.7亿的互联网用户选择将搜索引擎作为获取信息的一种途径，占网民总数的79.6%，并且互联网用户中有很大一部分人对搜索引擎有着比较强的依赖感（CNNIC，2013）。而艾瑞发布的研究报告显示，2013年第一季度，中国搜索引擎市场规模达74.1亿元（艾瑞，2013），同时搜索广告营收占网络广告营收的比例逐年上升，搜索广告已成为中小型企业的最佳推广渠道。搜索引擎刚出现时就有学者认为它将成为一种重要的营销工具，这些年来，国内外不少学者从各方面对搜索引擎营销进行了研究，取得了不少研究成果，但是这些研究成果一直未得到较为系统的梳理。鉴于此，本节在文献阅读的基础之上，对有关搜索引擎营销的已有文献进行了综述，希望有助于国内学者在这一领域开展深入的研究。

（一）搜索引擎营销概念与模式

1. 搜索引擎营销概念

"搜索引擎营销"概念最先是由GoTo公司提出的（Edelman等，2006）。从用户的角度来说，搜索引擎营销是指根据用户使用搜索引擎的方式，利用用户检索信息的机会，尽可能多地将营销信息传递给目标用户（冯英健，2004；Sen，2005）。从企业的角度来说，搜索引擎营销是指企业通过企业网站采取提升自然排名、推出付费搜索广告等与搜索引擎相关的行为，来使企业网站在搜索引擎上显著列示的营销手段，其目的是吸引目标受众访问企业网站（Telang，2004；李莎，2005）。实务界一般将搜索引擎营销视为网络营销的重要组成部分，通过页面优化和做广告来提升企业网站在搜索引擎结果页面中被关注的概率（Search Engine Land，2007）。综上所述，我们认为搜索引擎营销就是企业网站通过改变自身在搜索结果页面出现的位置，利用搜索引擎推广产品和服务的营销活动。

2. 搜索引擎营销模式

搜索引擎是网站推广的重要手段，也是用户发现新网站的最普遍途径（Telang等，2004）。当今主流的搜索引擎营销模式有两种，即付费搜索广告和搜索引擎优化。在付费搜索广告模式下，作为广告主的企业根据自身产品和服务的特点向搜索引擎提供商购买关键词。如果用户在进行搜索时所输入的关键词与广告主购买的关键词相符，搜索结果页的推广链接（sponsored links）区域就会出现广告主的网页链接。付费搜索广告根据收费机制分为定价排名和竞价排名两种。定价排名根据时间段固定收费，前三个位置固定价格较高，后面位置上的企业链接会依次轮换显示。如今，定价排名机制在业界已经基本上被竞价排名机制所替代。竞价排名是指广告主通过关键词拍卖（keyword auction）来就其网页链接在推广链接区域出现的位置展开竞争。在广告主针对某一关键词出价之后，搜索引擎提供商主要根据竞价和关键词相关度来决定广告主网页链接的位置。广告主支付的费用由实际点击量和价格两个因素共同决定，即采取点击付费广告模式。搜索引擎优化就是让企业的网站更容易被搜索引擎收录，并且在用户通过搜索引擎进行检索时在检索结果中获得好的位置，从而达到网站推广的目的。搜索引擎优化能够确保企业网站与搜索引擎有效连接，同时可以提升网站在所选关键词下的搜索结果页中的排名（王琰，2004）。搜索引擎优化又被细分为网站内容优化、关键词优化、外部链接优化、内部链接优化、代码优化、图片优化、搜索引擎登录等。通过这些方法，企业不需要向搜索引擎提供商付费，就能使搜索引擎将企业的网站链接收录在搜索结果页中自然搜索（organic search）区域靠前的位置（Yalom & Kose，2010）。通常搜索引擎优化被认为是提升网站排名最根本、最有效的方法。应当注意的是，搜索引擎优化对于搜索用户满意度的影响是模糊的。一方面，搜索引擎优化技术可以通过搜索引擎帮助企业抓住潜在用户；另一方面，搜索引擎优化技术也可以利用搜索算法的漏洞来操纵自然排名，从而扰乱自然搜索。一般认为，搜索引擎优化在给互联网市场带来了新的机遇的同时，也给市场和网页的搜索引擎排名带来了巨大的挑战（Lin，2013）。付费搜索广告和搜索引擎优化都是现今主要的搜索引擎营销模式，两者各有优劣。一方面，一般来说，对于搜索引擎优化，广告主花费较少且多为一次性花费，而对于付费搜索广告，广告主需为搜索用户的每一次点击付费，花费较多。同时，付费搜索广告还要面临无效点击的风险。但另一方面，尽管不同的关键词费用不同，但付费搜索广告在支付费用后往往在搜索结果中表现出较高的稳定性，而且位置保留时间更长。而搜索引擎优化受搜索引擎算法的影响较大，要确保在每个关键词下都出现在排名靠前的位置，不确定因素很多，如当搜索引擎采用新的参考算法时，已有的优化成果会变得毫无价值。此外，在竞争对手也采取优化策略的情况下，排名的保持时间较短（Chen等，2011）。

（二）搜索引擎营销理论研究

1. 付费搜索广告

如前所述，搜索引擎视角的主流研究问题包括关键词拍卖和可能性改

第五章 跨境电商平台站外整合型数字化营销体系研究

进的优化设计、搜索引擎收费模式、恶意点击对搜索引擎提供商收入的影响等。关键词竞价排名是付费搜索广告的主流手段，学术界现有的关于关键词竞价的研究已经比较成熟，且主要产生了三个研究方向，即关键词价格预测与竞价策略、关键词点击率和转换率、拍卖机制。

（1）关键词价格预测与竞价策略。关键词是付费搜索广告的核心元素。广告主希望用尽量低的价格获得最好的位置，这既涉及对搜索引擎拍卖机制的理解，也涉及与其他广告主的出价竞争。在价格预测方面，现有研究多基于不同的理论建立自己的价格预测模型或函数并进行验证，如回归模型（Jank等，2006）、遗传算法（Munsey等，2009）等；也有一些研究将关键词分成品牌关键词和一般关键词，并从用户的角度发现，面对不同类型的关键词，用户的行为存在差异（Yang和Ghose，2010）。在竞价策略方面，广告主的最优出价策略往往与竞拍规则有较强的联系，很多研究选择博弈论模型进行一般化的讨论。但在现实中，企业间的竞价是一个动态的过程，企业掌握的信息也并不充分。据此，姚洪兴和徐峰（2005）建立了基于有限理性的双寡头广告竞争博弈模型，发现由于有限理性，企业无法迅速达到纳什均衡，需要经过长期的动态调整，而在调整过程中，企业很容易陷入混沌状态。一个类似的模型由Lim和Tang（2006）提出，他们发现，只有当两家企业对自己收益的预期都足够高时，这种竞标过程才可能达到平衡，而且有关搜索引擎提供商所提供服务有效性的信息是企业竞标行为最重要的影响因素。此外，有的研究从不同的视角考虑广告主的竞价策略，例如，Dou等（2010）提出了广告的品牌和排名问题，并通过研究发现，如果不知名品牌的广告能排到知名品牌广告的前面，那么用户将有很大概率记住不知名品牌，而且更愿意点击进去；也有的研究针对特定的拍卖机制设计交易代理，通过优化位置和出价的关系来帮助广告主减少支出（Kitts和Leblanc，2004）。Katona和Sarvary（2010）以用户的点击率和转化率为评价标准，研究了存在多个广告主链接时采取的竞价策略，并对不同的位置进行了估价，发现由于高排位的价格劣势以及自然搜索结果对消费者点击率等的影响，在付费搜索结果中排在第一的广告所带来的收益往往不如排在第二的，但是当一个网站的知名度比其竞争对手高得多时，上述因素的影响将无法超越网站自身优势的影响。而Pardoe等（2010）深入研究了关键词竞标代理的运作模式，提出了一个最佳策略，即在观察第一阶段和第二阶段投标价格的动态反应后进行竞价估计，并证明了策略的有效性。

（2）关键词点击率和转化率。通常情况下，我们认为用户点击广告的可能性随广告位置的下降而迅速减小，只有将点击率高的广告放在靠前的位置，才能提高广告主的收益，同时也能提高用户对广告的满意程度。如果用户根据自身的知识和经验，判断搜索结果中出现的品牌信息与自身的需求契合度较高，那么用户的点击率和转化率就比较高（Rutz和Bucklin，2011）。近年来，通过不同分析方法的运用，这方面的研究也取得了不少成果。Hotchkiss等（2005）通过追踪用户浏览搜索结果页面时的眼球运动，发现无论是在推广链接区域还是在自然排名结果中，最靠前的三个链接获得的点击率都是最高的，并据此提出了"金三角区域"概念。Feng等（2007）用实验法，模拟和比较了四个分配推广链接位置的机制，证明广告主支付意愿和检索关键词强相关。Regelson和Fain

（2006）提出了一种基于分层聚类的方法，首先处理用户历史数据不足条件下的点击率预测问题，与传统的预测方法相比，该预测方法的准确度能提高约40%。在此基础上，一些研究引入贝叶斯模型，进一步探索了单个关键词特征对搜索结果的影响。Rutz和Bucklin（2007）发现，尽管广告主会购买一组关键词，但大部分关键词不能带来收益，即转化率为0；而Agarwal等（2011）通过研究付费搜索广告的位置对广告所创造利润的影响，发现最上面的广告有最高的点击率，但利润并非最高，为了获得更靠前的位置所付出的成本有时会大于其带来的收益。Ghose和Yang（2009）则探讨了点击率、转化率、每次点击费用、排名等对广告表现的影响，得出位置越靠下的广告转化率越低，且每一次点击带来的收益随广告位置的移动而变化等结论。类似地，也有学者将蒙特卡罗分析方法应用于对Google和Yahoo！两大搜索引擎转化率的研究，从广告主的满意度和用户的搜索体验角度讨论其对最终收益的影响，结果证明，在按出价从高到低排名的规则下，广告主考虑点击率对于最大化收益是没有必要的（Lahaie和Pennock，2007）。而Rutz和Bucklin（2011）构建了一个动态线性模型来研究品牌的潜在外部影响，并通过贝叶斯估计将模型应用到付费搜索活动中，结果表明，增加通用搜索能积极影响品牌搜索，但品牌搜索不影响通用搜索。

（3）拍卖机制。拍卖机制决定了广告主所投放广告的最终排名，好的拍卖机制应该能保证出价高的广告得到更多的点击，以提高广告主的支付意愿，并最终增加搜索引擎提供商的收入。与根据收入排名的机制相比，竞价排名可以给搜索引擎提供商带来更高的利润（Vorobeychik，

2009）。Milgrom和Weber（1982）曾用博弈论的方法证明了当竞拍者为风险中性时，第二价格密封拍卖的平均成交价格要高于第一价格拍卖与荷兰式拍卖，采用第二价格拍卖可以提高拍卖者的收入。Edelman和Ostrovsky（2007）通过引入VCG机制来减少投标人的战略行为，提高搜索引擎的收入和效率。之后，广义二阶价格（GSP）拍卖模型被引入，并被与VCG模型进行比较（Edelman等，2006）。Feng（2008）设计了一组常规排名对象销售的"最优机制"，并讨论了在平行、收敛、发散以及先收敛然后发散四种程式化情况下买家和卖家获得的收益，结果证明该机制在四种情况下均明显优于简单的第二价格连续拍卖机制。Zhou和Naroditskiy（2008）考虑预算约束，构建了一个随机选择竞价模型，同样显示了非常不错的实际效果。也有研究基于点击付费模式（pay per click）设计了按行为付费（pay per action）的模式，它比原模式拥有更高的收益和更小的风险（Mahdian和Tomak，2008）。Gluhovsky（2010）总结前人的研究，比较了用来预测与拟合相关关键词拍卖重要参数（如出价和点击率）的四个模型，这些模型的有效性都经过了实证研究的验证。另外也有一些混合拍卖机制被提出，同样被证明有不错的收益（Varian，2007；Goel和Munagala，2009）。

上文所述的研究为充分认识付费搜索广告的关键词竞价预测方式奠定了基础。这些研究不仅运用各种途径和方法帮助广告主做出恰当的出价决定，也为整个战略和招标的实施提供竞价预测。这可以让广告主通过有效的管理关键词组合而大大受益，并避免由出价过高造成不必要的营销费用损失，同时也能够帮助搜索引擎提供商塑造成熟的搜索引擎营销市场，提高搜索结果质量,从而吸引更多的用户。此外,由于贝叶斯方法的广泛应用,我们能够发现其在信息不对称的环境中在预测投标和投资回报率方面的潜在效用。

2. 搜索引擎优化

搜索引擎优化是一种重要的服务模式,通过这种服务,广告主的网站能够在用户搜索相关关键词的自然排名中尽量靠前(Yalcm和Kose,2010)。广告主通过这一过程,可以增加其网站从搜索引擎中获得的流量,这也是搜索引擎优化的意义所在(Kisiel,2010)。因此,搜索引擎优化是广告主市场营销策略的一个重要组成部分(McGaw和Vilches,2009)。通常,广告主可以修改其网站代码,比如,修改标题标签、元标记、链接或页面的其他区域,使得与其他网站相比搜索引擎算法能够给予优化后的网站更高的分数,并使其能够被多种搜索引擎检索到,从而提高其在搜索结果页中的排名(Rashtchy,2004)。从理论上讲,搜索引擎优化是提升网站排名最根本、最有效的方法。与付费搜索服务的提供商不同,搜索引擎优化服务的提供商往往是非官方的小型搜索引擎优化公司。但在实际的互联网营销过程中,企业往往更愿意去购买一个较高的排名,而非冒险去投资优化自己的网站以获得较高的自然排名。这其中虽有稳定性、风险等方面的考量,但更重要的是成本上的比较。事实上,从互联网广告主的角度看,搜索引擎优化并不是最理想的选择,某些时候选择搜索引擎优化的投资甚至比付费搜索广告要高(Sen,2005)。现有的关于搜索引擎优化的文献几乎都与搜索引擎优化的介绍和技术的优化这两方面有关(Malaga,2009)。PageRank算法作为Google搜索排名算法的重要组成部分，有一系列与之相关的问题被研究（Richardson和Domingos，2002；Kamvar等，2004；Evans，2007）。也有一些文献涉及针对某种搜索引擎进行的优化，比如Beel等（2010）以Google scholar为例从选择关键词、根据关键词修改文章、文章的发表等角度提出了一种学术搜索引擎优化（ASEO）方法，并对过度优化的风险进行了探讨，指出学术搜索引擎优化的作用在于帮助搜索引擎了解被检索文章的内容，从而使其被更好地接受，但一篇文章真正的影响力还取决于它在行业内受认可的程度。Malaga（2008）从技术的角度将搜索引擎优化技术分为黑帽技术和白帽技术，并介绍了黑帽技术的一些主要手法，如无形元素、html注入等，他提醒大家要注意黑帽技术的危害，但同时也不能忽视其优化方法。Wilbur和Zhu（2009）进一步对点击欺诈进行了探讨，他们通过实证研究发现，广告主会因此降低他们的出价，直至点击欺诈无利可图；同时他们建议搜索引擎提供商引入经第三方审计的点击欺诈检测算法。另外一些研究旨在探讨搜索引擎优化和付费搜索广告之间的关系。Sen（2005）综合考虑广告主的付费搜索广告和搜索引擎优化，考察了不同比例投入下广告主得到的最终利润，发现当策略达到最优时不应该采取任何搜索引擎优化行为。Yang和Ghose（2010）对比付费广告列表（推广链接）和自然广告列表（自然搜索）中的广告，发现两者的平均点击率有正向依赖关系，且通过反事实实验（counter factual experiment）证明了这种正向依赖可以增加企业的预期利润。而White（2013）以搜索引擎的利润为切入点，从搜索结果的质量、左右侧的关系等方面探究了如何更好地为广告主服务的问题，他认为搜索引擎的自然排名结果是吸引用户的根本因素，自然排名质量越高,付费广告取得的效果越好;但同时,自然排名质量的提高也会导致商品均衡价格的降低,进而影响广告主的利益。

当然,我们也必须意识到,实施一项有效的搜索引擎优化项目,其最大的障碍是每个搜索引擎都有自己的算法与要求,也就是说,一个互联网网站针对某一搜索引擎所做的优化并不适用于其他搜索引擎(Sen等,2006)。例如,要想在Google搜索结果页中取得较好的排名,网站应清晰、准确地描述内容,不能涉及交叉链接;而要想在Yahoo!搜索结果页中取得较好的排名,网站应包含交叉链接设计。各种搜索引擎不同的算法和要求使得搜索引擎优化更加艰难并且花费巨大。另外,搜索引擎会对自己的自然排名算法进行调整和改变,这使得优化后的高排名很难维持,也导致点击量无法预计。因此,在选择进行搜索引擎优化时,必须猜测并且适应千变万化的市场,以保持自己的位置,或者提高自己的排名。正是这些因素影响了搜索引擎优化市场的进一步扩张。

二、搜索引擎营销工具的特点与比较

(一)与企业网站关系密不可分

搜索引擎营销以企业网站为基础,在企业网站上发布有关产品的最重要信息。没有企业网站的建设,就没有搜索引擎营销的推广,企业网站建设的好坏对营销的效果产生直接的影响。企业网站的建设目标是吸引目标受众,提高点击率,增加访问量,但是要结合使用性和美观性等特点优化网页，使更多的客户真正获得所需信息，而不是单纯地吸引，只浏览而没有成交量。一个成功的搜索引擎营销首先要做的就是构建一个优质的企业网站，通过这个网站来连接用户，从而达到合作的目的。

（二）索引作用

在搜索引擎营销的过程中，客户通过搜索引擎检索到企业信息，但是根据搜索引擎检索出来的结果只是所需信息的索引部分或是一部分摘要，而不是全部内容。因此搜索引擎搜索的结果只是所要查找的内容的一个简单介绍，用户只有选择了点击此处的链接，才能真正进入该企业的网站。如何尽可能地将顾客所需要查找的内容反馈回来，把用户真正想看的有价值的信息反馈出来，这是搜索引擎营销需要不断完善的内容。

（三）用户选择是前提

用户在提供的检索结果中，自主选择点击页面，这一特点是区别于其他营销方式的重要部分。搜索引擎营销以用户主动索取，提取所需为前提，用户主动选择搜索引擎，主动选择提取查询的结果，让用户具有更多的自由选择余地，减少了被动干扰的过程，最符合人们个性化的心理，也最迎合营销的基本思想。

（四）精准度定位

蜘蛛程序的检索过程，是第一轮的筛选，虽然准确度不高，但是能过滤掉一些设计不合理或是页面不合格的网页。用户通过搜索引擎营销的关键词广告，可以更加准确地定位所需的内容，最后主动选择，结合自身需求，衡量企业的发展前景，选择最符合的页面来点击。这样可以使用户目的更加明确，从而达到增强营销的目的。

（五）间接性的效果

搜索引擎营销的效果表现为网站访问量的增加，而不是直接提高销售收益，所以说搜索引擎营销可以提高收益，但不是绝对提高。搜索引擎营销只是一个必要条件，最终收益提高与否的决策权还在于用户和企业自身。即使合作桥梁构建了，但最终是否选择，要看企业能否满足并符合用户的需要。

三、搜索引擎优化的含义、目标、方法

（一）搜索引擎优化的含义

搜索引擎优化（Search Engine Optimization，简称SEO）是指企业通过了解各类搜索引擎的检索原则，来对企业网页设计进行优化，从而使网页在搜索引擎中排名靠前，达到提高网站访问量、实现盈利目标的搜索引擎营销模式。

搜索引擎优化是最重要的搜索引擎营销策略。利用技术的改进来完成业务的提高，比利用增加广告的花费来增加业务销量更具有实用价值。搜索引擎优化主要针对三方面进行优化部署，一是针对企业网站进行优化，

二是针对关键词进行优化，三是对搜索引擎技术本身进行优化。Google的推广形式就是通过搜索引擎优化来提高访问量的。搜索引擎优化和关键词广告的主要区别在于：搜索引擎优化适应搜索引擎的检索规则，从而使得自己的网站可以在检索结果中处于显著位置，但这种检索结果完全取决于搜索引擎，一般无法做到自己控制，或者保证某个网站在搜索引擎中的排名和索引信息内容，只能通过自己的努力在一定程度上影响搜索引擎的检索结果。随着搜索引擎网页数据库的刷新，这些信息可能发生变化，从这些显示的信息中，未必可以发现用户感兴趣的内容。关键词广告则在很大程度上是广告用户可以自己控制的，如显示的广告内容、链接、期望的显示数量等，因此具有可预期和可控制的特点，比正常的网页检索内容更有优势。当然，这是以付出广告费用为代价的。

（二）搜索引擎优化目标

网站是网络营销的根本，做搜索引擎优化的终极目标是流量、销售，网站的跳出率直接决定销售率，而用户体验直接影响了跳出率。与其过度重视网站内容、外链，虽然可使流量提高，但网站跳出率太高；还不如从用户体验着手，优化搜索引擎，这样可以避免后期因大幅度修改网站而带来的关键词排名波动甚至消失的影响。

简单地说，用户体验就是一个人对网站特定的内容产生情感的行为，可以是厌恶、喜欢等；从本质上讲，用户体验是确保网站访客能够得到对他们而言有价值的信息。影响网站用户体验的具体因素主要有以下几方面。

第五章　跨境电商平台站外整合型数字化营销体系研究

1. 网站打开速度

如果一个页面打开需要超过5秒甚至是更多的时间，那么你的网站跳出率可能达到80%以上，这里笔者整理了几个优化网页打开速度的常用方法。

（1）服务器配置。如果服务器内本身存放的网站比较多，就应该提升服务器配置，主要包括：内存、CPU、带宽（站点多可以合理分配每个站点使用带宽上限）。对于动态程序，可以利用服务器缓存、gzip（文件压缩）。网站页面如果能够静态化，就尽量静态化，静态化页面加载比动态页面速度要稍微快一点。

（2）网站本身。优化图片大小，多个小图可以做成透明镜png小图，使用CSS Sprite来优化，单个小图不要超过45KB，大图不超过120KB，如果图片色差较大，建议使用jpg格式；CSS、js要进行压缩，引用的时候要注意编码格式，CSS文件应该在文件加载之前最先引用，js尽量放在末尾，多个js文件尽量整合。如果网站页面本身较长，可以使用imgloadzy惰性加载技术。图片较多的站点可以采用CDN，将图片文件存放到专门存放图片的服务器，这样并发加载，网站打开的速度就会提升很多。

2. 页面结构扁平化

页面结构扁平化不仅仅利于搜索引擎优化，更重要的是方便访客浏览网站的内容。图5.11是一个典型的网站扁平化结构示意图。

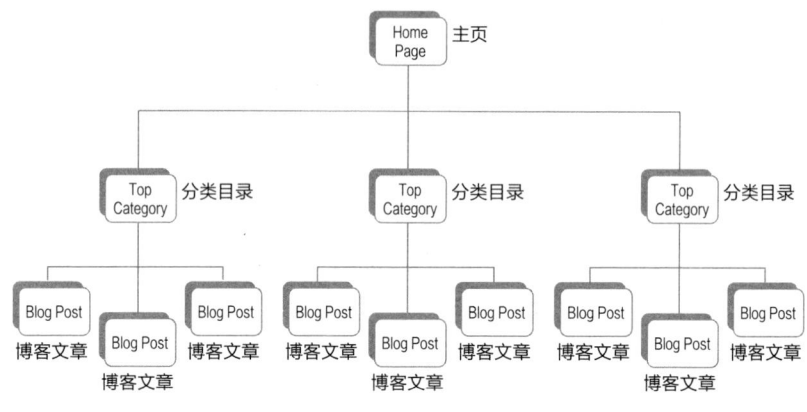

数字时代下整合型跨境网络营销体系研究

图5.11 网站扁平化结构示意图

（1）网站内容专业性、可靠性。访客按照搜索引擎的结果，来到网站阅读内容之后，首先会对网站中的内容有大致的了解。其次会对网站中内容的真实、可靠性进行一个判断：如果可信，那么这就是他需要的答案；如果不可信，那么他就会跳转，继续查看其他页面，直到找到需要的为止。这是一个很正常的页面浏览过程。我们从用户的行为中就可以看到，网站内容的专业性、可靠性会影响用户行为。如何增加网站内容专业性、可靠性，有以下几种方法。

①内容通顺，图文排版正确。

②有访客需要的信息（内容真实客观、不凿空、条理清晰、有理有据）。

③重点的内容加粗标志，名词概念用超链接标志。

（2）视觉设计。颜色搭配是否符合网站定位，风格设计是否符合目标用户喜好，这也是决定用户是否停留在站内页面的因素之一。此外，还有页面中视觉焦点的设计。正常情况下，人们看页面时，视觉首先是停留在中间，然后向左上，然后右移到右上，然后向左下，再然后向右，这样就形成一个"之"字形，"之"字的拐角处就是页面焦点。根据这一特点，我们可以把重点的内容放在焦点上，去吸引访客的注意，帮助他们尽快找到需要的内容；当然，页面视觉设计不仅仅是"之"字形设计那么简单，还有很多要求。总之，我们要利用视觉设计去引导访客浏览，而不是被动地等访客查询。

（3）其他。页面最好可以兼容多个终端；页面色彩符合产品或者是服务特色，让访客感觉舒心；创建高质量的内容供访客阅读，还可以添加搜索引擎，确保访客可以得到他们需要的内容；网站内容是有组织、结构化的，添加信任元素如奖状、奖项等，与访客建立信任关系；时常更新网站内容，让网站活跃起来。

（三）搜索引擎优化方法

1. 关键词广告的优化

搜索引擎的关键词广告使用方法前面已分析，本章将根据搜索引擎的特点提出优化方案，从而实现产品营销。

（1）关键词广告的特点。广告营销中关键词通常为文字信息，一般是在搜索页面的右边区域进行搜索，百度、Google、360搜索引擎都是采用这样方式。

关键词广告设置应该合理。在搜索引擎中关键词广告应该和常规的搜索方式区分，这样不会有太大的干扰，消费者在搜索过程中能够一目了然地查看到广告结果。

广告对应的关键词广告费用能够控制。广告营销中广告费用应该是灵活收费，根据用户的点击率进行收费，当用户查看广告后才收取费用；如果网页仅仅显示而没有用户进行点击，就不应该收取费用，这样的广告花费才科学。为控制成本，应对广告的预测进行控制，用户在选择广告时可按照费用高低进行点击，不同的关键词有不同标准，用户可按照从低价到高价的方式选择广告，最终实现控制预算。

关键词广告易管理。如果使用关键词广告，服务商则需要为用户提供权限账号，方便用户登录管理系统中查看和管理广告费用。用户在后台可对监控数据进行分析，可按照排名方式进行广告关键词选择。

（2）关键词广告的策略。企业可根据自身优势进行关键词选择，从而实现企业营销目的。为能够达到关键词广告优势，可采用关键词确定方法。通常需要通过搜索引擎营销的工作确定网页关键词，最终达到网络营销目的。企业关键词选择是否合理直接影响到企业网站是否有访问。

关键词是否合理是指企业网站内容是不是消费者经常使用的关键词。如果企业使用的关键词与网站内容关联性不够高，Google、百度等搜索引擎就很难获取到网站的信息，使得网站排名靠后，最坏可能就是不能被搜索引擎检索到。这对关键词的选择提出了更高要求，关键词应该少而精，还应与热门词汇不冲突。广告推广中需要将关键词与各个环节相融合，包括页面内容、标题等。通常，关键词在页面出现的数量越多，用户检索到关键词的机会就越大；但是不能过多增加关键词，否则就容易导致搜索引擎误认为是恶意检索，从而禁止检索。

跨境电商企业对关键词的选择，应该从企业自身的产品进行考量。企业关键词选取可从企业生产产品、服务等进行选取。此外，在选取关键词时需要考虑避免选取一般性词语，应该根据企业的产品种类确定。

企业关键词的监测。企业关键词选好后应动态进行跟踪，如果市场效果不佳，或者外部竞争发生变化，就应该对关键词进行修改。企业应构建关键词监控管理系统，根据搜索引擎提供的广告特点对每个关键词进行监控。

企业所选关键词应选取适当的时间进行发布。调查数据表明，中国网民一天中上网集中体现在：9：00~10：00，所占比例为20.4%~22.8%；14：00~15：00，所占比例为28.2%；20：00~21：00，所占比例为48.6%。企业可在这三个阶段进行广告推广，能够取得很好的效果，促进企业营销。

2. 关键词竞价排名优化

企业在进行关键词竞价排名时可采用如下集中策略。

一是根据用户使用数量进行搜索引擎选择。在选择过程中需要考虑相同关键词的竞争情况，如果使用的相同关键词使用频率比较高就会降低市场营销效果。因此在使用关键词时应该结合使用频率高的搜索引擎，在实际操作中，还可使用多个搜索引擎进行营销活动，这样能够获取更高的点击率，最终实现企业营销目的。

二是企业在使用关键词时可适当增加关键词数量。这是因为单一的关键词不具有很好的凝聚效果，使得用户很难精准获取需求，这样营销效果就会受到限制；而多个关键词能够覆盖较多的用户，扩大搜索范围，提高营销质量。

三是企业使用关键词须谨慎。应该使用科学的方法进行关键词选择，对于一些比较流行的关键词应该注意控制，这是因为流行关键词价格高，可使用其他关键词替代热门关键词。

3. 搜索引擎的优化

随着互联网技术不断发展，搜索引擎越来越成为人们在互联网上搜索信息的必用工具，使用该工具大大提高了人们的信息检索效率。搜索引擎采集信息量非常大，检索信息比较全面，能够适应变化的互联网，给人们检索信息带来了方便。搜索引擎的核心是搜索算法，不同搜索引擎算法性能不一致，用户检索到的信息也可能不一致。这样就需要对搜索引擎进行优化。各个搜索工具的底层算法我们是无法更改的，只能对检索信息进行优化。根据搜索引擎搜索效果，对相应的网站进行分析，让商家网站能够满足搜索引擎检索原则，尽可能让搜索引擎检索到企业更多网站；还要让检索信息排名靠前，这样便于企业产品推广和营销。搜索引擎优化是根据各个搜索引擎的习惯进行关键词优化的过程，以及对网站进行合理设计，将检索的信息排名靠前的行为。

根据搜索引擎信息检索过程及存在问题对搜索引擎发展方向进行分析，得到搜索引擎可往搜索引擎检索内容、搜索引擎关键算法、搜索引擎检索服务三方面发展的结论。搜索引擎检索内容是指用户的搜索关键词是否与用户需要检索的信息一致，该内容直接影响用户信息检索准确率；搜索引擎算法技术分析是指对搜索引擎搜索算法进行改善，可引入AI技术进行搜索智能化检索；搜索引擎检索服务是指搜索引擎界面设计应友好，满足人们的需求。搜索引擎检索过程可从以下两方面入手。

第五章　跨境电商平台站外整合型数字化营销体系研究

一方面是选择合适的搜索引擎。当前搜索引擎有百度、Google、360搜索等，各个搜索引擎算法设计不一致，导致各有优点和缺点，因此需要了解搜索引擎的优缺点，根据企业的需求选择搜索引擎。随着互联网技术的不断发展，互联网出现海量数据，综合性搜索引擎在检索部分信息时出现了检索精度降低的情况。搜索引擎会帮助人们检索海量的文档，但是无法给人们提供真正需要的信息，人们需要从检索出的信息中逐条分析才能获取需要的信息，增强了检索强度。针对综合型搜索引擎存在的问题，出现了以专业为主的搜索引擎，用户使用专业搜索引擎能够在短时间内检索到需要的信息。因此企业可根据自身业务情况使用适合自身业务的专业搜索引擎。

搜索引擎在检索信息时通常采用过滤和排名管理检索信息。过滤是指搜索引擎对海量的网站进行信息采集，按照用户输入的关键词进行比对，如果网页信息符合关键词需求，则将检索信息列入表中。排名是指从过滤信息中进行信息排名，根据检索信息分析哪些信息显示在搜索引擎顶端、哪些显示在最后页面。从搜索引擎的检索方式可知，网页的信息内容和关键词匹配度是影响搜索引擎的最关键因素。搜索引擎在过滤国家和区域方面需要营销人员选取合适的语言，这样才能正确地搜索并显示内容。

搜索引擎过滤对信息检索发挥了重要作用，信息排名也发挥了不可估量的作用。假设商家的网页中有搜索引擎需要过滤的信息，则会将该信息转移至排名算法进行信息处理，结合对该网站信息与其他网站信息进行匹配，根据排名算法进行权重分析，如果检索网站排名分数高，则会在搜索引擎首页中显示，这样用户就会发现商家信息，通过点击方式浏览商家网站，为商家营销渠道提供了新路子。

另一方面是对登录页面进行优化。登录页面优化主要是从网站的链接数量以及链接质量入手。检索过程中会根据页面的信息设置相应的标题，消费者在检索商品时很少关注厂家名称，而更多是关注产品名称，这样在进行产品网页设计时应该设计成商品名称，不需要将厂家名称推荐给消费者，应该是将产品推荐给客户。网站标题应该使用熟悉的词汇，不建议使用生僻词汇或太通用的词汇，这是因为消费者是不会盲目检索的。网站设计应该使用静态网页，不用动态网页，这是因为搜索引擎对静态网页检索能够获取到网站信息，使用动态网页会花费大量时间采集图片等信息，搜索引擎算法有可能拒绝采集。

商家网站中会有外部链接网址，需要注意的是，应该对外部网站链接数量和质量进行管控，优质的外部网址可能增加网站的访问量。虽然搜索引擎不会把外部链接数量设置为评价标准，但要分析外部链接网站质量，因为优秀的网站能够带来高收益，该收益远超过低质量网站的链接效果。由此可见，必须在网站链接中添加高质量的网站。

四、搜索引擎营销在外贸领域中的应用

搜索引擎在提高外贸商务活动效率、拓展外贸业务范围、提升外贸产品质量等方面发挥了重要作用，为经济全球化提供了关键技术。

在搜索引擎技术服务下诞生的搜索引擎优化技术在电子商务活动中发挥了重要作用，通过易使用的搜索引擎以及优化好的搜索技术，能提高电

子商务营销质量。SEO最直接的效益是能够让商家有更多的曝光率，从而提升产品知名度。互联网解决了跨地域问题，实现了区域数据共享，使得国外消费者、买家等通过互联网以及搜索引擎能够找到物美价廉的产品，最终与商家合作。技术方面，SEO技术充分利用了搜索引擎的搜索规则，将商家网站与搜索人交互，提高了网站知名度，吸引更多的国外消费者浏览该网站。SEO技术能够为企业增加更多的流量，增加询盘，从而给企业带来订单。每个商家都会制定自身的目标市场吸引消费者群体，利用SEO技术能够提高企业挖掘市场和客户的效率。例如，深圳某高端保温容器公司，2010年12月使用SEO技术进行产品推广，大大提高了产品推广效率和质量，更多的海外客户利用网络主动找该企业购买产品。该公司利用SEO技术降低了市场营销投入，能够精准挖掘到市场和用户，实现了短时间抢占市场的目的。目前该公司在中东、非洲、东南亚等地区都有较高的知名度。

第三节　跨境电子邮件营销研究

一、电子邮件营销的相关概念

电子邮件营销包括未许可营销和许可营销两种途径。未许可营销是由雅虎营销研究员Seth Godin在其编写的著作*Permission Markerting*中提出的概念，是指企业在推广产品时没有获取用户的许可而进行的营销获取。许可营销是指企业在推广其产品时，首先获得用户的许可，接着使用电子邮件向客户发送产品信息。电子邮件营销技术在美国市场中发挥了重要作用，例如，美国有许多大公司掌握了大量的用户邮件地址，每年向用户获取授权营销，客户通过点击邮件信息，了解到企业产品，最终实现产品销售。值得注意的是，未许可营销是强制性将产品推销给用户，这样很有可能给企业的名誉带来损伤，最终导致销售出现问题。

在互联网时代下，客户的信息是商家最想得到的信息。获取客户的信息越多，企业越能利用先进AI技术进行商品推荐，提供精准的个性化服务，从而获取更多的利润。客户的信息在正常途径下很难得到，只有客户与商家之间建立了信任关系后,客户提供姓名、邮件、电话、家庭地址、购买产品类型等,公司才能获取到客户的真实信息。企业可根据用户提供的邮件向用户发送产品信息,这种方式提高了产品的知名度。

二、电子邮件营销的必要性

随着生活水平不断提高,居民的消费需求逐渐增加,以消费为导向的时代已经来临。人们的消费心理和行为发生了明显变化,主要体现在以下几方面。

一是人们的消费从传统的保守消费转变为个性化消费。随着人们生活条件的改善以及信息技术不断发展,消费者购买产品的能力变强,对产品的选择渠道更多。消费者可以按照个人意愿进行产品购买,个性消费成为发展趋势。

二是消费者从被动消费转变为主动消费。消费者的消费观念从传统的被动接收信息消费,转变为主动获取消费信息消费。

三是消费者认为购物带来乐趣。由于现代社会人们的工作压力大,很少有时间进行购物,对购物的方便性、时间段、劳动强度等提出了更高要求。为缓解压力,消费者在网上购物,从中发现购物乐趣。

四是消费者关注价格。产品价格始终是消费者关注的因素,互联网发展让信息变得更透明,消费者会利用互联网进行产品价格对比,从中找到最优的价格,才决定购买;而企业采购人员通常会使用设计好的程序进行产品采购,这样能够快速了解产品的渠道和途径。通过互联网可快速了解产品信息，客户会对产品提出个性化需求，因此出现了即时、互动等工具。跨境电商与传统销售相比具有中间商少、投资低、信息充分、跨区域等优点，此外，跨境电商平台能够为商家和买家提供互动工具，方便查看产品、购买产品、完成交易，满足了客户需求。人们逐渐从传统实体店转向跨境平台购买产品。

随着Web技术的不断成熟，网站建设成本降低，大多数企业选择建设网站，这样导致消费者对海量的网站无从入手。消费者已经没有耐心去一个一个查看企业网站。此外，有部分企业还建立了网络营销系统，甚至将企业团队介绍和企业动态投放到自己的网站，等待消费者浏览，结果表明，这种方式很少有消费者访问，营销量不大。相比之下，利用电子邮件进行销售，是一种很好的营销方式。

三、跨境电子邮件营销的策略

（一）吸引新客户

商家应该想办法让那些有潜力的消费者注意到企业网站的存在，并制订客户登录网站方案。可从以下三点出发。

一是企业要注意品牌建设和维护好的形象。调查数据表明，人们更愿意去关注知名企业的官网。

二是网页应具有吸引力。企业应该搭建良好的购物环境。购物环境是指营造客户想要购买产品的环境。消费者购物心理是非常复杂的，如果网站能够构造出想买产品的氛围,就会让消费者有购买产品的欲望。

三是建立邮件推广系统。邮件推广系统应提供邮件评价功能,利用消费者提供的圈子进行产品推广。

(二) 留住老客户

当消费者第一次浏览商家网站后,如何让消费者再次浏览,商家如何与消费者建立联系是当前商家亟须解决的问题。笔者提供以下策略。

一是商家构建的网站应该具有吸引力,能够让客户浏览后,体验到与其他网站不一样的内容,这样客户会经常访问该网站。

二是设计问卷调查。商家利用电子邮件系统向消费者发送邮件,发送邮件的价值是与消费者建立服务关系,不必考虑营销关系。需要注意的是,在进行问卷调查时应该咨询消费者对收取邮件是否感兴趣,如果消费者不感兴趣则不可向消费者发送邮件。

三是信息反馈。信息反馈是指消费者在平台购买产品后,平台应该及时建立信息沟通渠道,这是为了提高个性化交流和服务质量。根据用户消费信息,系统可利用电子邮件向用户发送产品信息,这样有助于推广产品。

四是老客户优惠活动。优惠活动在营销中是一种重要手段。在消费者下订单或者是付款之后,平台获取到消费者的信息,并由系统记录,平台根据这些信息给消费者提供商品优惠活动。

（三）培训顾客

企业应该与顾客之间建立更多的互动活动。培训是一种重要的互动活动，比如，组织培训活动与顾客分享节水节电产品、如何发现电商平台优惠信息等。可将相关培训信息通过邮件发送给顾客。

（四）实行顾客满意营销

企业在营销过程中应确保产品质量、服务态度、价格等让消费者满意，这样才能打消消费者顾虑。这是因为跨境电商进行的是一种非面对面的交易，这种交易本身自带风险，消费者心里充满了疑虑，因此企业应该树立信誉、维护信誉。企业在销售过程中首先保证产品质量，提供免费配送服务、无条件退换货等保障。只有这样，才能确保消费者购买后对产品、服务等满意，从而建立良好的口碑，再通过消费者进行营销传递。

（五）让顾客参与产品设计，实行大规模定制

大规模定制是指通过分析消费者的需求，针对特定的产品和服务进行有计划、有规模的生产，这些产品能够满足消费者需求。定制背后不是简单的与客户进行交易，而是企业与客户之间建立了保障质量、精准服务以及营销有准备的结合体。通过大规模定制让消费者心里有了满足感和安全感。产品定制中，消费者参与了设计环节，设计的产品是最能满足消费者需求的。通过定制环节，让消费者体验到被尊重，这是一种个性化服务，降低了消费者对产品不满意的风险。

总之，跨境电商在与消费者进行交易之前，商家应该从消费者购买产品角度开展服务，建立服务关系。一旦企业形成了服务消费者的理念，更多的消费者就会愿意接收企业的邮件。理想状态下，消费者对企业有一定依赖性，如果消费者没有收到企业发送的邮件，则会产生失望心理。

四、跨境电子邮件营销的内容和应用

（一）跨境电子邮件营销的内容

1. 营销邮件标题

电子邮件营销首先须将邮件发送到目标消费者邮箱中。用户登录邮箱后，能够正常打开邮件。邮件标题是一项很重要的指标。调查数据表明，中国网民绝大多数对陌生邮件充满排斥感，很多用户会直接删除邮件。因此，只有好的邮件标题才能让用户主动去点击邮件，而拟定好的邮件标题是一项技术活儿。常见的、深受客户欢迎的邮件标题有如下几种。

一是团购式标题。目前团购网站每天都会向注册用户发送一封团购网站优惠信息邮件。团购网站邮件采用系统自动发送，因此标题格式统一固定。这类邮件标题主要有团购平台名称、优惠项目、优惠额度等信息。例如，"朝天门双人美味套餐""糖果量贩式KTV酒水套餐"等。

二是承诺式标题。承诺会给消费者带来一定的价格优惠或质量保障。常见的承诺有"包邮""7天无理由退货""跳楼价"等。使用承诺式标题，就得给消费者按照承诺实现，否则消费者会感觉企业在欺骗，这会严重影响公司信誉。

三是悬念式标题。悬念式标题是通过设置具有悬念的标题，激发消费者的好奇心理，使消费者在好奇心理的驱动下打开邮件。悬念式标题非常适合非传统行业产品，例如，邮件标题可设置为"女人的那点事儿"。

四是数字式标题。数字式标题中数字代表了精确，使用精确的数字能够让消费者觉得可靠。数字式标题主要用于产品价格、产品服务时间、产品打折等情况，例如，"1314只杯子，来就送"。

五是故事情节式标题。故事情节式标题是通过简单的故事，让消费者清清楚楚地了解到优惠活动，通常主要是情感方面的主题，例如，"她说，家里有这些就嫁给我"。

2. 营销邮件内容

营销邮件在营销中发挥了重要作用，归纳起来可以认为营销邮件是营销最后的一步。其目的是让消费者浏览企业网站、注册企业网站、查看企业网站信息、回复企业邮件等。营销邮件的格式常见的有html、附件、邮件文本内容等。由于附件中可能加载病毒，消费者不敢轻易点击，因此使用附件作为营销推广方式已经基本淘汰。目前常见的邮件内容多采用html内容和邮件内容进行传递。如下为营销邮件传递内容分析。

一是邮件内容。在邮件中输入纯文本内容，可加入链接，主要是让消费者进行企业网站注册、网站账号确认等。

二是html邮件格式。目前邮件的格式采用html格式，该格式是网页格式，但是在编写过程中有一定的区别。html文档设计比传统网站要求高，该网页要求色彩搭配好、创意好、视觉冲击强、美观、有小动画等，能够充分体现营销内容。

3. 电子邮件营销推广流程

市场营销方法有多种，每种都有特定的营销流程，电子邮件营销采用了计算机技术营销方式，更需要有一个营销管理系统进行管理。电子邮件营销步骤由三步组成。第一步是根据企业的产品制订营销计划，在产品推广之前，确定好产品营销活动的性质。产品营销活动的性质主要有长期、短期、促销、活动介绍等。根据活动的性质才能确定活动主体以及受益群体。第二步是制定产品期望值和活动目标。企业以盈利为目的，做任何计划都应考虑到期望和目的，通过回报和收益实现企业盈利。电子邮件营销方式可根据营销的性质设置目标，在设置目标时可从销售量和利润率角度进行。邮件本身参数目标可从邮件送达率、退信率、开信率等设置。第三步是营销工具选择，主要从软件、邮件模板、用户体验、敏感词汇、页面效果测试入手。如下为详细分析。

一是软件。电子邮件营销中软件是必备的，这些软件包括服务器端和客户端。客户端软件主要是PC端、手机端；服务器端主要是邮件服务器，比如，Google邮件服务器、网易邮件服务器、新浪邮件服务器等。也包括群体邮件发送软件，该软件能为企业电子邮件营销节省大量资金和提高邮件发送效率。

二是邮件模板测试。企业在正式发送邮件前需要进行严格的测试，尤其是邮件模板测试。防止邮件在客户那里不能显示，造成不好印象。

三是用户体验测试。企业应多角度思考，包括从用户的心理需求、阅读习惯、思考方式等入手。用户体验是电子邮件营销关键指标。

四是敏感词汇测试。由于服务器商会对部分词汇进行过滤，因此，在邮件词汇方面应该考虑到敏感词问题，不可给企业造成舆论事件。

五是页面效果测试。页面效果测试主要是关注页面图片效果、文字颜色搭配、超链接等。

4. 选择合适的受众群体

电子邮件营销质量取决于接收电子邮件客户的质量。优质的客户接收到邮件后会进行网站用户注册，企业搭建的论坛中忠实的网民也会进行注册。会员注册目标群体通过公司网站的资料数据库进行提取，忠实网民从公司搭建的论坛中获取。

5. 邮件格式和内容规划

前面所提的邮件模板测试中无论是普通邮件格式还是网页格式，都应注重内容质量，也应该注重内容规划。主要从邮件主题设置、邮件营销内容规划入手。营销内容应关注营销点、营销链接等；内容中应该包含公司的信息，例如公司名、公司logo、公司电话、公司传真、公司地址、公司微信公众号等。

6. 发送过程的控制和管理

企业在进行电子邮件营销时，首先要制订好电子邮件的营销计划，如电子邮件发送应该是连续发送，不可间断发送或者连续发送后不再发送。好的电子邮件营销都有好的电子邮件发送计划。这些计划有固定周期发送、不固定周期发送两种发送方式。固定周期发送是指在每月固定时间段发送电子邮件，这类邮件主要是团购网站、电子杂志期刊等，它们有固定的客户，从客户那里获取的数据各项指标都比较高。只要企业电子邮件风格、服务质量变化效果不是太差，电子邮件营销效果就不会显著降低。不固定周期发送是指不在固定的时间发送邮件，而是根据用户的需求进行邮件发送，每个用户的习惯都有所差异，应该在尊重用户习惯和相关法律法规要求下进行电子邮件发送。发送指标是最大限度地将电子邮件发送到用户手中。不定期电子邮件发送主要针对独立性项目。

（二）电子邮件营销应用

随着信息技术的不断发展，全球已进入信息化时代，互联网发展正朝向前所未有的领域发展，人类进入新的文明时代。传统的营销方式以面对面交易为主，互联网的出现改变了这种交易方式，形成新的营销方式，解除了地域限制和时间限制，因此颇受人们喜爱。电子邮件是一种重要的互联网营销工具。根据中国互联网信息中心调查的数据，截至2019年，中国网民规模达到8.54亿人，互联网普及率超过61.2%，注册网站超过518万个。根据纵横随心邮与360行业安全研究中心的联合监测，同时综合网易、腾讯、阿里巴巴等主流企业邮箱服务提供商的公开数据进行分析评估，截至2022年底，国内注册的企业邮箱独立域名约为537万个，相比2021年增长2.1%。活跃的国内企业邮箱用户规模约为1.8亿，相比2021年增长8.7%。

从电子邮箱的使用情况来看，2019年，全国企业邮箱用户共收发各类电子邮件约6448.1亿封，相比2018年企业邮箱用户收发邮件数量增长4.8%，平均每天收发电子邮件约17.7亿封。其中，正常邮件占比为38.1%，普通垃圾邮件占比为47.2%，钓鱼邮件占比为5.3%，病毒邮件占比为6.6%，谣言邮件占比为1.7%，色情、赌博等违法信息推广邮件占比为1.1%。也就是说，2019年，在邮件系统收发的邮件中，仅有近四成的邮件为正常往来邮件；垃圾邮件及其他各类非法、恶意邮件等非正常往来邮件的数量，是正常邮件数量的1.6倍左右。

仅就正常往来邮件而言，统计显示，全国企业邮箱用户在2019年共收发正常电子邮件约2454.1亿封，比2018年增长25.4%；平均每天发送正常电子邮件约6.7亿封；人均每天发送电子邮件约4.8封，相比2018年人均每天发送4.1封邮件，增长了0.7封。企业信息化办公程度的逐年提高，很大程度上促进了员工企业邮箱的使用。同时，随着国际化趋势，企业组织间交流合作逐步增多，对跨国交流而言，相比其他通信软件，电子邮件更为通用。

与个人邮箱不同，企业邮箱的主要用途是办公。因此，同一机构内部邮件互发往往会比较频繁。抽样统计显示，企业用户发送的电子邮件中，约34.3%为机构内部邮件，23.6%为外部邮件，42.1%为内外通发邮件

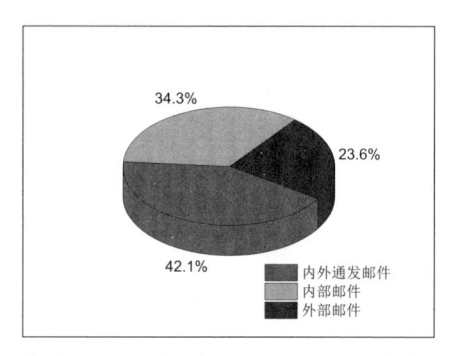

图5.12　2022年中国企业邮箱用户发送内、外部邮件比例分布

（收件人既有机构内部，也有机构外部），如图5.12所示。

五、跨境电子邮件营销策划的新趋势

（一）细分B2B电子邮件营销市场

随着互联网的不断发展，跨境电商企业都建立了电子商务活动，电子邮件是跨境电商营销活动的重要部分。大多数跨境电商都重视电子邮件营销活动，很多跨境电商企业利用电子邮件实现了产品交易。如今，电子邮件数量特别多，加上部分跨境企业采用盲目投递的方式，导致用户收件箱变得很乱；企业邮件箱也一样，从中获取有价值的信息需要花费大量时间。在B2B市场中对用户划分是很重要的指标，应根据企业经营行为进行划分、根据企业制订的电子邮件销售计划进行划分。

（二）细分B2C电子邮件营销市场

B2C经营模式与B2B经营模式有区别，这样也就决定了电子邮件营销策略上存在差异。研究表明，对用户数据进行细分可实现精准营销，从而提升电子邮件营销质量。首先，建立客户电子邮件信息管理数据库，将客户信息存储到电子邮件信息管理数据库中。其次，采用聚类算法进行客户数据分析，目前电子邮件营销分类，可分为年龄、性别、其他行为。年龄划分是指根据不同年龄的人喜爱不同而进行产品划分，例如，年轻人喜欢电子产品、游戏等，在定制邮件时需要丰富的新事物内容。根据性别划分，男性和女性关注的产品不同，女性一般关注服装、化妆品、美容等产品，男性则喜欢汽车、玩具等，因此在进行电子邮件营销活动时需要根据客户的性别进行营销内容编辑。其他行为划分是指企业会保留客户的消费记录和购物记录。根据客户购买的产品、浏览行为等进行客户经济条件、兴趣的分析，最后制定相应的电子内容进行传递。

（三）优化内容——邮件营销的核心

电子邮件内容设计应该从主题突出、内容简洁、格式规范等角度出发。还可根据细分后的用户，在电子邮件的基础之上加入个性化服务，根据不同的客户需求制定不同的电子邮件内容，针对企业和个人用户也应该使用不同的电子邮件内容。对企业用户而言，电子邮件内容应该突出企业专业型，对于个人用户应该突出个性化内容，这样才能快速吸引用户。随着中国经济的快速发展，人们的生活节奏变得越来越快，这种"快"，可用西方的快餐在中国的发展做比喻。环境的变化、氛围的变化让人们体验到任何事情都在快速发展，一种新的"快餐式"文化正在蔓延，人们了解信息文化出现了"快餐式"，很多人对文化内容没有耐心去了解，人们的目的很明确，只想从中获取对自己有价值的信息。电子邮件营销非常适合人们当前的需求，电子邮件内容应该简单明了，这样用户能够短时间进行阅读。邮件个性化服务上，应该让消费者感受到邮件不是群发邮件而是有准备的邮件。此外，邮件内容应该根据当前的热点问题进行设计，这样更容易让用户愿意去阅读。如此，用户阅读邮件，企业通过电子邮件提高营业额。

第五章　跨境电商平台站外整合型数字化营销体系研究

（四）匹配不断更新的用户习惯

半导体技术、互联网技术的发展催生了手机的诞生，移动互联网加快了手机的应用。移动互联网时代，给传统的电子邮件营销带来了挑战和机遇。移动互联网提供了手机软件，跨境电商邮件营销工具不再依靠PC端进行操作，可在平板、手机等移动端上进行操作。移动端给电商发展创造了机遇，调查数据表明，2013年"双11"期间，天猫总交易额达到350.19亿元，其中移动端交易占24.03%，2014年移动端交易占42.6%。2014年，中国移动互联网总交易规模达到2134.8亿元，同比增长1.34%。2014年，中国购物市场交易额达到9297.1亿元，同比增长239.3%。移动互联网下诞生了很多优秀的社交软件，逐渐改变了人们的生活。移动App软件的应用，为电子邮件推广打下了坚实的基础。传统的电子邮件营销方式需要在电脑前进行操作，移动App软件的出现，使得人们在手机上即可进行操作。此外还可利用社交软件的朋友圈进行推广，相比传统的电子邮件营销更有推广价值。

在Web2.0下，移动互联网实现了多平台共享，还与大数据、云计算相结合。电子邮件可与大数据、云计算等结合在一起，充分利用大数据的智能功能，实现用户行为分析，为营销制订好的策略。互联网改变了人们的生活方式，随着人工智能技术的不断发展，这种改变将发生更深刻的变化，因此电子邮件营销应该紧跟互联网发展，不然随时都会被淘汰。

第四节　跨境直播与短视频营销研究

一、短视频营销的现状

短视频是一种新的媒体，目前有关短视频的定义尚未形成统一的说法。Social Beta对短视频进行了详细研究，指出短视频是指"视频长度是以秒为计算的视频，该视频需要借助移动App实现快速拍摄和编辑美化，并通过互联网传输到社交平台上达到视频共享和无缝对接的一种新的视频"。短视频起源于国外，国外短视频平台主要有TikTok、Instagram、Vine、Snapchat等。相比国外，中国的短视频平台出现较晚，目前已有的短视频平台有抖音、秒拍、微信短视频等。

短视频的特征归纳起来包括：（1）在时间方面，短视频长度通常控制在30秒内，最多60秒；（2）制作门槛低，相比专业拍摄，短视频不需要专业的设备，只要有强大的App即可实现视频拍摄；（3）短视频具有较强的社交功能，可在社交平台上实现共享，让人们娱乐。

短视频营销概念是指在短视频上面添加文字、图片，利用短视频具有的社交功能实现营销的目的。好的短视频可通过社交媒体渠道进行病毒式传播。从短视频的概念可知，短视频营销是企业及其产品借助短视频这样的媒体进行的营销活动。如今看视频已成为网民们比较喜欢的娱乐活动，相比文字内容，视频能够带来生动的画面和声音，包含大量的信息，人们看视频可节省大量时间。总体而言，短视频营销包括企业策划、视频拍摄、视频制作、视频包装、视频推广等，为企业的宣传发挥了重要作用。

二、直播营销的现状

直播营销是近几年发展起来的营销方式，从广义上分析，可将直播营销视为通过直播平台进行的营销活动，通过该营销活动可提高企业产品形象和增加企业产品销量，是一种网络营销。直播营销与传统的媒体直播相比，具有门槛低、直播内容丰富、不受媒体平台限制等优点，比如淘宝直播、京东直播、蘑菇街直播平台，一些专注直播的媒体也进行了直播带货。

1. 直播营销的要素

直播营销包含场景、直播人物、直播产品、直播创意等四个要素。直播场景是指在直播间营造一种身临其境的氛围，让观看者能感受到；直播人物是指直播间的主角，主要有主播、嘉宾等，他们能够与观众互动；直播产品是指在直播间用于与观众互动的产品，可使用软植入方式实现营销目的；直播创意是指提高直播效果，能够吸引更多观众观看直播内容，例如，可进行明星访谈、明星互动等。

2. 直播营销的优势

直播营销是近年来发展起来的一种营销模式，是一种独特的营销方法。具有营销成本低、投资成本低、营销覆盖范围广、用户身临其境、与用户直接对接、销售效果更直接、营销反馈效果好等优点。具体表现在以下几方面：

（1）使用设备简单。直播营销中常见的设备有手机、平板电脑、计算机、摄像头等。手机实现了直播快速传播。这种模式使得直播传播范围更广、直播效率更高、直播质量更好。

（2）直播覆盖范围更广。常规的网络营销模式是观众通过浏览产品信息，在自己大脑中构建产品样貌等，直播模式解决了用户需要自己想象的问题，利用直播方式直观地向用户展示产品，全方位给用户带来认知体验。

（3）直达用户。利用直播方式，企业能够与用户进行交流、互动，消除了用户与产品之间的距离。直播能够向用户直观展示产品生产制作流程、企业经营理念等，用户从直播中能够了解企业更多的信息。此外，直播是将现场情境直接向用户展示，没有经过视频剪辑、加工等处理，用户所见信息与直播内容是一致的。直播过程中企业应该注重设备维护以及直播中设备故障应急备案，一旦直播设备出现故障，应该启动应急预案，这样观众才不至于失望。

（4）身临其境的体验。营销宣传环节的用户契合问题一直是令企业头疼的问题。直播营销恰恰能解决这个问题，为用户打造出身临其境的场景化体验。例如，旅行直播远比照片、文字更能让用户直观地感受旅游地的自然人文风光；直播酒店房间配备，可让用户感受到具体的细节。

（5）更直接的销售效果。不管采用哪种营销方式，其目的都是获得更好的销售效果。直播营销方式可以更加直观地通过主播的解说来传递各种优惠信息，同时开展现场促销活动，可极大地刺激用户的消费热情，提高营销效果。

（6）更有效的营销反馈。在确定目标产品的前提下，企业开展营销活动的目的是展现产品价值，实现盈利。在这个过程中，企业必须不断优化产品和营销策略，对产品进行升级改进，使营销效果最优。直播营销强有力的双向互动模式，使得主播在直播内容的同时，接收观众的反馈信息，如弹幕、评论等。这些反馈中不仅包含对产品信息的反馈，还有观众的现场表现，这也为企业下一次开展直播营销提供了改进的空间。

三、境外短视频和直播平台的特点与比较

（一）作为自媒体的网络短视频与网络直播的共通点

调查数据表明，2017年，广大网民花费了大量时间和精力进行短视频播放。例如，抖音、快手等知名的短视频App拥有大量粉丝。网络短视频和网络直播都是自媒体发展的一种方式，但是出现了不同的发展方向，研究其发展成因有助于更好地发展网络直播和网络短视频。从辨证的思维出发，共性是指某类事物的共有的特质，它决定着事物发展的基本趋向。因此，为把握网络短视频与网络直播传播特征的差异，首先应明确两者的

共性。网络短视频与网络直播的共通之处是使用者自创内容与运营依赖社交功能。

1. 使用者自创内容

自媒体网络短视频中主导者是用户,短视频用户的内容生产流程大致为:打开网络短视频App—进入制作页面—按下拍摄按钮—在规定的单位时间内完成视频拍摄。拍摄视频画面前,用户可以自主选择合适的背景音乐,拍摄后用户可以添加简洁的字幕、特效、内容标题,完成制作后用户就能即时发布,即拍即传。网络短视频的信息流呈现离不开以下过程:用户源源不断地往短视频平台的内容资源池里输入自创的内容,此时一部分用户利用碎片化的时间随看随走,另一部分用户通过15秒的时间完成创作内容即拍即传。随着用户群体的不断扩大和官方媒体入驻短视频平台,短视频资源池里的"水"总能源源不断。但无论是普通用户还是官方媒体,他们均是网络短视频内容的生产者。在信息流的内容推送与渠道呈现机制下,只要用户不关掉网络短视频的应用,内容生产与内容呈现就不会停止。自媒体网络直播中主播作为主导者,根据直播间的具体定位创作能够吸引用户的内容。无论是游戏主播还是电商主播、教育主播,都在相对小的内容领域创造适应大众传播的内容,他们的内容创作可以分为展现、互动两个部分。在展现部分,主播投入性地进行内容生产,追求多样化、趣味性、个性化的内容呈现;在互动部分,用户以情绪表达为诉求,希望自己的情绪诉求能传递给主播以得到相应的反馈。在相对闭环的直播间话语中,主播主导用户参与,用户根据内容投入注意力,多方共同就直播间定位进行内容生产。即便用户处于较为被动的状态(不进行互动只是观看,但注意力仍停留在直播间),用户的状态和主播的引导行为也可以理解为一种共同的内容生产。因此,多方参与内容生产是主播与用户主动或被动地创造网络直播内容的直观表现。"多方"的身份可以是主播也可以是用户,但他们的共性是网络直播的使用者。

2. 网络短视频与网络直播传播特征的可比性

在日常生活中,人们习惯性地借由一个事物去认识另一个事物,在这一过程中,人们自然地运用到了比较研究的思维与方法。比较是认识事物本质的最基本和最重要的方法之一。在研究传播对象、传播行为、传播效果时,研究者常会设置对照实验来验证假设、佐证结论,因此,比较研究的意义是帮助人们更好地把握事物的本质及规律。网络短视频与网络直播的比较研究应当建立在以下认知上:首先,网络短视频与网络直播都有传播属性;其次,网络短视频与网络直播存在共通点且具备一定的可比性;最后,在比较网络短视频与网络直播时应有一把"平衡尺",即在一定的维度与标准中进行差异比较。

(1)两者都具有共同的自媒体特征。学界关于自媒体的定义很多,"We Media"是国外最早提出的自媒体概念。这一概念内有几个要点,首先,"We"可理解为普通公众;其次,"Media"可理解为新媒体、新技术、新的媒介生态;最后,"We Media"连贯的理解是新的媒介生态使普通公众也能参与信息传播,普通公众能通过新媒介为自己发声。国内关于自媒体的研究大约开始于2005年,2005年国内的博客和播客发展迅猛,用户自由主动地提供信息和分享情感。作为一种独特的自媒体类型,博客开始影响人们的信息获取与情绪表达。2016年,网络直播进入大众视野;

2017年，网络视频中短视频成为新兴力量，开始吸引用户注意力。根据2016—2018年中国互联网信息中心的调查数据，网络短视频发展势头强劲，网络直播进入行业调整阶段。这两种新型媒介发展现状上的差距也表明用户注意力的分配情况直接影响行业规模和行业方向。

博客与网络直播和网络短视频不同，它强调的是用户的自由主动性，而网络短视频和网络直播强调的是获得用户注意。前者处在自媒体发展的前期阶段，后者处在自媒体发展的新阶段。自博客出现以后，网络中出现了内容创业者这类人群，他们起初主动在博客中发表自己的看法与态度，但后来因为经济或价值目的转而职业化投入。在职业化投入后，博主探索出了有技巧的内容创作道路。而现阶段的网络短视频与网络直播正承袭了过去博客的运营思路，即普通大众作为经营主体通过内容创造吸引用户注意力，可见网络短视频与网络直播是一种新型的自媒体。作为两者的共性，自媒体特征决定着两者发展的基本趋向，网络短视频与网络直播在发展现状与传播特征等个性方面也会表现出不同的优越性。

（2）"5W"传播模式为两者的比较提供维度。维度作为数学概念，强调时空与坐标等物理位置之间的联系。在事物的比较中，维度是一种价值观概念，它强调人们观察、思考、描述事物的思维角度。拉斯韦尔的"5W"传播模式中五个"W"分别表示传播过程中的五个必备传播要素——传播者、受众、渠道、内容、效果。这五个要素在传播过程中缺一不可、彼此影响。"5W"传播模式理论作为传播学领域最常见的理论框架，能够解释普遍的传播现象与传播问题，是能将网络短视频与网络直播放置在同一维度中进行比较的"平衡尺"。

四、跨境短视频与直播营销的策略研究

短视频最近几年发展势头迅猛,短视频营销已经成为一种越来越常见的营销方式。本章节将结合国内外社交媒体中成功短视频营销案例来总结一些经验,以期为企业或品牌提供一些参考。

(一)善用趣味营销

与传统视频相比,短视频的长度较短,若想在较短的时间内抓住用户的注意力,就须提高短视频的价值。一般来说,用户更喜欢创意性和实用性较强的短视频。社交媒体短视频的趣味营销常见的方式有两个:一个是品牌或企业在形式、内容方面策划具有特色的短视频,获取用户的好感,从而成功达到营销的目的;另一个是充分利用社交媒体的社交属性,发起创意话题创意众筹,进行趣味营销。

1. 利用创意短视频发起创意营销

在具体实施策略上,企业或品牌可以利用产品以及热点话题来制作一些有趣的短视频在社交媒体上投放。这种短视频因其趣味性较强,会迅速获取用户的好感,从而引发用户主动分享,带来二次传播,甚至是病毒式营销的效果。在这方面,短视频App Vine上有一些比较典型的案例。Vine是Twitter旗下的一款短视频分享软件,用户可以利用Vine拍摄6秒短视频,配合一些文字说明分享至网络上。唐恩都乐曾在美国国家橄榄球联盟赛前预热节目的休息间隙,在电视上投放了一则完全由Vine制作的短视频广告。广告展现了唐恩都乐咖啡球队打败奶昔球队的生动过程,画面可

爱有趣、富有想象力。这个短视频将热点和创意充分结合起来，虽然视频只有短短的几秒钟，却引起了很大的轰动。这种充满趣味性的短视频不仅能吸引用户的注意力，还能引发用户的转发欲望，从而达到多次传播的效果。

2. 发起趣味话题鼓励创意众筹

广告主还可以在社交媒体上以发起趣味性话题的方式开展活动，引发用户积极参与创意众筹。此类营销活动往往兼具趣味性、热点性，参与门槛较低，成功的趣味话题营销带来的影响往往是多方面的。一方面用户自发拍摄的创意短视频可以引发二次传播，扩大影响力；另一方面也会给营销人员带来更多的启示，可以说是博采众长。迪士尼的"迪士尼周边大比拼"活动是一个典型的案例，迪士尼本次活动召集粉丝利用Vine拍摄6秒短视频，活动虽然没有任何奖励，却得到粉丝们的积极参与。活动最终让迪士尼公司获得了巨大的成功。不仅如此，粉丝们的创意也给迪士尼公司提供了大量广告创意原型和创意素材，可以说是一举两得。在碎片化的时代，趣味性话题往往能引发用户兴趣，从而积极讨论并参与其中。迪士尼通过这次活动，一方面对自己的目标客户更加了解，积累了创意素材；另一方面也满足了忠实用户的社交需求。我国社交媒体中也有一些类似的成功案例，比如，2014年小米曾在美拍App上发起以"卖萌"为主题的营销活动，活动参与门槛很低，用户只要发"卖萌短视频"并加话题"卖萌不可耻"，同时关注小米的美拍官方微博即可参与。本次活动的效果不错，在短短的几天时间内，小米的美拍官方账号粉丝便超过了1000万。除此之外，通过各大社交媒体官方发布具有创意性的信息流短视频广告也是一种不错的选择。虽然目前的信息流短视频已经尽量地融入内容之中，做到了形式上不打扰用户，但是若想让用户在浏览好友动态时有意愿地打开信息流广告，进一步关注嵌入其中的内容，短视频的创意就显得非常重要了。

总而言之，在社交媒体短视频的营销过程中，创意性显得格外重要。在这个注意力经济时代，短视频的创意性直接关乎短视频营销的最终效果。

（二）着力内容营销

内容营销近几年也是一个热点话题，学界对它的定义也不一样，美国内容营销协会（CMI）（2012）将其界定为一种营销和商业过程，而且是"通过制作和发布有价值、有吸引力的内容来吸引、获取、聚集明确界定的目标人群，最终使这些人产生消费转化、带来收益的营销和商业过程"。在社会化媒体营销语境中，内容营销成为一种新的营销策略，创作出吸引用户的内容是内容营销的核心。内容营销从消费者角度提供信息，在降低用户的反感度的同时潜移默化地影响用户，从而引发认同，引导消费。

目前国内社交媒体中的短视频一般时长都在1分钟左右，要想在1分钟内获取用户的好感，除了需要创意，还需要提高短视频的内容质量。艾瑞咨询发布的《2016年中国短视频行业发展研究报告》中指出，丰富优质的短视频内容是短视频吸引用户的根本要素。长期来看，优质内容仍然是短视频行业的核心竞争力，而短视频营销需借助优质内容才能获得持续的营销效果。在信息爆炸时代，用户会对大脑中的信息加以筛选，进而分配有限的注意力，他们只希望看到有趣的、需要的内容，而内容本身是否为广告，实际上并不太重要。

1. 巧妙运用"内容公益"

"内容公益"是做短视频营销不错的选择，所谓"内容公益"就是本身非产品性，却与受众相关的、有趣的内容。"内容公益"的重点虽不在产品上，却用"润物细无声"的方式承载信息，巩固品牌记忆。

国内目前做得比较好的是自媒体"二更"。二更利用内容营销收获了千万粉丝，凭借优质短视频的营销效果和调性在行业中脱颖而出，在短视频领域处于领先的位置。二更的商业定制短视频中通常会选择一些企业家、名人等，在选题策划中，二更注意从这些知名人物的故事中提炼出他们的世界观、人生观、价值观，并通过定制短视频将这些传达给用户。而这些看上去和品牌、产品没有关系的内容恰好就是能够引发用户内心触动和共鸣的东西。二更曾为长隆拍摄宣传片，长隆专业经营30多年，是国内旅游业龙头。经过二更的反复策划，长隆重视精益求精、追求极致的匠人精神便在其定制短视频中体现出来。熟知企业媒体化典型实施路径的二更，为长隆提出了以"匠人造物，艺人悦人"为主题的整体内容策划，以此为主题的5条短视频，单条全网播放量7天内超1300万，最终超出了预期效果。笔者在对二更为品牌量身定制的一系列短视频进行研究时发现，二更的商业视频之所以能获得较好的营销效果，首先还是内容为先，利用内容激发兴趣，吸引用户，让他们产生好感。二更为了产出让用户喜欢的视频下了不少功夫，无论是画面还是剪辑都精心对待。尤其是对拍摄主题进行选择上，有很多拍摄的并不是产品，而是与受众相关的、有益的、有趣的内容，也可能是源自客户或公司的真实故事。

2. 善用短视频讲好故事

讲故事也是短视频营销中常用的一种方式，其实国外一些知名品牌就非常善于利用短视频来"讲故事"。

英国最大的百货商店John Lewis很早就开始利用短视频讲故事，2007—2015年的9部短视频广告都有着独特的构思框架。John Lewis的每一部故事片都先有一个明确的主题或者一个特定的形象，再通过此后一系列的故事对主题进行进一步的阐释和深化，或者赋予这个特定形象更多的内涵，通过这一系列故事营造的氛围和表达的情感获得用户的好感，而这种好感会逐渐迁移到John Lewis百货商店及其产品当中。通过对John Lewis一系列品牌故事的分析发现，John Lewis非常擅长利用短视频广告讲故事。John Lewis利用故事内容表达品牌所要表达的情感，故事内容并不涉及任何产品或品牌，这种更重视人文关怀的内容更容易感染用户，从而建立和用户的情感纽带。国内也有一些营销效果比较好的短视频广告案例，比如，百事可乐的猴年广告，以用户情感为纽带，请来六小龄童拍摄短视频《把乐带回家之猴王世家》，影片一推出，微信、微博便有了热烈反响，不仅在猴年春节快要来临的时候获得了不错的传播率，此后的长尾效应也比较突出。

做内容好的短视频广告，其实说到底也就是"以人为本"，了解用户的需求，从用户的需求出发，从而建立与用户最贴近的关系。

第六章
数字化跨境网络营销发展的对策

第六章 数字化跨境网络营销发展的对策

第一节 管理方面

一、加强跨境电商的监管

近年来,随着第三方支付全球化普及率的提高,中国跨境电子商务规模也在不断扩大。调查数据表明,截至2018年下半年,中国跨境电子消费规模突破5万亿人民币,可见中国跨境电子商务交易额之高。但是,这些交易中因存在资金转移、非法操作、诈骗等违法犯罪行为,迫切需要政府对庞大的跨境电子商务交易进行监管,从而确保电子商务能合法运行,保障客户资金安全,最终维护跨境电商平台正常运行。

(一)优化跨境电商监管平台,打造多元化监管体系

跨境贸易是由商家、买家、物流、海关、国际贸易等组成的,如何监管跨境电商是当前急需解决的问题,由于涉及部门较多,因此跨境电商监管需要多个部门协作。当前跨境电商监管方案还不完善,监管部门权限、监管部门监管范围、监管部门职责等没有相关文件规范,导致对跨境电商

的监管形同虚设，造成跨境电商出现种种乱象。因此，迫切需要政府严格执行相关监管条例，进一步规范跨境电商各主体的行为，对各类跨境电商平台进行财务、货源、交易等监督，将权限、职责分配到各个部门，避免出现监督真空现象。当前电商监督中还可采用对电商平台进行优化管理，利用大数据技术实现监督资源共享，从而实现各部门之间协同管理、相互监督的方式，以提高电商监督效率。跨境电商运行过程中除了政府监管，还应该利用行业协会，充分调动协会的资源，实现跨境电商生态链的完整。总的来说，赋予协会相应权力，使其参与到跨境电商支付、交易等活动中，让协会发挥自身的优势，对跨境电商进行监督和服务。

对监管主体进行深层次研究，构建多模块监管方案。跨境电商监管不能单纯地由政府进行，应该联合社会群体、行业协会、民间组织等进行全方位监管。这样体现了政府宏观监管的优势，也能体现社会群体的作用，让多股力量参与跨境电商监管，将监管细则落实。政府在跨境电商监管中的功效体现为以下方面。一是全面履行监管职责。政府是相应法律、法规制定部门，应该从宏观角度考虑跨境电商发展方向，出台有效的监管政策，由政府相关部门严格按照法律、法规进行监管。二是引导社会力量注入跨境电商监管。跨境电商交易产品多、对象复杂、交易规模庞大，给监管带来难度，依靠政府力量几乎难以实现监管。因此，借助社会力量能够缓解政府的监督压力，实现资源最大化利用。该过程中还允许消费者以信访、举报等活动参与；对电商而言，要求有较强的自律性，按照行业颁发的规程、标准、诚信等要求进行经营。三是引入第三方认证机构参与跨境电商运营。调查数据表明，跨境电商用户数量在增加，海淘用户更是激剧增加，但政府监管政策并未与用户的增长同步，造成行业乱象增加。要解决当前跨境电商存在的问题，应该利用电商认证机制进行约束，结合政府法律、法规实现电商监管。

（二）加强大数据技术应用，全面提升监管效率

跨境电商运行过程中会有大量数据产生，采用传统的人工监管方式很难实现精准跨境电商监管。近年来，大数据挖掘技术已逐渐成熟，将其应用于跨境电商监管中能够实现精准监管。大数据技术在跨境电商监管中首先进行数据采集，从数据库中获取运营商的运用信息，接着采用K-means等分析算法进行数据处理。传统的数据存储技术存在一定局限，近年来，分布式计算、云计算技术得到快速发展，大数据监管跨境电商是必然趋势。采用Java、C#等编程语言构建的跨境电商监管系统可对商贸、海关、资金流动等信息进行整合，采用大数据技术能够增强跨境监管能力。监管部门获取监管数据后，利用构建的跨境电商信用风险管理模型、跨境经营风险分析模型，对跨境商品平台中每个业主都要进行征信评估、产业分析、规模分析等数据分析。监管部门根据监管数据，提高监管效率和质量。

另外，随着全球化经济的不断发展，跨境电商业务也在不断增加，使用大数据监管跨境电商产品质量、物流等环节，能够及时保障商品质量、避免交易风险。比如，使用大数据监管技术可对企业税收、物流、支付等信息建立关联模型，根据跨境电商企业的纳税、产品销售等情况，能及时发现并处理虚假经营、欺诈经营的企业。

（三）实施分类管理，建立跨境商品溯源监管机制

随着中国经济的不断发展，人们的生活水平也得到了很大改善，民众有了更多的可用于消费的钱，跨境电商成为市民消费的一种渠道，这样拓展了产品营销类别。但产品多样化、市场分布广给跨境电商监管带来了困难。为解决这一问题，中国政府提出了分类监管的政策。早在2018年，商务部与其他五个部门联合印发了《关于完善跨境电子商务零售进口监管有关工作的通知》，该文件对跨境电商产品进行分类，包括严格监管产品、严格禁止内销产品以及一般性监管产品，对不同产品设置了相应的监管流程，同时要求跨境电商销售产品应该与对应的产品活动相匹配。工作实践中发现，简单的产品分类以及常规的监管方式已经无法满足商品监督管理的要求，导致监督管理效率低、监督质量差等情况。因此，针对跨境电商物流流通各个环节进行精准监管能为跨境电商监管提供更好的服务基础条件。通过分析各个环节的监管数据、风险评估、消费情况、产品质量情况等，完善产品质量监管。

此外，对不同级别的跨境电商商品进行严格的等级监管。根据监管调查结果对产品监管进行等级划分，对于必须纳入严格监管的商品应存入监管等级中并及时更新监管等级。不同监管级别应该按照规定的监管程序进行商品监管，这样可确保监管商品的质量。

随着全球经济一体化以及产业链不断升级，商品交易中质量问题频繁发生。为保障市场有序发展，国家质检总局在2017年颁布了《质检总局办公厅关于推进重要进出口产品质量信息追溯体系建设的意见》，文件要

求对跨境电商进行质量溯源监管体系建设。构建的质量溯源管理系统应该包括电商商品管理、电商物流管理、电商仓储管理、电商申报信息管理，所构建的信息管理系统能够完整地实现商品监控管理，从而确保跨境电商监管能够深入商品交易全周期。此外，所构建的溯源管理系统能够实现生产者与消费者之间的连接，提供消费者意见模块，直接将消费者的需求反馈给企业，让企业根据消费者的需求设计好的产品。跨境电商商品溯源管理系统中，监督机构应该重点监督消费者口碑不好、负面评价比较多的商品，一旦发现商品存在质量问题，应该向消费者提供风险预警，并采取法律措施阻止商品流通。

二、电商平台的自我完善

政府为促进电商发展，推行了一系列利好政策，帮助电商发展。如何从好的政策中寻求新的发展机遇是跨境电商急需解决的问题，完善运行机制、加强品牌建设是电商发展的重要措施。第一，电商应该不断开拓发展道路，树立实业兴国的志向。各地电商企业应该把握电商未来发展趋势。在"一带一路"政策的指引下，跨境电商将有新的机遇，电商企业应该用心经营，并对企业未来做出布局，脚踏实地，壮大企业。第二，跨境电商平台应该不断完善企业的品牌。目前电商企业中只有少数跨境电商企业有较高的知名度，多数跨境电商企业发展不理想，但在"一带一路"政策的指引下，前途一定是光明的。全国各地的跨境电商企业只要敢想敢干，积极进取，跻身世界知名电商企业就不是梦想，关键在于企业必须做好充分准备，在利好政策下充分发挥资源优势。

三、合理发挥政府在数字化跨境电商发展中的作用

（一）跨境电子商务贸易中政府职能分析

1. 宏观指导职能

电子商务贸易发展与传统贸易相比具有发展速度快、交易迅速、无须面对面交易等优点，改变了人们的消费观念以及消费模式。然而传统的法律、法规对跨境电商的管理存在缺陷，制定健全的法律、法规是确保跨境电商健康发展的必要条件。因此，跨境电商监管部门应该结合当前电子商务发展趋势，采用科学的方法制定合理的政策，帮助企业增强竞争力。政府部门应该发挥宏观调控能力，尤其是在精准扶贫政策的指导下，制定科学的策略，帮助中小型电子商务企业实现盈利。所制定的政策需要平衡行业竞争，促进电子商务行业健康发展。中国电子商务行业发展速度比较快，然而由于起步比较晚，相应的基础设施、法律法规配套不完善，给电子商务发展带来影响。这就要求政府应该明确自身的定位，对电子商务有长远规范，制定科学有效、易操作的规章制度，让电子商务行稳致远。

2. 监督管理职能

近年来，由于中国经济快速增长，政府在经济调控中逐渐承担了宏观调控作用，相比以往政府主导的市场经济，宏观调控下市场经济更容易发挥市场作用。在跨境电商管理中，由于跨境电商的跨区域特性，对政府

提出了更高的要求，既要有宏观调控也要有监督管理。跨境电商与传统的商务交易有显著区别，需要政府在法律法规、交易方面进行深入探索。当前贸易金融环境比较复杂，存在欺诈、网络攻击等不安全因素，影响了电子商务的健康发展，为此，政府需要制定相关的法律法规对电子商务进行保护，尤其是针对电子商务欺诈、黑客网络攻击等行为进行法律制裁。政府除了在法律法规方面进行完善，还需要对电子商务的安全管理研究提供相应资金，让相关研究机构有足够的资金进行风险监督研究，帮助政府制定科学政策。

3. 协调促进职能

为满足跨境电商发展的需求，中国应该加强跨境电商软硬件设施建设，加大电子商务基础设施投入力度，包括物流系统、仓库管理等设施建设，确保电商发展能够顺利进行。此外，政府还需要鼓励通过多方位政策，实现电子商务全面发展。电子商务是面向多个领域的行业，应该充分利用该行业的优势将多个行业联合在一起，利用跨境电子商务优势、数据资源为国家、社会做出必要贡献，实现政府与电子商务共赢，从而达到区域经济繁荣的目的。

（二）发展跨境电子商务贸易的扶持政策

1. 税收政策

传统观念指出，虚拟网络中交易产生的价值不必收取税收，然而电子商务的发展速度远超人们的想象，给全球经济、社会带来了深远影响。因此，政府应该对跨境电商进行分类，按照现有的税收收费原则，制定科学的收费政策。对电子商务进行收税能够提高政府监管能力，加强不同国家的经济交流合作，确保电子商务长远发展。

2. 贸易规范

20世纪末，美国政府为了保障电子商务能够长远发展，对美国的电子商务进行了长远的规划。所制定的规划为美国的电子商务发展提供了基本思路。中国有关电子商务规划的制定相对较晚，在2015年才制定了《关于大力发展电子商务加快培育经济新动力的意见》，该意见主要为电子商务发展指明了规划道路，也为万众创业提供了新的思路。我国结合当前国际贸易规则，对现有的电子商务贸易规则进行规范，并制定了贸易流程，最终实现了电子合同制。近年来，大数据技术的应用以及实名制技术的推广，为电子贸易的发展提供了技术保障。一系列措施的应用有效避免了跨境电商区域规范造成的贸易摩擦，为跨境电商健康发展提供了良好环境。

3. 安全系统

政府制定的政策对行业有引领作用，对行业发展具有重要意义。电商发展中，基础设施关系到跨境电商贸易是否能够正常交易，是重要指标。近年来，随着大数据技术的不断发展，跨境电商交易中客户交易数据、客户浏览数据等都具有极高的信息价值，获取这些信息的前提是跨境电商具有较高的安全性，能够保障用户的数据安全。因此建立极为安全的信息管理系统是跨境电商发展的需求，这样才能够保障消费者、电商等的信息安全，才能让电子商务发展处于公平竞争状态、让市场发挥正能量。在此背景下，中国政府颁布了《加快培育外贸竞争新优势的若干意见》，指出政府应该关注电商贸易信息安全问题，应该建立相应的信息保护机制，从而满足跨境电商贸易安全的需要。

4. 技术发展

跨境电商解决了虚拟交易问题。总的来说，跨境电商中各种技术应用离不开信息技术应用。信息技术不断发展，解决了传统信息存储、查询等难题，在多个领域中，信息技术被广泛应用，电子商务包含商品信息、客户信息等信息，采用传统的管理方法难以进行电商管理，信息技术的出现给电商管理带来希望。电子商务交易中，信息管理系统发挥了重要作用，为此，国务院颁布了《关于促进跨境电子商务健康快速发展的指导意见》，该意见指出，政府应该帮助企业发展信息技术，实现资源共享，帮助企业将业务做大做强。未来跨境电商信息安全技术是关键技术，政府应该提供科学资金，帮助有技术实力的企业如360公司，提高安全技术研发水平，最终促进跨境电商发展。

四、从用户数据中"掘金"

跨境电商业务涉及多国，每个国家的文化都存在差异，例如，美国文化与中国文化之间的差异性体现在历史底蕴不同、精神内涵不同、影响力不同等，这导致两国之间的消费文化也不同，在进行跨境电子商务交易时，应该根据不同国家的文化执行不同的网络销售方案，满足不同消费者的需求。根据文化差异性进行跨境电子商务网络营销分析，笔者进行了跨境电子网络营销研究。

数字时代下整合型跨境网络营销体系研究

（一）用户文化差异性的影响

1. 客户需求量

跨境电商主要依托网络营销。企业在进行网络营销时不应仅限于在网络平台发布产品，还须根据消费者需求进行网络产品发布，采用大数据技术实现精准营销。此外，值得注意的是，跨境电商中，交易双方文化差异导致网络影响模式存在差异，因此需要综合考虑到不同文化差异导致消费需求不同的问题。例如，可将跨境电商产品名称准确翻译成当地语言后，使用当地语言进行广告营销，这样能激发消费者的需求。总体而言，产品应该符合当地民众需求，也要符合当地文化氛围，这样才会有意想不到的效果。

2. 消费习惯

教育背景会直接影响到消费者的购买行为，这是因为消费者的教育观念改变了消费者需求。此外，年龄也会对消费者的需求产生影响，例如，小孩喜欢五颜六色的产品，花季少年喜欢漂亮的衣服，成熟女性喜欢舒适的衣服等。消费者地域文化也对消费者消费有影响，例如，美国人喜欢使用信用卡消费，通过透支未来满足当下需求；而中国人喜欢存钱。充分研究当地人的消费习惯，制订科学的网络营销方案，举办一场促销活动，激发消费者的购买欲望，才能让跨境电商业绩不断提升。

3. 消费喜好

文化差异直接影响到消费者对产品的审美，不同文化背景下有不同的兴趣，从而导致消费的喜好不同。比如，中国的假发在国外比较受欢迎，而在国内，受欢迎的程度则不够理想。因此在进行产品设计时，应该考虑到文化差异性，多元文化的应用能够实现最佳网络营销效果，从而促进跨境电子商务发展。

（二）文化差异背景下对用户数据的应用

1. 满足跨境电商市场需求，准确开展网络营销

（1）信息技术不断发展，促进了跨境电商发展。从事跨境电商的企业应该对消费者需求进行全面分析，不可盲目直接进行跨境电商网络营销活动。为杜绝这种情况发生，企业首先应该根据跨境电商的行情进行分析，例如，可采用大数据技术对跨境电商行情进行分析，采用大数据技术分析了跨境电商的发展需求后，才能够进行网络营销活动。在网络营销活动中，应重点考虑区域文化差异性，这样能避免因文化差异而影响跨境电商的发展。很多跨境电商企业在拓展海外市场时，都对海外市场进行了详细分析，充分尊重不同国家之间的文化差异性，最后才实施跨境营销活动。

（2）跨境电商企业在进行网络营销时，除了需要对海外市场进行分析，还应该不断升级产品，进行新市场拓展，将跨境电商市场规模变大。例如，跨境电商可在"一带一路"相关政策指导下，分析国内外市场需求，充分挖掘人们的消费信息，这样有助于提升跨境电商整体经营效益。根据产品的特点，准确地了解到消费群体需求，根据消费者的需求制定满足消费者需要的产品。例如，企业如果想了解高档产品销售情况，可通过专业的财经网站进行产品宣传，引导人们对相关产品介绍进行观看、阅读

等，在吸引人们兴趣时还拓展挖掘了消费群体。

2. 创立自主品牌，增强跨境电商影响力

跨境电商中产品的种类有成千上万，消费者选择产品的渠道有多种，选择的产品更是多种。想要从众多产品中脱颖而出，企业需要创建自己的品牌，提升网络服务质量，根据区域文化差异，研发不同的产品，增强跨境电商的品牌力。企业在进行网络营销时，还可将产品价格透明化，这样有利于让更多的消费者认识到产品的性价比。中国从事跨境营销的企业在产品研发时，需要考虑产品的研发成本，更要关注产品的质量。例如，为了拓展海外市场，小米、华为两个品牌通过分析消费者的需求，为消费者提供更多精准、优质的服务，实现了品牌知名度的提升。国外一些企业也对自主研发品牌进行包装，坚持绿色节能的理念，在销售过程中倡导节能环保，不断地向消费者展示企业的品牌价值，让消费者了解企业的价值。

3. 注重本土化运营，改善消费者网络平台体验

（1）在不同地域文化背景下，跨境电商企业在进行产品投放时，应该将本国的文化与区域文化、风俗等融合在一起，这样可以增强消费者对网络平台的喜爱。例如，跨境电商通过亚马逊将产品销售到美国，该过程中需要与亚马逊进行合作，在平台中投放广告进行宣传，美国人使用亚马逊后在平台推广中能够查看到该产品。企业也可以选择Facebook、Twitter等平台进行广告宣传，这样消费者使用网络时能够了解更多的电商产品。跨境电商还可使用更多的营销工具，这样便于消费者搜索。例如，可使用手机、PC客户端等，从而提高跨境电商营销效率。

（2）在跨区域营销中，存在文化差异和语言差异等问题，跨境电商

应该尊重区域文化差异性。解决该问题的办法有,可聘用当地人员为客户进行网络服务,当地人与消费者有共同文化,沟通起来比较方便,能够更有效地解决消费中遇到的问题。跨境电商应该关注产品中的文字、图片、广告视频等信息,避免不必要的法律纠纷。跨境电商企业还应该加强知识产权保护,在不侵犯其他公司产权前提下,防止自身的知识产权被侵犯。

第二节　体系方面

一、建立健全数字共享与管理相关的法律体系

1．加强数据监管，警惕数据泄露对跨境电商业务造成的风险

有关部门应加强对用户数据的监管，防止数据泄露可能对本国消费市场信息和居民隐私带来的风险，应对有关主体的相关行为进行监管和约束。

2．建立友好互惠的数据共享机制

在有相关法律支持的前提下，允许和扶持跨境电商企业在各地市场之间或合作跨境企业之间，完成经营数据的共享，形成互惠互利机制，共同推进行业、产品大数据信息平台的建立。

3．通过技术手段强化商品的数字化指标体系

跨境电商主要从事的商品交易，是风险监管的重要指标，目前海关对该指标重视程度不高。海关的通关管理中，数据审核、物质验收还要依赖人工，相关智能监管设备应用较少。而跨境电商业务量的增加，对现有的

工作人员是一大考验。海关方面应该重视先进技术的应用,例如,可将云计算、大数据、人工智能等先进技术应用到海关监管中,减少人工作业,增强海关风险识别能力。

4. 深入开展大数据溯源体系的研究

跨境电商产品种类多、分布散、更新快,不同国家有不同的包装信息等,给监管带来了诸多困难。政府可与高校、研究所等机构合作,深入研究跨境电商活动。主要体现在:对产品包装识别问题的研究,对产品价格、规格、标准、真实性等验收过程的大数据溯源分析;对跨境电商业务风险监控的研究,主要是进行溯源风险监控的管理;加强海关人员素质的培养,防止海关人员造假,设计一套智能管理系统,能够进行虚假数据分析。

二、建立健全支付结算体系

跨境电商中,除了商品管理外,最关键的技术就是支付问题,消费者对该问题始终不能够放心,例如,担心支付上当受骗、银行密码被盗等。有部分国家要求交易中使用现金支付,例如老挝,如果消费者使用电子支付,他们还不信任。数据调查表明,该国愿意使用银行卡支付的人员不到四成。部分国家电子支付基础设施还不完善,仍以老挝为例,由于电子支付频率低,因此相应的基础设施配套比较少,市民购买产品后需要现金支付,严重阻碍了该国电子支付的发展。

该国电子支付使用率较低,连首都万象的高学历人士使用银行卡付款的比例都不足40%，更何况是普通大众。最后，也是最重要的一点就是，老挝没有方便快捷的支付系统，即使是货到付款，也只是一些大城市才具备的服务。支付体系的不完备，是中老跨境电子商务的一大阻碍。中老跨境电子商务的支付体系主要包含两种。首先以货到付款为主，具体方法是中国的电商企业可以与老挝本土物流公司合作，在国际物流到达老挝境内后，由老挝国内快递公司负责派送并且收款，最后将收到的货款返还给中国商家。但是这种方式不仅花费的时间过长，不利于中国企业资金的回笼，还存在货到了老挝境内之后，消费者不付款拒收货物的风险。其次，老挝政府应该多鼓励民众使用网上银行支付。在这方面，目前入驻老挝的中国银行和工商银行可以协助老挝政府扩大银行卡的使用范围，推出专门用于跨境购物的银行卡，通过办卡送礼品等方式在老挝推广银行卡，同时增设ATM和POS商户，让人们日常使用银行卡更加便利。此外还可以推出不同的理财产品，促使金融产品多样化，拓宽业务发展渠道，加强各项产品之间的联系，做到各种金融业务能够交叉销售，以此来提高老挝银行卡的使用率。最后，在提高银行卡的使用率之后，老挝政府也可以和中国已有的第三方支付平台合作，引入中国的第三方支付平台，或创建老挝自有的新型第三方支付平台，在老挝民众中推广使用第三方支付平台，简化跨境电子商务支付流程。

综上所述，货到付款是目前中老跨境电子商务的主要支付方式，是最多人使用也是最被老挝人接受的一种方式，今后的中老跨境电子商务发展也要以这种支付方式为主，因此可以通过加大推广网上银行支付和第三方平台支付的力度，让更多的老挝人意识到电子支付的便捷与高效，逐渐减少货到付款这种支付方式的比例，加快商家资金回流速度，从而能够很好地解决支付不够便捷的问题。注重支付便捷化的同时，也要重视支付安全，货到付款对买家来说是较为安全的一种支付方式，一手交钱一手交货避免了电子支付可能存在的支付风险。网上银行、第三方支付等电子支付方式虽然大大增加了跨境购物的便捷性，但是也相应地增加了一定的支付风险，可引入安全环境监测、手机短信验证、生物识别验证等方式，解决中老跨境电子商务中的支付安全问题。

三、规范整合物流体系，加大"海外仓"等物流新模式的探索

（一）海外仓的运营管理

跨境电商在运行中，无论采用自营海外仓还是公共海外仓，要实现仓库的价值就应该解决好海外仓运行中存在的问题。这些问题主要体现在部分电商仓库分布分散、数据管理滞后，导致客户信息查询不便，企业前台不能与客户进行准确沟通。当客户希望企业找到解决方案时，企业会从自身利益出发，要求客户支付金额解决成本问题，从而导致客户要求解决的问题花费金额变高。此外，跨境电商物流企业在进行货物配送时，经常出现丢快递包裹问题，而买家申请退款、退货的时间又比较长。更为严重的是，有部分企业虚假发货，将买家地址、企业信息等写错，造成买家与商家之间无法正常联系，这样就会严重影响企业信誉。

因此，跨境电商在进行物流运输时，需要建立科学的仓库管理方法。

常见的仓库管理方法有如下几种。一是仓库选址、仓库物流配送,可采用神经网络算法实现。二是构建跨境电商仓库大数据管理系统,这样能够让电商产品顺畅管理,实现跨境电商产品无缝对接。三是采用智能仓库分拣系统,这样将货物入库、出库、订单分拣等实现智能化,提高了分拣效率和准确率。

(二)海外仓的物流成本控制

海外仓物流配送费用由三部分构成:头程费用、仓储及处理费、本地配送费用。其中头程费用是指货物从中国到海外仓库产生的运费,仓储及处理费是指客户货物存储在海外仓库和处理当地配送时产生的费用,本地配送费用是指在目标市场对客户商品配送中产生的本地快递费用。由于海外仓采取集中运输的方式,将商品批量运往海外仓库,从而大大降低了单件商品的头程费用;另外,货物从海外仓库配送到买家手中,这部分费用与目标市场国内网购的配送费用相当,主要取决于出口跨境电商的销量以及议价能力。因此,海外仓物流成本控制的关键在于海外仓的仓储及处理费控制,海外建仓必定带来仓库的租赁或建设、人工等固定成本。同时,前期对商品库存量的预测非常困难。货物进多了,积压仓库,占用库存,库存商品的维护费用将大幅度提高,若销售不佳,需支付调配其他市场或退库存的额外运费;若进少了,不能给消费者带来海外建仓快速配送的优质体验,达不到建仓的效果。为最大化发挥海外仓的优势,跨境电子商务平台企业应当利用大数据技术为出口跨境电商提供市场和产品分析,实现精选分类和准确预测补货周期,更准确地预估海外消费者的需求,从而有效地降低出口跨境电商在库存和供应链管理上的风险，优化流动资金利用率。

四、突破国际营销的新模式，打造跨境电商的国际品牌

（一）创新出口模式

针对国内外有关跨境电商发展，学者进行了研究，通过研究阿里巴巴、敦煌网，指出建立强大的海外营销渠道能够增强中国本地企业在国际上的竞争力和产品品牌效应。跨境电商在出口模式中进行创新是必然结果，也是国家发展的战略。主要体现在以下几方面：廖蓁和王明宇（2014）在对跨境电商现状分析及趋势探讨中发现，以阿里巴巴、敦煌网为代表的跨境电商的崛起，能够帮助我国出口企业扩大海外营销渠道，提升我国本土企业商品和品牌的国际竞争力，实现出口模式快速转型升级。跨境电商进行出口模式创新不仅是经济新常态下的必然结果，也迎合了国家各项发展战略。首先，以跨境电商出口创新发展模式带动品牌国际化，是数字背景下品牌国际化的必经之路；其次，"一带一路"倡议以扩大外需的方式化解国内产能过剩的问题。我国各地区借助优惠政策，正在将跨境电商培育成为区域经济新的增长点。G20创新增长蓝图中所提到的"创新增长方式""将贸易与科技议程相结合""促进全球基础设施互联互通"等议题，为发展跨境电商出口提供了基础保障，也受到了国际社会的广泛认同。

（二）团购型跨境电商模式

随着跨境电商规模的不断扩大，出现了团购型跨境电商。该模式是指采用团购方式进行跨境商品出售。团购型跨境电商对企业来说，尤其是新跨入海外市场的企业，能够迅速找到有利于自己的市场。新跨入的海外电商利用这种模式能够与资源雄厚的电商进行竞争，在短时间内建立自己的品牌。对消费者来说，团购后能降低支出，消费者也很愿意，这种模式能够让消费者了解企业品牌，帮助企业建立自己的忠实消费者群体。总的来说，团购是需要在事先分析客户的基础上进行的销售。根据市场中消费者的需求是否满足，进行消费者划分，针对有需求的消费者进行推介。团购型跨境电商对中小型企业发展是有利的，这种模式能够将分散、非主流的客户聚集在一起。

第三节 经营方面

一、加快跨境电商数字信用体系建设

电子商务是在互联网背景下发展起来的一种虚拟商业模式，发展至今已有多种电商平台。随着电商平台的不断壮大，交易方式变得自由、方便，然而交易使用网络，双方的信用问题则成为电商平台的"短板"，也成为电商发展的羁绊。跨境电商与传统电商的区别在于跨国性，这样增加了信用风险，需要双方建立强有力的信用约束机制。在此背景下，需要政府建立数字化信用监督平台，跨国电商、跨境电商平台、购买者相互监督，打造良好的交易环境，促进跨境电商平台健康发展。

二、合理规划数字化物流体系

首先，数字化电商物流线路应该在完善监测各线路数据的前提下给出最优物流选择，包括计算水、陆、空运输的路线，这样就能降低货物中转

时间。利用现有的"一带一路"优势，可在沿途增加邮寄投递网点，这样能够增加邮递安全性；电商平台可发展国际航运，以此填补国际航运空白，政府也可出台优惠政策帮助电商企业完善物流网络。可利用"一带一路"政策完善中欧跨境运输线路，从该线路得到更多的贸易机会；在边界区域可配置邮件互换局、邮件监督管理中心；在中心城市建立自贸区、进出口贸易中心；应该加强本地物流、仓储、通关等方面的管理。其次，由于国内电商发展相对较晚，部分地区基础设施不完善，这些落后地区在建设过程中可利用5G技术提高交易效率，以先进的信息技术促进电商发展。最后，物流管理中应该加强中心规划布局，按照国外先进的规划技术进行物流中心修建；让本土物流企业与国际先进企业之间交流学习，从中获取先进的管理制度，让跨境电商与供应链相结合，促进跨境电商平台健康发展。

三、加强与金融和保险机构的合作

为提高跨境电商贸易效率，可采用绿色通关、大规模退税、电子围网等手段，让知名度比较高的电商以及大型电商平台共同搭建跨境电商平台，构建海外销售渠道、仓库物流点，整合有价值的电商交易链。政府可根据电商平台的具体情况到海外建立实体店，将支付、物流、售后等集成为一体。

跨境电商与传统电商相比，业务范围拓展至全球，因此具有全球性特点。对跨境电商的监管应该从跨境电商的区域范围、当地文化、当地政治、当地制度等进行监管，从电子商务、电子营销、进出口贸易、汇率、报价等环节建立相应的规章制度，让跨境电商更规范。当前跨境电商为用户提供了高效的产品交易平台，给传统的商品交易带来冲击，将成为国际贸易发展的趋势。因此完善跨境电商交易金融安全有利于跨境电商发展，带动国内经济发展。

四、完善售后服务体系

首先，跨境电商物流应该使用先进的信息技术实现物流智能化管理，将跨境电商产品信息统计整合在物流信息平台中，实现商品仓储、商品配送、商品服务中心的统一管理，这样可减少商品配送不必要的时间损耗。其次，针对跨境电商的不同产品设置不同的配送措施，例如，针对农产品需要使用冷链保鲜技术，能够保障运输物质质量，减少物质损耗。此外，还需要相关物流企业建立海外仓库配送模式。一些资金雄厚的跨境电商企业可建立自己的海外仓库，而小型企业没有足够的资金进行仓库建设，这就需要政府的帮助。可以利用"一带一路"等有关政策修建仓库，以此提高跨境电商售后服务质量，也能确保配送物质速度和质量。

五、以差异化服务满足个性化需求

电子商务跨境电商管理，都是围绕产品进行，产品是企业的生命。产品交易中会面临区域文化风险、商家交易风险等。因此企业在设计产品时应该考虑到电商产品的交易特点，在包装设计中，须结合产品销售区域文化、产品销售对象进行。

跨境电商产品设计需要有更多的创新。首先，创新应该从制度方面着手，确保跨境电商企业内部设计部门、市场部门以及客户部门等之间无缝对接，能够高效、优质地实现信息共享，确保生产的产品能够满足市场需求。其次，跨境电商企业产品设计应该根据市场需求进行，采用多渠道方式了解用户需求，避免产生因文化差异而造成产品不适应市场的情况。最后，跨境电商需要根据目标市场进行产品设计，将目标市场文化氛围考虑到产品设计中，通过文化产品差异形成独特的创新。

六、视野全球化，渠道多元化

根据跨境电商特点进一步发扬跨境电商优势。跨境电商应当积极将现有的资源进行整合，汇聚跨境电商平台优势，这样利于跨境电商拓展境外市场，增强竞争力。对于跨境电商企业而言，应该建立自身线上、线下营销渠道，构建自身的营销网络，这样才具备更好的竞争优势，不会被其他企业替代。同时，跨境企业在营销过程中也应全方位整合多种数字渠道资源，进行站内、站外全面引流和精准推送，为商家与品牌的销量增长和客户维护提供有力支持（如第三章到第五章的论述）。企业在构建渠道时应科学论证，对企业的销售进行充分定位，在此基础上制定的销售、营销渠道才符合企业长期发展要求，企业才能准确地把握未来发展方向。

参考文献

[1] 罗文玉.基于4C理论的跨境电商企业网络营销策略研究[D].中南财经政法大学，2019.

[2] 张虹.自媒体时代营销传播创新路径[J].天府新论，2016（3）：132-136.

[3] 张震.我国跨境电商平台发展路径研究[D].山东财经大学，2018.

[4] 杨单，刘启川.基于大数据的跨境电商平台个性化推荐策略优化[J].对外经贸实务，2020（11）：33-36.

[5] 郑荷芬.跨境电商感官营销模式研究[J].江苏商论，2020（11）：22-26.DOI：10.13395/j.cnki.issn1009-0061.2020.11.007.

[6] 傅智园.基于K-means聚类分析5G时代下的数字营销策略研究：以杭州旅游营销为例[J].中国商论，2022（16）：75-80.DOI：10.19699/j.cnki.issn2096-0298.2022.16.075.

责任编辑：陈　一
责任校对：高余朵
责任印制：汪立峰　陈震宇

图书在版编目（CIP）数据

数字时代下整合型跨境网络营销体系研究 / 傅智园著. -- 杭州：浙江摄影出版社，2024.6
ISBN 978-7-5514-4982-3

Ⅰ．①数… Ⅱ．①傅… Ⅲ．①网络营销－研究 Ⅳ.①F713.365.2

中国国家版本馆CIP数据核字(2024)第107168号

Shuzi Shidai Xia Zhenghexing Kuajing Wangluo Yingxiao Tixi Yanjiu
数字时代下整合型跨境网络营销体系研究
傅智园　著

全国百佳图书出版单位
浙江摄影出版社出版发行
　　地址：杭州市环城北路177号
　　邮编：310005
　　电话：0571-85151082
　　网址：www.photo.zjcb.com
制版：杭州真凯文化艺术有限公司
印刷：浙江兴发印务有限公司
开本：710mm×1000mm 1/16
印张：20.75
字数：230千字
2024年6月第1版　2024年6月第1次印刷
ISBN 978-7-5514-4982-3
定价：138.00元